Dörte Hoffmann

Israel zu Fuß

1000 Kilometer auf dem Nationalwanderweg

Bibliografische Information der Deutschen Nationalbibliothek.
Die Deutsche Nationalbibliothek verzeichnet diese Publikation in der Deutschen Nationalbibliografie. Detaillierte bibliografische Daten sind im Internet über https://portal.dnb.de/opac.htm abrufbar.

September 2019

c/o AutorenServices.de
Birkenallee 24
36037 Fulda

Korrektur: Iris Pilzer

Für meine Familie

CFD

HOFFMANN
BUCH

Inhaltsverzeichnis

„Wenn nicht jetzt, wann dann?“

- Vorbereitung -

Eingenommen vom Arbeitsleben, mit übervoller Seele und doch merkwürdig leer, wurde die Sehnsucht in mir größer. Die Sehnsucht nach Stille, nach Unterwegssein, nach Bewegung, nach Reduziertheit. Die Suche nach der reinigenden Leere, so unerklärlich es sein mag. Auszeit, Wandern, Wüste.

Die Sehnsucht war klar und das Ziel wurde erwählt: Schwil Israel, der israelische Nationalwanderweg. Über 1000 Kilometer zieht sich dieser spärlich ausgebaute Pfad durch ganz Israel. Er durchquert dabei die Wüste, mehrere Gebirge und den Küstenstreifen. Ein Israeli sollte ihn einmal im Leben gehen - es ist eine Härteprobe. Was dieser Weg mit sich bringt, ahnte ich nicht. Es zog mich in die Wüste und in die Natur. Es war der Wunsch, allein ohne Führer durch die Wüste zu laufen und diese ganz ungestört zu erleben. Ich wollte keinen, der den Zeittakt vorgibt, allein die Natur sollte mich bestimmen.

Fast naiv stellte ich mir dies recht unkompliziert vor. Aber schon in der Vorbereitungsphase wurden Hürden deutlich. Allein die Tatsache, in der Wüste über Tage kein Wasser zu finden, bereitete mir so manche Sorge. Je mehr ich mich damit auseinandersetzte, um so deutlicher wurden die Schwierigkeiten. Ich wusste nicht, ob ich es schaffen könnte. Aber es schien möglich.

Als sollte es so sein, fügte sich alles, als laufe ich auf gebahnten Wegen. Auflösungsvertrag unterschrieben, Arbeit beendet und abgeschlossen, was offen war. Unerwartet, wie ein himmlisches

Geschenk, bekam auch meine bewährte Reisegefährtin Christina unbezahlten Urlaub. Denn letztlich ist es doch riskant, allein durch die Wüste zu laufen.

Also buchten wir einen Flug, schlossen Krankenversicherungen ab und schrieben vorsorglich unser Testament. Wir besorgten Schlafsäcke, Isomatten, Gaskocher und Reiseführer. Mein Hebräisch und Christinas Arabisch wurden aufgebessert, das Hostel für die ersten Nächte gebucht und Streckenpläne für die Wüste ausgearbeitet. Vergeblich versuchten wir noch schnell, unsere Fitness anzuheben. Und schon begann das Abenteuer.
Der Gedanke war, zunächst nach Tel Aviv zu fliegen und vor Ort die konkretere Planung anzugehen. Nach Großeinkäufen wollten wir in der Wüste Vorräte vergraben und uns dann zu unserem Ausgangspunkt Eilat begeben. Eilat liegt ganz im Süden von Israel. Von da aus wollten wir uns Richtung Norden aufmachen.

Tel Aviv empfing uns Übernächtigte mit einem unsteten ruhelosen Wetter. Problemlos arbeiteten wir unsere Einkaufs- und Organisationslisten ab. Einzig unser Vorhaben, im Herzen von Tel Aviv einen Spaten zu kaufen, erwies sich als kompliziert. Die Schwierigkeit war dabei nicht nur, einen Laden zu finden, sondern auch, uns verständlich zu machen. Denn immer, wenn wir auf Hebräisch nach einem „Et“ fragten, wurde uns ein Kugelschreiber angeboten. Zumindest aus meinem Mund klangen die beiden Wörter gleich. Offensichtlich schien dies auch kein häufiger Einkaufswunsch von Europäern im touristischen Zentrum von Tel Aviv zu sein. Doch dann fanden wir einen hübschen blauen Spaten, den wir stolz durch die Stadt trugen.
Auch beim Weinkauf für einen abendlichen Umtrunk hatte ich Hürden zu überwinden. Die junge Kassiererin wollte meinen Ausweis sehen. Mit offenem Mund, nahezu entrüstet, fragte ich nach dem Grund. Es ging um die Altersprüfung. Zuletzt war mir

das vor 15 Jahren passiert. Als ich ihr mein Alter offerierte und das Erstaunen in ihrem Gesicht sah, nahm ich dies als Kompliment und deutete es auf den beginnenden erholsamen Einfluss unserer Reise.

Die Reise begann unerwartet, anders als gedacht und doch typisch für viele Begegnungen, die wir noch erleben sollten. Als wir vom Markt kommend zum Hostel schlenderten, fiel uns eine Synagoge auf. Ein ungewohnter Anblick am quirligen Strand von Tel Aviv, wo jede Religiosität fernab scheint. Während wir die Synagoge interessiert in Augenschein nahmen, lud uns ein religiöser Jude zum Gottesdienst am selbigen Freitagabend ein. Gegen einen göttlichen Segen zu Beginn unserer großen Reise, hatten wir nichts einzuwenden.
Im Wanderoutfit unpassend gekleidet und doch in feierlicher Stimmung begaben wir uns nach Sonnenuntergang zur Synagoge. Extra für uns wurde die eingestaubte Frauenempore aufgeschlossen. Ganz allein und ungestört verfolgten wir von dort den Gottesdienst der Männer. Um etwas zu sehen, mussten wir uns weit über die Brüstung beugen, denn natürlich ist die Beobachtung der Männer nicht Ziel der Geschlechtertrennung. Aber auch aus der Höhe spürten wir die Kraft der Gebete und Gesänge, die wir zwar nicht verstanden und die uns dennoch merkwürdig einnahmen.
Danach wurden wir zum Essen eingeladen. Mit Jigal und Schlomo, zwei nicht mehr ganz jungen Frommen, begaben wir uns auf den Weg zum Rabbi. Der Rabbi David war 103 Jahre alt und ein „heiliger und gerechter“ Mann. Seine Gemeindemitglieder nennt er „meine Kinderlech“. Leider war er gerade ins Krankenhaus aufgenommen worden. Vorher hatte er noch das Schabbat-Essen gekocht. Wie uns die beiden Herren erklärten, seien seine Kochkünste unschlagbar. Nach einem erfolglosen Versuch, durch ein Fenster in die Wohnung des Rabbis einzusteigen, ging es zurück zur Synagoge.

Auch dort wartete in zahllosen Gängen auf großen Tischen reichlich Essen auf seine Gäste. Das Mahl hatte schon begonnen. Jigal und Schlomo zelebrierten für uns den Kiddusch, den Segen über Brot und Wein, der feierlich den Schabbat-Beginn einläutet. Als ich später etwas Wein verschüttete, wurde mir erklärt, dies sei am Schabbat ein großer Segen. Männer sangen, klatschten, liefen umher. Und irgendwie war es entspannt. Wir saßen einfach da, schweigend, schauend, waren weder von besonderem Interesse, noch blieben wir unbeachtet. Die beiden Herren lobten die vorbeikommenden Köchinnen und wurden doch nicht müde, immer wieder vom viel besseren Essen des Rabbi David zu schwärmen. Wie zwei verlorene Kinder saßen die beiden da und vermissten ihren Rabbi David.

Nach dem Feiertagsmahl brachen wir zu Schlomo auf. Dieser wohnte direkt gegenüber der Synagoge an einer lärmenden Straße in einer winzigen Einzimmerwohnung. Die Wohnung lag im Halbdunkel. Da fromme Juden am Schabbat kein Licht anmachen dürfen, hatte Schlomo es vorsorglich angelassen. Weil er in dem kleinen Raum auch noch schlief, blieb als Kompromiss nur ein diffuses Halbdunkel. Wir gewöhnten uns allmählich daran.

Aus einem Nutella-Glas holte Schlomo zur Feier des Schabbats seinen besten Whisky hervor. Und so tranken wir, schwiegen, sangen und erzählten. Schlomo hatte einst Kunst studiert, als Lehrer gearbeitet, später Schulessen verkauft, ein Restaurant eröffnet, viel Geld verdient und zahllose Frauen gehabt. Aber irgendetwas habe ihm gefehlt. Dann habe er Gott und mit ihm ein anderes Leben gefunden. Sein Leben sei nun besser. Und doch beschrieb er einen Kampf zwischen den göttlichen Geboten und seinen menschlichen Regungen. Er ist ein Anhänger von Rabbi Nachman, sein Bücherregal war voll mit dessen Büchern. Als ich ahnungsvoll ein Lied zum Singen vorschlug, war es eines von Rabbi Nachman. Erfreut stimmten unsere Gastgeber ein und begannen zu tanzen. Schabbat ist eine Freude und sich am Schabbat zu freuen sei eine „Mitzwa", ein Gebot. Die Freude dieser beiden Suchenden ging auf uns über. Wir sangen ein Lied dessen Text auf Rabbi Hillel zurückgeht. Dieser pflegte zu sagen: „Wenn ich nicht für mich bin, wer ist dann für mich? Wenn ich aber für mich bin, was bin ich? Und wenn nicht jetzt, wann dann?" Dieser Vers hatte mich vor der Reise begleitet und immer wieder forderte er mich heraus: „Wenn nicht jetzt, wann dann?"

Ankommen in Israel. Am Schabbat den Strand entlangspazieren. Ab und an eine Pause unter Palmen, ein Kaffee, ein Imbiss, Zeit haben, am Hafen sitzen. Und dabei das Sprachengewirr, die vielen Gesichter aufnehmen – was für eine Volksmischung, diese Israelis. Und ich verstehe jetzt Helge Timmerberg, den Weltreisenden, der meinte, dass die schönsten Frauen in Tel Aviv zu finden sind. Die Mischung aus Europäern und Orientalen, die dem Europäischen einen Hauch Exotik und dem Orientalischen eine weiche Stärke gibt. Dazu der den Israelis eigener Stolz, gepaart mit Leichtigkeit und Coolness. Und dazwischen wir blasse Germaninnen in unserer praktischen Outdoorkleidung. Da musste noch viel Sonne scheinen und wir so manches Kilo verlieren, bis wir hier weniger auffielen. Und selbst dann würde uns noch etwas fehlen.
Eigentlich erkennt man sofort, wer Israeli ist, aber ich kann es nicht genau fassen, was es ausmacht. Es sind nicht allein die Gesichtszüge. Da ist etwas in deren Haltung, etwas Selbstverständliches, Fragloses, das ich nicht genau benennen kann und doch den Unterschied macht. Aber in der wogenden Menge, die entlang des Meeres trieb, war ich eine von vielen, unerkannt, unauffällig. Ich tauchte ein und spürte das Lebensgefühl.
Die Vielfalt an Lebensformen, allein hier am Strand, war faszinierend. Da gab es den Teeny-Party-Bereich, mit präpubertären Jungs, die mit erstem Bartflaum im Gesicht den zigarettenrauchenden Macho versuchen. Und dann war da der orthodoxe

Strand mit getrennten Öffnungszeiten für beide Geschlechter. Aber auch die Hundeliebhaber und die Schwulen, alle hatten ihre Zone. Ob ich dieses Land je verstehen werde – diese Vielfalt, diese Unvereinbarkeit, dieses so schwer Nachvollziehbare, diese so andere Mentalität?

Es war Anfang März. Langsam wurde es warm, orientalisch warm, nicht mehr dieser kalte Wind bei heißer Sonne. Selbst nach Sonnenuntergang konnte man kurzärmlich draußen sitzen.

Die Vorbereitungen liefen, ich hatte sie jedoch unterschätzt. Ich hatte gedacht, wir mieten uns ein Auto, machen eine kleine Shoppingtour und liegen den Rest des Tages am Strand. Allein das Anmieten eines Autos und das Fahren mit einem Automatikgetriebe in der unbekannten Großstadt muteten abenteuerlich an. Ich bin erst mal losgehoppelt wie in der ersten Fahrstunde. Im Parkhaus bekam ich die Schaltung nicht mehr eingelegt und das Auto wollte den Code nicht annehmen. So stand ich mitten auf einer Kreuzung und blockierte den Verkehr. Dennoch war das Auto praktisch und verfügte über einen riesigen Kofferraum. Und den brauchten wir auch. Darin ruhten letztlich 150 Liter Wasser und genauso viele Kilos an Essensvorräten.

Der Einkauf war ermüdend und machte hungrig. Bei jeder möglichen Essenszusammenstellung hatten wir das Gefühl, davon nicht satt werden zu können. Aber wie soll man denn einschätzen, wie hungrig man drei Wochen später nach vielleicht dreißig Kilometer Wanderung sein wird? Oder wie viel Müsli wir morgens brauchen würden, wie viel Kaffee uns reichen könnte, wie lange sich der Eckenkäse ohne Kühlung hält oder ob wir diese ewighaltbare Salami dann überhaupt noch essen wollen?
Bis wir einen überdimensionierten Einkaufswagen voll mit Lebensmitteln hatten, waren bereits drei Stunden vergangen. Wir hatten derart Hunger, dass sich jede weitere Planung erübrigte.

Hunger ist hinderlich beim Planen und Denken. Hunger ist auch schlecht für mein Hebräisch, für unsere Laune und überhaupt. Da es Christina gleichermaßen erging, suchten wir uns in einer gigantischen Einkaufs-Mall etwas zu Essen.
Aber in dieser Mall war es laut. Lärm, Geschrei, Lautsprecher, Farben, Menschenmengen, Musik – totale Reizüberflutung. Uns schien es jedoch, als einzige zu stören. Sind die Tel Avivi`s daran gewöhnt? Stört das denn niemanden? Brauchen diese Großstadtmenschen den Lärm, der alles Leise und sonst vielleicht Aufkommende schrill schreiend abdeckt? Ich jedoch lechzte nach Stille, Weite, Kargheit, Leere und Wüste.

Auf dem Wüsten-Abschnitt des Schwils kommt man über Tage an keiner Ortschaft und keiner Einkaufsmöglichkeit vorbei. Und allein das Wasser für mehrere Tage zu tragen, ist kaum möglich. So machte es Sinn, vor der eigentlichen Wanderung, Vorräte zu vergraben. Dafür wählten wir Punkte, an denen der Nationalwanderweg Straßen, Jeep Wege oder Aussichtspunkte kreuzt. Die Schwierigkeit dabei ist wiederum, diese so zu verstecken, dass man sie selber wiederfindet. Ebenso sollte sich daran aber auch keine ungebetenen Gäste bedienen können.

Wir begaben uns also auf Vergrabungs-Tour in die Wüste. In Tel Aviv hatten wir zwar Vorräte gekauft, aber keinen ruhigen und ausreichend großen Platz gefunden, um diese portionsgerecht zu verpacken. Dies wollten wir nun unterwegs nachholen.
Wir fuhren am Ufer des Toten Meeres einen Parkplatz an und begannen unsere groß angelegte Packaktion. Für jedes Loch, das wir graben wollten, hatten wir uns eine Mülltüte beschriftet und darauf Lebensmittel und Toilettenpapier gehäuft. Ein völlig schräger und zunehmend Aufsehen erregender Anblick. Die einen fragten, ob wir Geburtstag hätten. Andere positionierten sich amüsiert wie vor einer Bühne, um in erster Reihe unsere Show verfolgen zu können.

Ich hatte einen Plan ausgearbeitet, an welchen Stellen wir für wie viele Tage Essen brauchen und wo es günstig wäre, zum Beispiel Gas zu hinterlegen. Aber dennoch waren wir uns nicht sicher, wie viel Brot wir wirklich bräuchten und ob pro Loch lieber eine oder drei Rollen Toilettenpapier besser wären. Es war wie Adventskalenderbasteln.

In jeden Sack legten wir noch einen dreisprachigen Brief mit eigenhändiger Unterschrift an alle potentielle Diebe. Darin erklärten wir unmissverständlich, dass mögliche Finder unsere Vorräte gewiss nur zufällig entdeckt haben und um unser Überleben willen, diese doch, Bitteschön, an Ort und Stelle lassen sollen. Ob das helfen würde?

Das Auto war danach voll mit zwölf prall gefüllten Müllsäcken und 150 Liter Wasser in Sixpacks.

Dann ging es richtig los. Dies, so hatten wir gelesen, sei Teil des ganzen Schwil-Spaßes. Mal sehen ob das Spaß ist.

Irgendwie hatte ich mir das Caching, also das Vergraben der Vorräte, anders vorgestellt. Nun ja, die Kamele, die quer über den Highway hoppelten, passten schon in mein Erwartungsbild. Aber alles andere?

Beginnen wollten wir an einem Ort namens Beer Effe. Aber wo bitte ist Beer Effe? Kein Schild und keine Markierung boten entlang der nahezu geraden Wüstenstraße einen Hinweis. Nach mehreren Hin- und Herfahrten und mithilfe des nur halb funktionierenden GPS, fanden wir die Stelle. Es war wirklich nicht mehr als eine Stelle, auch wenn dort laut Karte ein Übernachtungsplatz sein sollte. Keinerlei Spuren vergangener Nachtlager waren zu sehen. Aber wie denn auch in einer so unwirtlichen Gegend, die nah einer Fabrik lag und vor Industrieabgasen stank. Hier türmten sich Steine und Müll. Hier will man nicht lagern. Ein beduinisch aussehender Jeep-Fahrer zog, uns beobachtend, seine Kurven. In Beer Effe, so hatten wir gelesen, werden gern mal Caches, also Vorratslöcher, ausgeraubt.

Hier wollten wir weder schlafen noch unsere Lebensmittel vergraben. Angesichts des baldigen Sonnenunterganges musste jedoch schnellstens ein Schlafplatz gefunden werden.

Also begaben wir uns zum nächsten Vergrabungsort, der Mezad Tamar hieß. Dahin gab es zumindest ein Verkehrsschild, das auf die Ruinen von Mezad Tamar hinwies. Nach etlichem Suchen und Probieren fanden wir zwischen den Ruinen einen einigermaßen windgeschützten Lagerplatz. In den letzten Sonnenstrahlen suchten wir nach Feuerholz, bestehend aus kleinen Ästen und verdorrten Strauchresten, um unseren Trip würdig zu beginnen. Christina mühte sich eifrig und mit Inbrunst ab, um unseren ersten Cache zu vergraben.
Dann begann auch schon unsere erste Wüstennacht am Lagerfeuer. Das spärliche Feuerchen musste permanent bedient werden, damit es bei den dürren Holzvorräten nicht zu rasch verlöschte. So saßen wir über Stunden die Ästchen zerkleinernd, ins Feuer blickend, gewärmt, getröstet und nichts mehr als dies brauchend unter dem Sternenhimmel. Schlafen konnte ich nicht, dazu war es noch zu früh und immer wieder wachte ich auf, besorgt, dass jemand unsere Nacht stört. An das Schlafen im Freien musste ich mich wohl noch gewöhnen.

Irgendwann kommt aber immer der Morgen über die Berge. Wir fuhren weiter, um die anderen Löcher zu graben. Noch einmal versuchten wir in Beer Effe, unsere Vorräte zu verstecken. Immer noch roch es dort unangenehm. Die Erde war steinhart und mehr Müllkippe als Wüste. Wir beschlossen in unserer Ratlosigkeit, unseren Vorratssack einfach abseits des Weges unter einem Steinhügel zu vergraben.
Beim nächsten anvisierten Lagerort in Mitzpe Makhtesh HaKatan fanden wir eine Stelle mit weichem Boden zum Graben. Daneben waren noch andere offensichtliche Vorrats-Löcher. Wir waren also nicht die einzigen, die hier vergruben. Es

gab noch mehr Wanderer. Langsam wurden wir Teil einer Schwil-Gemeinschaft. Obwohl wir diese noch nicht kannten, fühlten wir uns doch schon verbunden. Erst Wochen später merkten wir, dass dieser feine Platz nicht sicher war.
Ein weiterer Vergrabungsplatz war die Oron Plant, wieder eine Fabrik in der Wüste. Hier sollte es Schließfächer geben, in denen man seine Vorräte verbergen konnte. Die Schließfächer, die sich am Eingangstor zu dieser unwirtlichen Industrieanlage befanden, waren kaputt. Laut Plan war dieser Platz aber entscheidend, wir mussten dort zwingend Vorräte lagern. Also gruben wir ein Loch in einen Sandhaufen vor der Fabrik. Sicher schien mir das aber nicht.
Zur Mittagspause fuhren wir nach Jorkeam. Was für ein merkwürdiger, leerer Ort: verlassen, ärmlich und im Nirgendwo. Einzig ein Supermarkt zog Menschen an. Diese waren eine so ganz andere Mischung, als die in Tel Aviv. Wir sahen hauptsächlich religiöse Siedler, russische Einwanderer und ein paar Araber. Trotz so verschiedener Herkunft und Lebensweisen wirkte es friedlich.
Eine ältere Frau, die gerade noch neben einer schwarz verschleierten Beduinenfrau gesessen hatte, sprach uns auf Russisch an. Sie fragte nach der Bushaltestelle. Vor lauter Sprachverwirrung antwortete ich auf Hebräisch, aber mit so eindeutiger Gestik, dass sie ihren Weg fand. Einige Minuten später hielt ein Taxi und packte die russische Dame, die Beduinenfrau einschließlich ihres koffergroßen Gepäcks, ein Siedlermädchen und eine weitere russische Seniorin samt deren scheinbar vollständigem Hausstand ins Auto. Erstaunlich was hier passend gemacht wurde, was zunächst nicht zusammengehörig schien.

Und dann kam die Härteprüfung. Für ein weiteres Vorratsloch wollten wir von Mitzpe Ramon aus in der Nähe einer Tankstelle, auf einen Feldweg fahren. Gut war der Weg nicht, aber er wurde alsbald noch schlechter, dann unmöglich und eigentlich unbefahrbar. In der Hoffnung, dass dieser Weg bestimmt gleich wieder besser würde, überwanden wir mühselig und schneckengleich Hindernis um Hindernis. Manchmal querfeldein ausweichend, dann millimeterweise an Steinbrocken vorbei schlängelnd und die ganze Zeit bangend, nicht aufzusetzen.

Es wurde nicht besser. Aussichtslos, vorwärts zu kommen. Aber ohne dieses Lager müssten wir Essen und Wasser für zwei Tage tragen. Zwölf Kilo mehr für jeden, das schien unmöglich. Dieser Weg war im Gegensatz zu manch anderer Wüstenstraße nicht für normale Autos gesperrt, also müsste man hier doch fahren können!

Irgendwann gaben wir auf. Es war unvernünftig, hier weiter zu fahren. Aber es war schon zu spät - wir hatten einen Platten. Panik stieg auf - wir waren irgendwo in der Wüste. Hier kommt kein Abschleppdienst hin. Und wie soll man es irgendeinem Normalmenschen erklären, dass man sich auf einer unbefahrbaren Straße scheinbar ziellos in die Wüste vorwärtsbewegt? Es war kurz vor vier. Um fünf geht die Sonne unter. Wie kommen wir hier weg? Und was ist mit unserem Vorratsloch? In was hatte ich mich hier hineingeritten?!

Ich versuchte, pragmatisch und vernünftig zu denken. Christina begann an Ort und Stelle, ein Loch für unsere Vorräte auszuheben. Währenddessen entlud ich das vollgestopfte Auto, um an den hoffentlich intakten Ersatzreifen zu kommen. Bisher war ich von Reifenpannen verschont geblieben. Und nun der Erstversuch im Wüstenmodus. Das Auto stand wo es stand, schief auf dem noch schieferen Weg. Und dieser bekloppte Wagenheber rutschte immer wieder ab, machte ein um die andere Beule in die Karosserie. Zum Glück hatten wir eine Vollkaskoversicherung ohne Eigenbeteiligung abgeschlossen. Ob wir hier je wieder rauskommen, diesen Weg überhaupt überleben werden? Was machten wir hier bloß?

Christina war cooler, nahezu routiniert machte sie sich an den Reifenwechsel. Geschafft. Unsere Hände, Kleidung, selbst mein

Gesicht - alles war schwarz und verklebt. Wir fuhren zurück. Was, wenn noch ein Reifen platzt? Auf dieser schmalen, kaum befahrbaren Straße am Kraterrand mussten wir auch noch wenden. Millimeterarbeit mit einem fremden und ungewohnt großen Wagen. Befreiende Erleichterung und lähmendes Entsetzen nahmen uns ein.

Fassungslos blickten wir uns an. Wie konnten wir nur so unvernünftig sein und bei einer so unbefahrbaren Straße nicht umkehren?! Sprachlos fanden wir nur schwer wieder die Worte, platzten nur einzelne Laute des Schreckens hervor. Keine Zeit, darüber weiter nachzudenken. Schon nahte der Sonnenuntergang und zuvor sollten wir noch ein Nachtlager finden.

Das nächste offizielle Night Camp befand sich inmitten des Ramon-Kraters. Diese Night Camps in der Wüste zeichnen sich einzig dadurch aus, dass man an diesen, in Wanderkarten verzeichneten Stellen, übernachten darf. Nicht mehr. Manchmal gibt es sogar ein Schild, das auf den Lagerplatz hinweist. Letztendlich erkennt man so ein Night Camp jedoch vor allem an den zahllosen menschlichen Hinterlassenschaften, die in weitem Umkreis das Lager markieren. So einen Platz also strebten wir an.

Wir bogen von der fein asphaltierten Straße, die den Ramon-Krater durchkreuzt, auf einen schmalen Feldweg ein. Dieser führte uns in der untergehenden Sonne in eine traumhafte Landschaft voll blühender Wüstensträucher und aufglühender Felsformationen

Doch schwante mit nichts Gutes, als ich in der Ferne vier Überlandbusse sah. Zu den Bussen gehörten Schulklassen samt ihren Gepäckwagen und zahllosen Zelten, die lärmend das gesamte Camp einnahmen.

Hier konnte ich nicht bleiben. In neu erwachtem Wagemut fuhr ich einfach weiter. Ich ignorierte die Schilder, die auf die beginnende Jeep-Straße hinwiesen, ebenso wie Christinas lautstarken Protest.

Aber ich kam nicht weit. Schon erschien ein beflissener Ranger der Naturschutzbehörde, der uns das Weiterfahren und erst recht das Übernachten abseits des Camps, strikt untersagte. Er empfahl uns jedoch ein weiteres Night Camp außerhalb des Kraters, an dem er uns später noch aufsuchen wollte. Nun ja, er wollte sicher gehen, dass wir nicht wild lagerten.
Wir fanden den beschriebenen Platz. Dieser war idyllisch, umgeben von überhängenden Felsen, mit einer Feuerstelle an einem trockenen Flussbett und umrahmt von fliederfarbenen Sträuchern und vereinzelten Akazien. Wir waren allein und sogar Feuerholz lag bereit. Ein tröstlicher Anblick, nachdem der Schreck noch in unseren Knochen saß, was uns die Szenerie noch nicht genießen ließ.
Es blieb kaum Zeit, bevor es vollständig dunkel wurde. Das trockene Holz brannte lichterloh, doch wir hatten reichlich Vorrat und legten immer wieder nach, damit es warm und hell brannte. Und das tat es, über Stunden, den Abend füllend, und genügte für alles. So wenig, so viel.
Wir sangen Lieder, lernten Vokabeln, schwiegen, schauten ins Feuer. Der Himmel war tief, fast schien er auf uns zu liegen mit seinen zahllosen Sternen. Darunter saßen wir am Feuer, das warm die uns umgebenden Felsen beschien. Friedlich sind wir am Feuer eingeschlafen, merkten nicht, wie nachts noch andere Camper hinzukamen. Es wurde kalt, aber in meinem Schlafsack blieb es wunderbar warm. Nur meine Füße nicht, nachdem ich mir zuvor Löcher in meine Socken gebrannt hatte.

In der Früh war es sehr kalt. Wir packten schnell unsere Sachen und fuhren nach Mitzpe Ramon. Christina bestand unverrückbar darauf, den Reifendruck zu prüfen. Recht hatte sie ja. Auch in Mitzpe Ramon war es kalt, kaum auszuhalten, einen Kaffee im Freien zu trinken. Aber wir wollten den Reifendruck prüfen. Wie macht man das in Israel? Die Rettung nahte in Form von drei lustigen Müllmännern, die schon in diesen frühen

Morgenstunden gut gelaunt ihrer Arbeit nachgingen. Der Älteste und Fahrer der Truppe, mit einer witzigen Mütze auf dem Kopf, erkannte unsere Not. Er zeigte uns die entsprechende Gerätschaft, die ich als Luftpumpe nie erkannt hätte, und suchte in einer Tabelle nach der richtigen Druckstärke. So hatten wir dann einen perfekt aufgeblasenen Reifen und eine beruhigte Christina.

Wir begaben uns wieder an das Night Camp, von dem wir am Vortag ob der Schulklassen geflohen waren. Dieser war noch immer von den vier Reisebussen und den zahllosen adretten Teenagern mit Beauty Case und Köfferchen umlagert. Hier konnten wir immer noch nicht ungesehen ein Vorratslager anlegen.
Also entschieden wir uns, ein Stück vor diesem Platz zu graben. So ein schönes Loch hatten wir noch nie. Wunderbare Farben aller Schattierungen legten wir beim Graben frei – lila, grün, gelb weiß, rotbraun – unglaublich.
Und dann schaufelten wir nach und nach alle weiteren Versorgungslöcher - mal unter Akazien, mal in bereits vorgegrabenen Löchern, mal neben lagernden Soldaten unter Tarnnetzen, mal nahe einer Düne im Sand, mal hinter Felsen.
Und endlich war es geschafft! Wir hatten alle Löcher gegraben! Und Eilat, das Ende der Caching Tour und der Anfang des Schwils, war erreicht.

Das Hostel in Eilat war schnell gefunden und als allerersten Akt ging es ans Duschen. Duschen!!! Welche Wohltat nach zwei Tagen in der Wüste. Haare waschen, wieder saubere Hände vorweisen und die wunden Gliedmaßen versorgen können. Und dann warfen wir alle Kleidungsstücke auf einen Haufen und begannen, Wäsche zu waschen. Wir warteten, bis diese in der warmen Luft Eilats wieder trocken genug zum Anziehen waren, denn Wechselsachen erlaubten unsere gewichtsbegrenzenden Maßnahmen nicht.
Abends tranken wir einen Jerusalem Mojito, mit Minz-Blättern

und Rum, und dachten nach. Die Reise nahm langsam Formen an. Unsere Ausrüstung hatte sich in den ersten Nächten bewährt. Und doch kamen leise Bedenken auf. Könnten wir es schaffen? Überschätzten wir uns nicht? Brachten wir uns nicht unnötig in Gefahr? Waren wir zu leichtsinnig? Doch immer, wenn wir abends am Lagerfeuer unter dem Sternenhimmel gesessen hatten, war wieder alles gut, waren wir wieder versöhnt mit dem Leben, wie es gerade sein mochte.

In Eilat ist es immer warm. Deshalb gab es im Hostel nur ein Bettlaken und im Schrank für den Bedarfsfall eine Wolldecke. Aber was heißt hier warm? Nachts fror ich wie vorher nicht in der Wüste und war dabei zu müde, um den Schlafsack auszupacken.

Deshalb stand ich früh auf und lernte, noch verschlafen beim Kaffee machen, Amir kennen. Amir ist ein verpeilter israelischer Chaot. Er war grade in Eilat, um Segeln zu lernen und verdiente nebenbei seinen Unterhalt mit Programmieren. Er saß tagsüber mit Laptop am Strand, programmierte und ging zwischendrin Segeln - entspannte Work-Life-Balance. Der Typ scheint schlauer zu sein als wir.

Als gutes Omen empfand ich den Erhalt unseres Schwil-Passes, in dem man, wie auf dem Jakobsweg, an allen Etappen einen Stempel erhalten kann. Unsere Pilgerfahrt konnte also losgehen. Heimlich schlich sich doch der Gedanke ein, die Strecke mit dem Auto abzufahren, sich aus unseren Vorräten zu bedienen und überall einen Stempel abzuholen. Aber nein, die verlockende Idee wurde gleich wieder verworfen.

Eigentlich fügte sich alles, selbst das Wetter. Kurz vor unserer Reise hatte es in Tel Aviv und Jerusalem geschneit. Als wir ankamen, war das Wetter angenehm. Jetzt, da wir abgereist und im sonnig warmen Eilat waren, regnete es im Rest des Landes. So war ich hoffnungsvoll, dass uns Regen erspart bleibt. Ob dieser

Hoffnung hatten wir, aus gewichtsreduzierenden Erwägungen, auf ein Zelt verzichtet. Hoffentlich hatten wir uns da nicht verrechnet.

Wir mussten noch das Auto abgeben. Da hatte ich so meine Bedenken, schließlich waren wir ja offroad auf Wüstenwegen gefahren und hatten unserem zugestaubten Auto gewiss neue Schrammen zugefügt. Und dann wäre da noch der kaputte Reifen.
Doch der für uns zuständige Mitarbeiter der Autovermietung hatte, direkt vor unseren Augen, eine straffe Abfuhr seines Chefs erhalten. Beim vorherigen Kunden, der wie wir eine Vollkaskoversicherung gehabt hatte, führte er akribisch eine Liste mit den noch so kleinsten Schäden. Nachdem diese demonstrativ vom Chef zerrissen worden war, hatten wir ein leichtes Spiel. Der arme verunsicherte Mann beschränkte sich bei uns nun lediglich darauf, den Tachostand zu kontrollieren. Da ich ja nett bin, informierte ich ihn dennoch über den Zustand des Reservereifens, allerdings erst nach Abwicklung aller Formalitäten.
Wir hatten noch Zeit für entspannte chillige Stunden am Strand. Es war zu kalt, um ins Wasser zu gehen, zu warm, um in der Sonne zu sitzen und doch zu kühl, um sich vollständig in den Schatten zurückzuziehen. Aber mit diesen Einschätzungen schienen wir allein zu sein. Andere Touristen kaukasischen Hauttyps nutzen jede Sekunde der UV-lastigen Sonnenstrahlen und scheuten auch krebsrot jeden Sonnenschutz.
Seitdem wir in Tel Aviv und mehr noch, seit wir in Eilat angekommen sind, fielen mir die zahllosen Schwarzafrikaner im Stadtbild auf. Diese waren dabei vornehmlich bei körperlich anstrengenden und wahrscheinlich schlecht bezahlten Arbeiten, die in jeder Industrienation unbeliebt sind, beschäftigt. Und damit meine ich beispielsweise Gebäudereiniger, Bauhelfer, Müllsammler .... Nun bekam ich die Erklärung dafür von Omri, dem Manager des Coral Beach.

Massenweise kommen afrikanische Flüchtlinge insbesondere in den Bergen von Eilat über die ägyptische Grenze. Man wisse auch nicht, woher genau diese Menschen kommen. Sie werfen ihre Papiere weg und so bleibe die Herkunft im Dunkeln. Irgendwo in Afrika brechen sie auf, verlassen sich auf Gott und kommen ins gelobte Land. Ihr Weg ist von Mühsal, Lebensgefahr und beduinischen Schleusern geprägt.
Die Beduinen scheinen dabei eine menschenverachtende Rolle zu spielen. Sie lassen sich wohl nicht nur bezahlen, sondern sollen auch Flüchtlinge foltern, um von den schon in Israel lebenden Angehörigen Geld zu erpressen. Auch sollen sie Organe entnehmen, um diese in arabische Länder zu verkaufen.
Ich wollte nicht glauben, dass dies wahr ist. Inzwischen sollen wohl schon 15.000 Afrikaner in Eilat und 100.000 in Israel leben. Auch sollen noch viel mehr unterwegs sein. Und Israel, dessen Geschichte durch das Leid des Holocaust geprägt ist, ringt nach einer Lösung zwischen Humanität und Realismus.
Mit Omri redete ich lange. Nicht dass ich es darauf angelegt hätte, vielmehr konnte ich ihm, dank meiner mir eigenen Höflichkeit, nicht so einfach entkommen. Omri, war eigentlich unterhaltsam und so erfuhr ich auch, dass dessen Großvater einst Richter in Karlsruhe war. Als ich radebrechend versuchte, am Strand eine Liege zu mieten, verweigerte er die englische Sprache. Und, um der vorgeschobenen Aufbesserung meiner Hebräisch-Kenntnisse wegen, suchte er immer wieder Kontakt zu uns. Das konnte man ja zumindest zur Wissenserweiterung nutzen, denn Omri war Ranger der Naturschutzbehörde. Vor seinem Einsatz am Coral Beach war er für die Berge von Eilat zuständig und kannte diese wie seine Westentasche.
Er erzählte uns von Wanderern, die mit nur einem Liter Wasser für die ganze Großfamilie in die Berge gehen, und anderen, die ahnungslos ohne Orientierung und Karten aufbrechen und sich verirren. Erst eine Woche zuvor sei eine Frau mit Beinbruch per Militär Helikopter aus der Wüste ausgeflogen worden. Für mich

war es beruhigend, zu wissen, dass im Notfall Hilfe erreichbar wäre. Omri fragte auch unsere Vorbereitungen ab und schien offensichtlich beeindruckt von unserer Planung, bei der wir sogar die unterschiedliche Netzabdeckung des Mobilfunks in der Wüste bedacht hatten.
Wie nicht anders zu erwarten, wurde irgendwann der Beziehungsstatus abgecheckt und wir mussten Omri enttäuschen. Wir wollten den Abend nicht mit ihm verbringen. Er war ja nett und offenbarte in der Art, wie er fragte und was ihn beschäftigte, eine tiefere Seite. Unsere Mission war jedoch eine andere.

Unser Taxifahrer überschlug sich auf der Fahrt zurück zum Hostel fast vor Bewunderung ob unserer Reise. Immer wieder sagte er „Kol ha kawod“ - alle Achtung. Für unser Hebräisch, für unseren Beruf, für unsere Planung, für unsere Reise…
Er fand es vor allem „meschuga“, denn natürlich war so was verrückt. Er meinte auch, einmal im Leben müsse man den Schwil Israel gehen. Seine Eltern stammten aus Leipzig und haben, seitdem sie in Israel waren, nie wieder Deutsch geredet. Somit hatten sie ihm die Sprache nicht gelehrt und es später bereut.
Zwei deutschstämmige Israelis hintereinander. Wenn man als Deutsche in Israel unterwegs ist, schwebt immer das Holocaustthema in der Luft. Und doch hatte ich in keiner Begegnung Vorbehalte gespürt. Deutschland wurde von den Israelis vielmehr als verbindendes Gesprächsthema genutzt. Mehr als sie scheine ich wegen meiner deutschen Herkunft befangen zu sein.

Am Abend vor dem Beginn unserer Reise wollten wir ins Hostel Shelter zum Gottesdienst. Das Hostel wird von Judy und John betrieben, die beide den Schwil vor Jahren gegangen waren. Judy hatte ein Buch über ihre Reise geschrieben und nachdem wir dieses in Vorbereitung gelesen hatten, waren wir neugierig auf die beiden.

Und da waren sie, so, wie wir sie uns nach der Lektüre vorgestellt hatten. John war herzlich und voll übersprudelnder Begeisterung seines Glaubens wegen. Nun konnte ich mir so richtig vorstellen, wie er jedem Vorbeikommenden ungefragt erklärte, dass sie Christen sind und auf dem Schwil wandern. Judy wirkte eher ernst und nüchtern und bemühte sich, alles im Griff zu haben. Nach ihrem Schwil haben sie sich als Trail Angels gemeldet. Das sind Leute, die freiwillig Wanderern helfen und ihnen Essen, Übernachtung oder Dusche anbieten.

Wir nahmen am Gottesdienst teil. Die Hälfte der Besucher kam aus Afrika, vielleicht ein Viertel aus Südamerika, einige aus Russland. Zu ihnen gesellten sich noch ein paar Touristen. Es war eine bunte Mischung und ein lebendiger Gottesdienst.
Wir hatten ja noch unseren schönen blauen Spaten und dachten, dass dieser hier bei den Trail Angels noch genutzt oder an andere Wanderer weitergegeben werden könnte. Aber die Atmosphäre war so anders, als ich mir das bei Trail Angels vorgestellt hatte. Judy nahm unser Gespräch wenig interessiert zur Kenntnis. Und beim Blick auf die Gottesdienstbesucher wurde uns klar, was sie als ihre Aufgabe sah: die Arbeit mit Einwanderern und Randgruppen. Der Schwil schien dabei aus dem Blick geraten zu sein. Nun, zumindest unseren liebgewonnenen Spaten konnten wir dort lassen. Insgeheim hofften wir dabei auf andere Erfahrungen mit Trail Angels.

„Desert purifys the soul“

„Desert is a bitch“

- Wüste -

Der erste Wandertag! Kurz sollte er sein, nur 17 Kilometer. Aber es erwarteten uns auch 800 Höhenmeter. Was für ein Anstieg! Was für eine Last, mit einem Rucksack samt sieben Liter Wasser zu wandern! Wir schwitzten wegen der Anstrengung und froren im eisigen Wind. Es war zu kalt, es war zu warm, es war zu viel.
Und alles tat weh. Naja, nicht alles, aber die Füße, die Schultern, die Knie. Wir hatten Angst um unsere Gelenke, auf denen so viel mehr Last als gewöhnlich ruhte.
Mit ungewohntem Gewicht auf den Schultern veränderte sich das Körpergefühl. Trittunsicher wurden aus leicht begehbaren Strecken ungeahnte Hindernisse.
Doch gleichzeitig entfaltete sich um uns eine unfassbar schöne Natur. Unwirklich waren die Farben der Berge, Schluchten, Cliffs und Hänge. Sie kontrastierten sich in Lila, Gelb, Orange, Grün und Schwarz. Es wirkte surreal, wie von einem seiner Sinne beraubten Künstler entworfen.

Wir kamen bis zu einem zwischen Hügeln getarnten Armeeposten. Hier durften wir nicht weiter, das Tal war gesperrt wegen der häufigen Grenzübertretungen.
Nun wurde mir klar, warum sich die Gegend für Flüchtlinge anbot. Der Hügel, auf dem wir standen, war in Israel, der Berg gegenüber in Ägypten und im Tal dazwischen die Grenze. So dicht war alles beieinander. Wir durften nicht weiter und wurden den nächsten Pfad vom Berg heruntergeschickt.
Es galt, einen neuen Weg zu suchen. Gar nicht so einfach, da die Karten unseres Wanderführers scharf ausgeschnitten ausschließlich die Strecke des Schwil Israel enthielten.

Dabei trafen wir die ersten Schwil-Wanderer. Eine israelische Gruppe von vier Jungen und einem Mädchen, vielleicht Anfang zwanzig. Auch wir schienen die ersten Schwil-Reisenden zu sein, die sie trafen.

Befangen beäugten wir uns. Das Mädchen der Gruppe wirkte fast verärgert, dass wir den Schwil gingen. Meinte, nicht ahnend, dass ich sie verstand, zu ihren Begleitern: „Ist der Schwil jetzt denn für die ganze Welt da? “

Gegenüber dieser Gruppe mit ihren zerbeulten Töpfen, ausgewaschenen T-Shirts und stapelweise Kartenmaterial fühlte ich mich deplatziert. Mit meinen nagelneuen Wanderstöcken, meinem imposanten GPS und meiner dicken Super-Isomatte wirkte mein Equipment überausgestattet.

Das Gefühl, noch nicht angekommen, noch nicht ‚eingeschwilt' zu sein, blieb.

Schon um drei Uhr nachmittags erreichten wir das Nachtlager. Ein rastazöpfiger junger Mann wurde von seinen sichtlich stolzen Eltern, zum Night Camp gebracht.

Unser Vorrat war schnell gefunden., und nach längerem Ausprobieren ebenso eine windstille Nische, die Omer, der Rastjunge, das „German Camp" taufte. Überzeugt von unserer Lagerwahl, zog er auch ins German Camp.

Gemeinsam begannen wir, Holz zu sammeln. Eine mühsame, nahezu aussichtslose Aktion. Kein Holz war weit und breit zu finden. Es blieb uns nur, alte Lagerfeuer nach noch nutzbaren Spänen abzusuchen.

Kälte umfing uns im eisigen Wind. Nachdem die Sonne untergegangen war, hielten wir es am Feuer nur noch im Schlafsack aus. Zum Abendbrot gab es Ptitim. Omer bezeichnete es, als israelisches Couscous. In Deutschland nennen wir diese Teigwaren Reisnudeln. Ptitim sind Omers Lieblingsessen. Am liebsten würde er einen Imbiss aufmachen, in dem er Ptittim in allen Varianten verkauft.

Lange saßen wir zusammen am Feuer, aßen, tranken, redeten. Omer stammt er aus einem Kibbuz im Jordantal. Drei Jahre zuvor hatte er die Armee beendet und war seitdem durch die Welt

gereist. In der Armee hatte er sich wie ein Sklave gefühlt, jetzt war er frei und schnitt seitdem seine Haare nicht mehr.
Erstaunt vernahmen wir Omers Prioritätenliste für sein Reisegepäck von immerhin 23 Kilogramm. Allein seine Kameraausrüstung wog sechs Kilo. Abgesehen von einem metallenen Jonglierstab hatte er Essen für den ganzen Schwil in seinen Rucksäcken. Er trug sowohl einen auf dem Bauch als auch einen auf dem Rücken. Mit drei Kilo Essen wollte er die ganzen 1000 Kilometer auskommen. Bevorzugt hatte er dabei Müsli und Halva dabei. Zimtstangen zum Teewürzen ergänzte seine Ausstattung. Den Tee hatte er sich allerdings erspart. Ebenso hatte er ganz grundsätzlich auf Shampoo und Toilettenpapier verzichtet. Da erwachte unser mütterlicher Instinkt und wir teilten unsere Vorräte mit ihm.
Die Nacht war eisig. Irgendwann wärmten wir in unserer Verzweiflung Steine am Feuer auf. Diese wickelten wir in eine noch ungelesene Zeitung und nahmen sie als provisorische Wärmflasche mit in den Schlafsack.
Mein Schlafsack war ein Traum, auf bis minus zwanzig Grad war er ausgerichtet und hielt in der Kälte warm. Alle Körperteile außerhalb der kuscheligen Daunen waren jedoch der Kälte ausgeliefert. Also zog ich ihn über meinem Kopf zusammen und überstand die Nacht gut. Doch für Christina, deren Schlafsack bis fünf Grad ausgeschrieben war, blieb diese Nacht als Schrecken zurück.

Der erste Morgen in der Wüste war unerträglich kalt und so entfachten wir erneut ein Feuer, tranken Kaffee und aßen Müsli, bis irgendwann die Sonne auch unser Nachtlager erreichte.
Als wir loswanderten, kamen wir nicht weit. Soldaten ließen uns erneut nicht in das Wadi Gischron, das die Grenze zu Ägypten bildete. Das Weiterkommen war erneut versagt.
Also suchten wir einen neuen Weg. Nach Umwegen, Auf- und Abstiegen und kleinen, farbigen Canyons, weitete sich die Landschaft vor uns aus. Der Blick fiel auf eine urgewaltige Erde, die sich wie eben erst erschaffen vor uns ausbreitete. Unberührt, wie neugeboren, als hätte noch kein Mensch sie je betreten. Kein

Zeichen der Zivilisation, als wären wir die ersten und einzigen Menschen, ganz allein auf dieser Welt. Nur die Natur und wir. Kein Geräusch. Nur der Wind. Und wenn dieser schwieg, wurde das Schweigen laut, so laut, dass das Blut in den Ohren dröhnte. Weite, Stille, Einsamkeit, Unberührtheit. Was für eine Wohltat. Ich wollte anhalten, verweilen, konnte nicht genug bekommen. Doch wir mussten weiter, keine Zeit, der Weg war noch weit und der Sonnenuntergang nahte.

Wir zogen weiter durch das Wadi Schechoret, einen schwarzen Canyon, vorbei an grandiosen Ausblicken und trockenen Wasserfällen. Wir trafen wieder unsere israelische Wandergruppe vom Vortag. Einer probierte sein Deutsch mit „Guten Abend" mitten am Tag aus.

Sie waren schon viel früher aufgebrochen und pausierten nun ausgiebig. Der israelische Wanderstil schien anders als der unsrige zu sein. Sie liefen schnell, machten dann lange Pausen, um anschließend wieder schnell zu laufen.

Und wir? So schnell waren wir nicht. Eher langsam und behäbig, aber hoffentlich stetig und durchhaltend bewegten wir uns fort. Mal sehen, ob sich dieser Stil bewährte.

Im Night Camp fanden wir sofort unser Versteck. Dort hatten wir Essen für mehrere Tage verborgen. Die nächsten Tage würden wir keine Einkaufsmöglichkeiten haben.

Weniger gut hatte eine kleine Gruppe Schüler geplant, die wir am Camp trafen. Zur Vorbereitung auf die Armee wollten sie für drei Tage auf dem Schwil wandern. Diejenigen die sie versorgen sollten, waren nicht erschienen, und nun hatten sie kein Wasser mehr. Wir gaben ihnen eine unserer Flaschen.

Innerlich waren wir gespalten. Gleichzeitig sorgten wir uns, nicht mehr genug Wasser für uns selbst zu haben, und ebenso, ihnen nicht genug abgegeben zu haben.

Langsam bekamen wir Routine im Lageraufbau. Am Ende jeder Wanderung suchten wir erstmal einen windstillen Lagerplatz. Dann wurde emsig Holz gesammelt. Wenn nötig, stapelten wir Steine als Windschutzmäuerchen übereinander. Nun rollten wir noch die Matratzen aus und dann begann Christina zu kochen.

Bis wir gegessen hatten, war es meist schon ziemlich dunkel. Dann entzündete ich das Feuer. Über Stunden saßen wir da, sagten nichts, dachten nicht viel und brauchten nicht mehr als das. Und in guten Nächten brannte das Feuer so lange, bis wir irgendwann einschliefen.

Die Schüler von nebenan kamen im Morgengrauen vorbei. Sie brachten uns Wasser, das sie sich am Abend noch per Taxi geordert hatten. Ich war erleichtert, da unsere Wasservorräte bis zum nächsten Mittag reichen mussten.
Wasser ist das Wesentliche, das Lebensnotwendige und Entscheidende in der Wüste. Nichts zählt mehr als das, nichts limitiert mehr. Alle Planung dreht sich darum. Wasser abzugeben brachte mich fast an Gewissensgrenzen. Es wieder zu bekommen stimmte mich dankbar.
Nun hatten wir Wasser für anderthalb Tage und Essen für drei Tage im Rucksack. Schwer lasteten allein diese sechseinhalb Liter Wasser. So ein Gepäck kann man vielleicht tragen, aber damit wandern?
Und der Schwil ist nicht einfach nur Wandern. Nein, der Schwil nimmt jeden Berg mit. Der Weg führte hinauf nach Maale Amram, eine Anhöhe von 400 Höhenmetern, die es mit einer Steigung von 20 Prozent zu überwinden galt.
Fraglos war die Landschaft grandios. Wir liefen durch weite Täler, vorbei an vielfarbigen Sandsteinformationen und riesigen säulenförmigen Felsgebilden, zwischen denen ich mir winzig vorkam.
„Was ist der Mensch, dass Du seiner gedenkst.“ - Dieser Bibelvers tauchte plötzlich in meinem Inneren auf. In dieser riesigen Natur fühlte ich mich klein, als winziges Teil, kaum zu sehen und dabei doch nicht verloren, nicht vergessen. Aber im Angesicht dieser großartigen Schönheit und Gewaltigkeit, wurde ich mir der eigenen Kleinheit bewusst. Und merkwürdigerweise war dieses kein bedrückendes Gefühl. Nicht derart, dass es einem ob der eigenen Unbedeutendheit den Mund verbietet, zum Kleinmachen verdammt, sich zu Bescheidenheit ermahnt. Nein, einfach ein Faktum, das so ist, wie es ist, und nicht mehr.

Nach der Anhöhe tat sich wiederum ein Ausblick auf und so ging es in das nächste Tal. Hier bot die Wüste eine liebenswürdige Überraschung: Eine kleine Palmenoase mitten in einem ausgetrockneten Flussbett. So schön, dass sie wie aus einem Märchen schien. Fünf Palmen luden aneinandergeschmiegt zu einer Rast ein. Der Schatten kühlte, während die Sonne brannte.
Dann marschierten wir weiter. Noch zwei trockene Wasserfälle galt es zu überwinden. Das hieß wieder klettern. Eigentlich liebe ich das ja, aber mit Rucksack war es etwas anders. Der Rucksack zog nach unten und ließ uns keinen sicheren Tritt finden. Also setzten wir die Rucksäcke ab, erklommen den ersten Absatz, holten das Gepäck nach, um dann die nächste Stufe zu erklettern. Es war alles machbar, nur zeitaufwendig. Wir kamen nicht wirklich vorwärts. Wir schafften nur fünfzehn Kilometer pro Tag. Nach unseren Plänen sollten es in Zukunft bis dreißig Kilometer werden. Wie sollte das gehen? Nicht nur war unsere Schrittgeschwindigkeit mäßig, ebenso bremsten uns die wechselnde Wegbeschaffenheit, die Höhenanstiege, die Kletterpartien, die unsicheren Wege und das Gewicht des Rucksacks aus. Sorge schlich sich ein und der Tag zog sich.
Der Weg ging in ein weites Tal über. Kein Anstieg, aber Kies, in dem man bei jedem Schritt versackte, gleich wie bei einer Strandwanderung. Mühsam stapften wir vorwärts. Das Tal weitete sich, Akazien standen vereinzelt, Steinböcke lagerten darunter.
Ein berührender Anblick, diese Tiere hier in ihrer natürlichen Umgebung zu sehen. Wie auf einer Safari ohne Jeep und Guide. Die Tiere bewegten sich anmutig und mit einer Selbstverständlichkeit, die sich von uns nicht beeindrucken ließ. Ihr Fell war perfekt der Umgebung angepasst. Manchmal sahen wir die Tiere erst, wenn wir ihnen ganz nah waren. Und manches Mal erkannten wir sie nur an den Ohren, die gegen die Sonne über Sträuchern hervorlugten.
Gegen Nachmittag erreichten wir das Raham Emek Night Camp. Aus der Ferne winkten wir noch Omer zu, der weiterzog. Und wieder errichteten wir unser Lager.
Dieses Mal im Schatten von Felsen, umrahmt von einem Gebüsch. Nachdem wir zwei feine Mäuerchen gezogen hatten, war

der Windschutz fast perfekt. Nicht perfekt war nur ein Jeep mit Anhänger, der sich auf einem unbefahrbaren Kiesweg durchquälte, immer wieder stecken blieb und aufheulendem Motor versuchte, sich frei zu fahren.
Schlussendlich hielt dieser Jeep just an unserem Night Camp und lud Sachen für eine ganze Horde aus. Diese Horde traf dann auch ein. Als wäre eine Schleuse geöffnet, liefen mehr und mehr Jungen aus der Wüste in ihr ersehntes Nachtlager.
Die Burschen waren auch ohne Gepäck erschöpft von ihrer Wanderung. Sie bauten mehrfach ihr Lager auf und ab, bis auch sie die richtige Stelle gefunden hatten. Dann wurde die Nationalflagge gehisst. Es wurde gejubelt, gesungen und zu guter Letzt ein Generator installiert.
Und dabei sehnte ich mich doch nach der unendlichen Wüstenstille. Zumindest hatten wir ein Süppchen und unser wärmendes Feuer, das aus jedem Ort ein kleines Zuhause macht.

In der Wüste zu sein veränderte oder brachte zumindest das Denken auf andere Bahnen. So wenig genügte und ganz andere Dinge wurden auf einmal wichtig. Sonst passionierter Zeitungsleserin, wurde das Weltgeschehen auf einmal unbedeutend. Stattdessen gewann die mitgebrachte Zeitung eine Aufwertung als Einwickelpapier für erhitzte Steine.
Und Körperpflege wurde ganz überflüssig. Wir schafften es kaum, unsere Zähne zu putzen. Selbst zum Gesicht waschen, war uns das Wasser zu schade. Und das Haarstyling wurde per Mütze oder Tuch erledigt.
Toilettenpapier war aber wichtig, davon hätten wir noch mehr mitnehmen können. Es ist ideal zum Feuer entfachen, außerdem gut zum Hände abtrocknen, Geschirr reinigen, Nase putzen …
Und das alles neben seiner eigentlichen Bestimmung.
Kleidungswechsel und Aussehen - alles zweitrangig. Die Hauptsache war, warm und geschützt zu sein. Und schmutzig war sowieso alles. Erstaunlich wie viele Tage man ohne Waschen aushält.
Und das Denken: reduziert, wenig und banal. Die Gespräche wurden kurz und all das, was sonst beschwerte, war weit weg.

Christina, meine Reisegefährtin erinnerte sich an den Spruch einer alten Beduinin: „Die Wüste reinigt die Seele."
Vielleicht hatte es damit etwas zu tun. Alles Unwesentliche, alles Städtische, alles Gekünstelte, alles fiel ab. War das das Ersehnte, das Gesuchte? Und dabei hatte ich keine Erkenntnisse, keine großen Gedanken, keine Offenbarungen. Nein, ich war nur da, einfach nur ganz da.
Es gab kein erleuchtetes Gefühl, nichts Erhabenes. Ich war nur da, einfach so, und es war gut so. Ganz einfach.
Die Worte wurden dünn. Mein Hebräisch versackte, das Englisch wurde rudimentär und selbst mein Deutsch spärlich. Aber vielleicht braucht die Wüste keine Sprache, vielleicht genügte es, einfach zu sein.
Chamsin, der Wüstenwind, umgab uns am nächsten Tag. Die Sicht war eingeschränkt und diesig, die Luft windig, heiß und trocken. Wir befanden uns auf dem Weg in den Timna-Park. Ein prachtvolles Stück Natur, von überladener Schönheit, die mich auf vorangegangenen Touren schon tief berührt hatte.
Eingehüllt von dem Nebel des Wüstenwindes war die Anmut dieses Parks, nur schwer zu erahnen. Und auch unser Zugangsweg durch die Abraumhalden eines Erzabbaufeldes machte es uns nicht leichter, die Schönheit zu erkennen. Auf diesem kleinen Fleck Erde liefen wir erst durch eine zerstörte, durchfurchte, missachtete Natur. Zehn Meter weiter war dieselbe Gegend ein Naturschutzgebiet. Eines, für das man Eintritt bezahlen musste, nur auf ausgewiesen Wegen gehen durfte und nicht einmal Zelten erlaubt war. Nachvollziehen konnte ich das nicht.
Beim Einlaufen in den Timna-Park meinte ich, eine biblische Vision zu haben. Ich sah die Stiftshütte, die dem Volk Israel in biblischen Zeiten als Heiligtum gedient hatte. Natürlich war das nicht die echte Stiftshütte, sondern eine nachgebaute, die man nach Ticket-Erwerb besichtigen konnte.
Wir begaben uns zum Timna-See, einem künstlich angelegten kleinen Gewässer, umgeben von Gastronomieangeboten.
Endlich bekam ich einen ordentlichen Kaffee und konnte mir eine Zigarette schnorren. Die Welt war wieder in Ordnung.
Der Wüstenwind setzte auch den Einheimischen zu, so dass sich

einer der Gastronomen zu einem verfrühten Feierabend entschied. Er bot sich an, uns ein Stück mitzunehmen. Das konnten wir nicht ausschlagen. Wir wollten ankommen und uns endlich ausruhen. Und so erreichten wir nicht weit entfernt vom Timna-Park den Kibbuz Elifaz.

Mearav, die für die Gästebetreuung zuständige Dame, wurde nun von unseren Fragen und Wünschen in Beschlag genommen. Einkaufen? Essen? Wäsche waschen?
Eine Mittagsmahlzeit konnten wir im Speisesaal des Kibbuzes erhalten. Solides bodenständiges Essen nahmen wir zwischen den Kibbuzniks, Kindern und Fremdarbeitern ein.
Und da waren sie wieder, die Billiglöhner asiatischer und afrikanischer Herkunft. Wie die arbeiten können! Die Gästehäuser des Kibbuzes waren eine riesige Baustelle. Bis Mitternacht hörten wir den Baulärm und morgens um fünf ging es wieder los.
Das Problem mit der Wäsche sollte Gabi lösen, meinte zumindest Mearav. Das schien jedoch schwierig. Jedenfalls sah Gabi das so. Mal war es ihre Mittagspause, dann ihre mangelnden Englischkenntnisse, dann der Arbeitsaufwand, ihre fehlende Zuständigkeit, der Wasserausfall und zuletzt ihr Feierabend.
Aber wir stanken und waren dreckig. Zum Glück trafen wir Gavriel, einen unbekümmerten und freundlichen Südamerikaner. Mühsam verständigten wir uns mit meinem nach der Wüste noch unbrauchbaren Hebräisch. Er nahm uns einfach zu seinem Kibbuzhaus mit und zeigte uns seine vor dem Haus stehende Waschmaschine. Die konnten wir benutzen, jedenfalls wenn das Wasser wieder da wäre.
Abends klopfte Gavriel an die Tür und erklärte uns, dass die Wäsche fertig ist. Nun dauerte es nur noch zwei Stunden, bis der Trockner sein Werk vollendet hatte.

Es tat gut, im Kibbuz zu sein und das dörfliche Leben mitzubekommen. Alles war einfach, praktisch und funktionell: kleine Kibbuzhäuschen, zahllose Hunde, überall Kinder, Spielzeug, Fahrräder, ein kleiner Sportplatz. Kinder wurden im Akkalul, einem Laufgitter auf Rädern, durch den Ort gefahren. Der Kibbuz war eine grüne Oase mitten in der Wüste, eine kleine Welt für sich – irgendwie unaufgeräumt lebendig.

Christina hatte ein Machtwort gesprochen. Sie hatte ja recht. Ich brauchte eine neue Hose und ordentliche Wandersocken. Meine Hose bekam langsam Löcher. Und bis zum nächsten Laden würde es noch Wochen dauern.
So mussten wir zurück nach Eilat fahren. Eine Stunde brauchte der Bus für die Strecke, die wir zu Fuß mühsam in drei Tagen überwunden hatten.
Im Outdoorladen setzten wir uns mit dem Angebot auseinander. Ich legte mir Militärwandersocken und Iron-Man-Schuheinlagen zu, in der Hoffnung, die Namen seien ein gutes Omen. Eine weite Hose, die stabil genug erschien, um damit auf dem Hosenboden den Fels entlang zu rutschen nahm ich noch mit. Wir packten ein Seil samt Karabinerhaken ein, um unsere Rucksäcke an Engpässen herablassen zu können.
Die sportlich aussehenden Verkäufer fragten wir nach unserer nächsten Wegstrecke aus, denn diese machte mir Sorgen. 30 Kilometer am Stück mit einem Anstieg von 450 Höhenmetern und einer Steilheit bis zu 35 Prozent hatten wir vorgesehen.
Einer der Mitarbeiter war diesen Abschnitt schon gegangen, allerdings als er noch „jung und stark“ war. Da der Typ gerade mal 33 war, sollte das für uns 35-jährige Damen samt Gepäck ja kein Problem sein. Er meinte, es sei machbar, nur Pausen dürfe man nicht machen.
Die Verkäufer waren rührend. Sein Kollege rief eine wanderbegeisterte Freundin an. Auch diese meinte, die Strecke sei an einem Tag zu schaffen.
Und dennoch kam ich nicht zur Ruhe.
Zurück im Kibbuz besprach ich mich mit Mearav. Sie rief Eran an. Er schlug vor, unser Gepäck für 140 Euro in den nächsten Ort zu fahren. Ich schluckte, zögerte, und schon sank der Preis. Er hätte Geburtstag, da könne man eine Ausnahme machen. Nach Abklärung des Geschäftlichen lud er uns ein, bei ihm zu übernachten und für uns zu kochen.
Gavriel tobte inzwischen mit einer Kinderschar durch den

Kibbuz. Und dann verteilte er mit großem Zauber die Schokolade, die wir ihm geschenkt hatten. Er liebte Schokolade und die Kinder liebten ihn. Eine ansteckende Freude, ihnen zuzusehen. Nur Gabi, die vorbeikam, beeindruckte das nicht. Sie möge nur Marzipan.

Später kam Tami, Gavrieles Frau, zu uns geradelt und lud uns zum Essen ein. Dabei fragte sie zögerlich, ob wir die Kaschrut halten. Nette Besorgnis, doch die koschere Trennung von Milch und Fleisch war wirklich nicht unser Problem.

Bis dahin hatte uns das noch niemand gefragt, da man uns so offensichtlich ansah, dass wir nicht jüdisch religiös sind. Wir würden ja sonst im Rock wandern und eigentlich gar nicht wandern, da wir ja unser halbes Dutzend Kinder hüten müssten.

Gabi, die um die Ecke schaute, beäugte unsere Einladung höchst kritisch. Ach, diese Gabi.

Es war total süß bei Gavriel und Tami. Sie waren ein so liebevoll reizendes Paar, eng vertraut miteinander und hießen dabei gleichzeitig andere offen willkommen. Sie hatten gemeinschaftlich gekocht und auch noch extra einen Kuchen gebacken. Gavriel war nämlich Koch.

Seit sie vor vier Monaten in den Kibbuz gezogen sind, erledigte er das, was im Kibbuz gerade anfiel. Er war glücklich mit seinem Leben und strahlte es aus jeder Pore aus. Ganz beseelt beschrieb dieser einfache Mensch das Licht der Wüste, das die Berge zu jeder Tageszeit in anderen Farben leuchten ließ. Und wie selbst im Winter die Sonne in Strahlen durch tiefhängende Wolken dringt. Er wirkte angekommen und zufrieden.

In zwei Jahren würde entschieden werden, ob sie Mitglieder des Kibbuzes werden könnten. Noch bezahlten sie Miete für ihr Haus. Wenn sie einmal Kibbuz-Mitglieder waren, würde ihr gesamtes Einkommen in die Gemeinschaftskasse fließen und sie umsonst wohnen. Die Kinder könnten in den Hort gehen und zwei Mal pro Woche wurde gemeinsam im Speisesaal gegessen.

Vor zehn Jahren waren sie nach Israel eingewandert. Tami kam aus Argentinien und Gavriel aus Uruguay. Tami hatte in ihrer Heimat Ökotrophologie studiert und sich in Israel in Mikrobiologie und Meeresbiologie weitergebildet. Durch ihre Arbeit

außerhalb des Kibbuzes musste sie viel reisen, das mochte sie. In Jerusalem hatten sie sich bei einem Salsa-Kurs kennen gelernt. Gavriel erklärte ihr damals, er suche eine „Latina" für eine „ernsthafte Beziehung". Danach sehnte sie sich auch, kannte so etwas nicht von den anderen israelischen Männern.
Die beiden wirkten so positiv, zufrieden, froh und bescheiden - zwei Menschen, die ihren Platz gefunden hatten. Sie gaben uns Kuchen für den Weg und wir gingen liebevoll beschenkt zu Bett.

Der befürchtete Tag mit der unüberwindbar scheinenden Strecke lag vor uns. Schon vor Sonnenaufgang standen wir auf. Was für eine Zeit! Noch unfähig zu denken, unfähig die müden Knochen zu bewegen, tranken wir einen kleinen Kaffee und aßen Tamis Kuchen.
Als wir um fünf Uhr losliefen, war es schon fast hell und die ersten Joggerinnen aus dem Kibbuz liefen uns entgegen. Vor der Tür erwartete uns ein zutraulicher, verspielter Hund. Wegen seines tiefschwarzen Felles hatte Gavriel ihn „Schachor" oder auch „Blacky" genannt. Blacky begleitete uns durch den Kibbuz bis zum Tor. Weiter ließen wir ihn nicht. Blacky fand jedoch ein Loch im Zaun und folgte uns. In großem Abstand lief er uns voraus, unseren Weg schon erahnend.
In der Morgenstille ließen wir beim Wandern durch leichte Nebelschwaden schnell die ersten Kilometer hinter uns. Und dann kam Maale Milhan, der Anstieg von 450 Metern, den es in kurzer Zeit zu überwinden galt. Von Weitem sah man schon Wanderer am Berg. Ameisengleich mühten sie sich Schritt für Schritt vorwärts.
Wir überholten und wurden im israelischen Wandertempo rasend schnell überholt. Es war steil, anstrengend und brachte uns außer Atem.
Doch die Aussicht war unglaublich. Unser Blick fiel auf die weite hügelige Ebene unter uns, darüber lag ein Hauch von Dunst. Erleichterung, den schwersten Teil dieses Tages geschafft zu haben, setzte ein. Nun brauchten wir nur noch die restlichen fünfundzwanzig Kilometer, hinter uns zu bringen.
Der Weg schlängelte sich durch eine öde Steinwüste in der

Einheitsfarbe Ocker-gelb-grau. Trotz der Hochebene ging es bergauf und bergab und nur selten, in der Nähe des Abhanges breitete sich die Arava-Ebene wie ein Teppich vor uns aus.
Unseren tierischen Begleiter erblickten wir nicht mehr und hofften, er habe seinen Weg nach Hause gefunden. Doch dann sahen wir, dass er sich anderen Wandergruppen angeschlossen hatte. Diese adoptierten unseren Blacky und nannten ihn „Voltaire". In welchem Seelenwinkel dieses verspielt tapsigen Hundes sie philosophische Weisheit entdeckt hatten, blieb mir unklar.
An diesem Tag begegneten wir vielen Wanderern, fragten nach woher sie kamen, tauschten uns aus. Nun trafen wir auch die ersten, die, von Norden kommend, den Schwil fast beendet hatten. Sie waren braun gebrannt, schmutzig, wirkten gestählt, als könnte ihnen keiner mehr etwas anhaben.
Einer meinte: „Desert is a bitch". Diese Wüste, in all ihrer Schönheit, wie kann man diese nur als Miststück bezeichnen?!

Die Strecke zog sich, war einfach viel zu lang für einen Tag. Wie altersschwache Senioren stöhnten wir, rieben unsere Gliedmaßen und fühlten schmerzende Stellen, von denen wir nicht ahnten, dass diese überhaupt weh tun könnten. Meine Augen brannten, ein Ohr schmerzte, ebenso die Achillessehnen und das Fußgewölbe…

Noch weit vor Sonnenuntergang erreichten wir unser Tagesziel Schacharut. Schacharut ist ein reizender Ort. Viele kleine selbstgebaute Häuschen, lehmverputzt und liebevoll verziert, schmiegten sich auf einem kleinen Plateau oberhalb der Arava-Ebene. Der Ort wurde erst 1985 gegründet. Niemand glaubte am Anfang, dass diese Ortschaft überleben würde. Aber inzwischen ist die Kommune an Wasser und Strom angeschlossen und es leben 120 Menschen hier. Jeder, der in Schacharut wohnt, baut sein Haus selbst. Nach einem Probejahr wird gemeinschaftlich abgestimmt, wer bleiben darf.
Wir fragten nach Eran und fanden sein kleines, süßes Häuschen. Er hatte es vor vier Jahren selbst gebaut. Es wirkte noch unfertig, chaotisch und liebenswert. Bedacht verzierten kleine verspielte

Details sein sonst eher rustikales Heim. Bunte Steine im Bad, goldene Leisten in der Küche, eine Laterne unter dem Palmenvordach, ein kleines Kräuterbeet vor dem Haus.
Eran lud uns ein, uns wie zu Hause zu fühlen. Abends kochte er. Wir lagerten uns um seinen Kanonenofen und aßen, tranken und rauchten. Lange redeten wir über das Land, den Schwil, das Reisen und über das, was wichtig ist im Leben. Für die wirklich wichtigen Dinge braucht es nicht viel, es reicht so wenig, gerade in der Wüste.
Eran liebt die Wüste. Er war ein Wüstenmensch. Sein Gesicht war sonnengegerbt, um den Hals trug er ein Beduinentuch. In jüngeren Jahren war er jedes Wochenende zu Fuß oder mit einem Kamel in der Wüste. Er blieb mal bis abends, mal über Nacht. Auch er meinte: „The desert purifies the soul." Die Wüste reinigt die Seele.
Eigentlich stammte er aus dem Norden Israels. Als Kind musste er lange Zeit in Luftschutzbunkern verbringen, hatte Anschläge auf seinen Kibbuz miterlebt. Auch deshalb war er in die Wüste gezogen: hier sei es ruhig. Nur vor einiger Zeit hatte es einen Anschlag auf einen Bus in der Nähe von Eilat gegeben. Die Unruhe war nun auch hier angekommen. Aber hier in der Wüste war der Platz, wo er sein wollte, es gäbe nichts Besseres für ihn. Er beschrieb den Wind, der hier an der Cliffkante besonders stürmisch wehte. Manchmal hörte es sich an, als wolle er sein Haus wegtragen. Er liebt den Wind. Eran schien seinen Platz gefunden zu haben. Früher reiste er viel, hatte im Ausland gearbeitet. Irgendwann sagte er sich, er wolle heim, eine Frau finden, eine Familie gründen.
Und so kam es. Inzwischen hatte er Vered, und zusammen hatten sie einen Sohn, Anar, der ein Jahr alt war. Immer wenn Eran von seinem Sohn redete, strahlte er, wurden seine Gesichtszüge ganz weich. Es hatte ihn verändert, Vater zu werden. Nie hatte er sich früher Sorgen gemacht, nie etwas vermisst. Seinen Sohn vermisste er immer, wenn er nicht bei ihm war und ständig sorgte er sich um ihn.
Glückselig zeigte er uns Bilder seines Sohnes. Früher hatte Eran mit Kamelen gehandelt, diese von Beduinen gekauft und

weiterverkauft. Inzwischen arbeitete er als Tourguide, begleitete Gruppen auch nach Jordanien und Ägypten. Er hatte Arabisch gelernt, brauchte diese Sprache. Auch unter den Beduinen hatte er Freunde, denen er vertraute. Aber wie die meisten Israelis sagte auch er ehrfurchtsvoll, Beduinen wären „großartige Diebe“. Sie könnten einem die Unterwäsche klauen, ohne dass man es merkte.
Im Süden des Negev leben keine Beduinen mehr. Nach der Gründung Israels floh die Mehrzahl der Nomaden in die umliegenden Staaten. Der verbliebene Rest wurde in den nördlichen Teil der Wüste, in die „erlaubte Zone“ umgesiedelt, dem Dreieck zwischen Beersheva, Dimona und Arad.
Die Stunden flogen dahin. Es waren dichte Momente, Begegnung von Mensch zu Mensch, von Seele zu Seele, vom Unterwegsseienden zum Wanderer, vom Wüstenvertrauten zum Wüstenentdeckern. Mit unseren so verschiedenen Leben trafen wir aufeinander. Für einen Moment wurden in diesem kleinen Wüstenort aus Fremden Vertraute.

Als ich Eran morgens beim Frühstück unter der Palmenterasse nach Skorpionen fragte, wurde mir doch ganz anders. Bisher hatte ich mich damit beruhigt, dass Skorpione in Israel einerseits selten und andererseits nicht so giftig waren.
Das wurde sogleich widerlegt. Erst am Vortag hatte Eran vor seinem Haus zwei Skorpione erschlagen und brachte diese aufgespießt an den Frühstückstisch. Von den 21 in Israel vorhandenen Arten sind fünf giftig. Der gefährlichste ist der gelbe Skorpion, wird man von diesem gestochen, muss man sofort ins Krankenhaus. Der von Eran erlegte Skorpion sah gelb aus. Nach dieser Lektion ging es etwas besorgter weiter.

Die Kasui-Düne wollte ich erklimmen. Sanft schmiegten sich Dünen zwischen harten Felskanten. Warmer Sand rann zwischen unseren Fingern, warf Wellen auf, legte sich in unfassbarer Weichheit an unsere Körper, strahlend hell und doch satt gelborange. Sanftheit, die von sprödem, dunklem Gestein unterbrochen wurde. Da hineinlegen, umfasst werden, getragen sein und ausruhen - so hatte ich mir Wüste vorgestellt. Kurz wollte ich anhalten im wahr gewordenen Sehnsuchtsort. Doch es ging weiter.

Eine öde Strecke entlang einer geraden Wüstenstraße wollten wir trampen. In Israel hält man dazu die Hand nach unten raus. Aber das bringt auch nichts, wenn kein Auto kommt. Und es kam keins, gar keines. Und wenn, dann in die umgekehrte Richtung. Also trabten wir los und schauten uns dabei minütlich nach potenziellen Mitfahrgelegenheiten um. Keine Autos, nur Vogelkundler, die im Mietwagen auf und ab patrouillierten, anhielten und ins unfassbare Nichts der Wüste starrten. Diese Vogelfreunde waren eine eigenwillige Spezies, wortkarg auch auf noch so interessierte Nachfragen.

Nach einigen Kilometern kam ein Jeep der Naturschutzbehörde, der uns zur nächsten Kreuzung mitnahm. Dort sahen wir sofort andere Schwilwanderer, beim Versuch, zu trampen. Es waren unsere Bekannten, drei Jungs von der Gruppe, die wir am ersten Tag getroffen hatten. Sie hörten laut Musik und stimmten sich auf die Party ein, zu der sie nach Beersheva wollten. Zwei Stunden standen sie schon dort und niemand hielt an. So nahmen wir zusammen den nächsten Bus, der uns direkt nach Shitim, den Wüsten-Aschram brachte.

Der Empfang war seltsam. Als erstes mussten wir ein Formular unterschreiben, dass wir keine Waffen, Drogen, Fisch oder Fleisch einführten. Unsere Würste verschwiegen wir und blieben doch besorgt, entlarvt zu werden.

Nach erster Unterweisung traf uns die Entrüstung der Rezeptionsdame. Ahnungslos hatte Christina nach dem Foto eines allgegenwärtigen, älteren Inders gefragt. Es war Osho, des Aschrams hoch verehrter und uns noch unbekannter Guru. Trotz unseres Unwissens wurde uns Einlass gewährt.

Da saßen nun die Aschram-Bewohner, so wie ich es mir vorgestellt hatte, im Hippie- und Blumenkinderoutfit. Hier empfahl sich für Männer ein natürlicher Bartwuchs und für Frauen langwallende Röcke samt Blume im Haar. Insgesamt schien bei ihnen Haarpflege von noch geringerem Belang, als bei uns wassersparenden Wüstenwanderern zu sein.

Die Siedlung wirkte entspannt und chaotisch. Sie bestand aus einer Ansammlung von Hütten, Häuschen, Zelten, Lehmbauten, Containern und Fertigteilgebäuden. Es standen Sofas umher, jemand spielte Gitarre, keine Hast war zu spüren. Sogar einen kleinen Zoo gab es. Einem, wo in paradiesischer Manier alle Arten friedlich zusammenleben. Ob Enten, Tauben, Hühner, Pfaue, Ziegen - alle in einem Gehege. Nur eine dreiste Katze fügte sich nicht in diesen Frieden und fraß einfach vor unseren Augen einen Vogel auf.
Noch nie war ich in einem Aschram gewesen, hatte jedoch ein klischeehaftes Bild von grenzenlos freier Liebe vor mir. Bereit überholte Vorurteile abzulegen, suchte ich dennoch nach Indizien.
Diese fand ich bereits in der Rezeption. Dort wurden Kleinigkeiten zum Verkauf angeboten, unter anderem ein Duschbad, fünf Seifen, zwei Zahnbürsten und eine Großpackung Präservative. Allein die numerische Überlegenheit der Verhütungsmittel ließ annehmbar auf die vorherrschenden Prioritäten des Aschrams schließen.
Die Aschram Bewohner wirkten untereinander sehr kontaktfreudig. Den ganzen Abend sahen wir sie herzend, eng umarmend, küssend, aber mit so vielen verschiedenen Personen, dass mir nicht deutlich wurde, wer mit wem zusammen ist.
So vertraut waren wir noch nicht, aber wollten schon etwas vom Aschram-Leben mitbekommen. Also nahmen wir an einer Meditation teil. Da gerade Erev Schabbat war, der Beginn des Schabbat, waren alle Aschram-Bewohner weiß gekleidet. Ein reiner und friedlicher Anblick. Erst tanzten alle bunt durcheinander. Allein, zu zweit, Polonaise, Reigentanz, jeder, wie er wollte. Dazwischen wurden auf Ansage die Arme in die Luft gerissen und der Name des Gurus gerufen.
Und dann sahen wir ihn, den Guru, nicht live, aber auf Video, denn schließlich ist er schon nicht mehr im hiesigen Dasein. Wir sahen einen älteren Inder mit weißem Bart, Silbergewand und Diamantenhut auf einem goldenen Thron. Dann fing Osho an zu predigen. In Indisch-Englisch mit langen Gesprächspausen zwischen jedem Wort, mit mimiklosem Gesicht, hielt er sich

inhaltlich an gut klingende Allgemeinplätze. Alles klug, wahrscheinlich goldrichtig und letztendlich banal. Die halbe Stunde Predigt konnte ich so zusammenfassen: Man soll „easy“ und nicht „lazzy“, also nicht faul, sondern entspannt sein. Und wenn man denn faul ist, soll man davon ablassen. So einfach ist das.
Anschließend ging es in den Dining Room. Dieser war indisch inspiriert mit Matten ausgelegt. Da Freitagabend war, gab es einen Schabbat-Empfang. Das hieß in diesem Fall, drei Aschramis spielten Gitarre und sangen beseelt dazu. Drei Lieder zogen sich eine dreiviertel Stunde hin. Sich immer wiederholend, schneller werdend, lauter werdend, fast ekstatisch, dabei alle einlullend.
Ich aber hatte Hunger! Hunger! Der fantastische Essensgeruch strömt schon in den Raum und noch immer sangen die Aschramis.
Endlich gab es Essen. Es war unglaublich gut. In einem gigantisch großen Wok stand da ein Curry aus Blumenkohl, Kartoffeln und Tofu. Daneben erwarteten uns Reis, gebratene Paprika mit Käse, geschmorte Zucchini und viele Salate. Welche Wonne. Wir aßen auf Matten lümmelnd zwischen den spirituellen Sinnsuchern. Es war entspannt und friedlich. Wir gehörten ganz offensichtlich nicht dazu, aber man ließ uns sein, getrennt und doch dabei.
Ein Gruppe Schwilwanderer traf ein. Vier junge religiöse Juden - zwei Mädchen im Rock und zwei Jungen mit Kippa. Sie kannten sich vor der Reise nicht, hatten sich per Internet zusammengefunden. Sie meinten, es sei besser, den Schwil mit jemand zu gehen, den man noch nicht kenne.
Die vier hielten sich an ihre Traditionen und feierten ihren eigenen traditionellen Kiddusch. Dafür hatten sie sich Challot, die typischen Schabbat Brote, und koscheren Wein mitgebracht und beteten abseits. Ihre Frömmigkeit wirkte gewiss, geradlinig und so beständig, dass sie andere nicht in Frage stellten. In friedlicher Weise trafen hier verschiedene Lebenswelten aufeinander.

Beim Frühstück im Dining Room lernten wir Dima kennen. Am Vortag war er mir aufgefallen, da er ungestört von allen Geräuschen stundenlang im Gemeinschaftszelt meditiert hatte.

Dima stammte aus der Ukraine. Vierzehn Jahre zuvor war er mit seiner Mutter eingewandert. Er hatte seinen Job gekündigt, weilte eineinhalb Monate in einem Meditationszentrum und wollte den Schwil alleine wandern. Mit seinem langen, ungestutzten Bart erinnerte er an Rasputin. Sein junges Gesicht dahinter strahlte. Er sei glücklich mit dem Weg, den er durch die Meditation gefunden habe. Dieser Aschram sei nicht sein Ding, er benötige keinen äußeren Rahmen, um zu meditieren. Er hängte sich einfach eine Decke über und schon könnte er abtauchen.

Wir liefen weiter, einen Teil der Strecke, den fast alle Wanderer überspringen. Der Weg ging parallel zur Straße. Um uns herum nur Einöde, Kampfgebiete, Firezones und Hochspannungsleitungen. Trotz des anspruchslosen Pfades war es trostlos und ermüdend.

Verzweifelt suchte ich unseren nächsten Caching Point. Ich ortete ihn per GPS, machte diverse Probegrabungen und fand doch nichts.

In einen Strauch geweht lag ein Müllbeutel mit unserer Markierung. Unser Vorrat war also ausgeraubt worden. Mit diesem Wissen fand ich dann unser Loch, in dem noch zwei Cola Flaschen verborgen lagen. Unser Sixpack Wasser war weg.

Enttäuschung und Verzweiflung wogten auf. Wer macht so etwas? Wie kann man nur so gemein sein! Wie skrupellos muss man sein, um in der Wüste Lebensmittel und Wasser zu stehlen?!

In der Nähe unseres Loches fand sich eine Ansammlung von Wasserflaschen. Manche sahen aus wie die, die wir vergraben hatten. Ob das unsere waren? Oder nahmen wir anderen Wasser weg?

Wir begannen, unsere verbliebenen Essens- und Wasservorräte zu zählen. Wenn wir sparsam wären, müsste es gerade ausreichen. Wut und Enttäuschung lagen schwer in meinem Magen und vertrieben allen Hunger.

Wir wanderten stumm noch einige Kilometer bis zum nächsten Night Camp. In der Dunkelheit traf Christina auf ihre erste Schlange. Zwar war diese vor ihr geflohen, aber nun befürchtete sie weitere nächtliche Besuche.

Die Nächte wurden wärmer, waren nicht mehr so eisig, aber die Tage dafür heiß. Der Typ vor drei Tagen hatte recht: „Desert is a bitch".
Diese Wüste lockte erst mit ihrer unglaublichen Schönheit und brannte dann erbarmungslos herab. Sie dörrte aus, zwang in die Knie und nötigte uns, mehr Wasser zu tragen, als wir schaffen konnten.
Wir hatten eine deutliche Motivationskrise. Diese langen Wanderstrecken, die Steilheit, die Aufstiege, das Gewicht, der endlos scheinende Weg, die Hitze. Wir bekamen Visionen, wie wir mit einem kühlen Drink am Strand lagen.
Warum nur taten wir uns das an? Anstatt irgendwo abzuhängen, schleppten wir unendlich schwere Rucksäcke durch die sengende Wüstenhitze. Wie dämlich konnte man nur sein?!
Morgens waren wir später als die anderen Wanderer vom Lager aufgebrochen. Nach und nach überholten wir die schnell laufenden Israelis bei ihren ausgedehnten Pausen. Letztendlich waren wir wohl doch nicht so langsam. Aber es war zäh, zu zäh. Ich wollte an den Strand!
Landschaftlich bot der Tag grandiose Höhepunkte. Wir stiegen durch das Wadi Varid auf, einen Canyon mit steilen, glatten Wänden. Steine und Pflanzen waren wie von liebevoller Künstlerhand in Ornamenten angelegt. Wie in einem orientalischen Bad, umrandeten diese Verzierungen kleine, glatt ausgespülte Pools.
An Griffen und Seilleitern kämpften wir uns durch den schmalen Canyon empor. Elende schwer war es, sich mit der Last des Rucksackes, gegen die Schwerkraft zu stemmen. Es zerrte an den Kräften, obwohl die Schönheit des Ortes alles Leid entlohnte.
Doch auch nach dem Canyon ging es weiter bergauf, Anstieg um Anstieg. Ich konnte nicht mehr. Ich wollte nicht mehr. Jeder Schritt bedeutete einen Kraftakt, jedes Weitergehen eine mentale Überwindung. Ich kämpfte, ich litt und musste doch weiter.
Nach dem Überwinden eines bergigen Hochplateaus erwartete uns der Abstieg über das Wadi Barak. Ein Canyon, wie man ihn sich nicht schöner vorstellen könnte. Wie der Grand Canyon, nur kleiner und dennoch gigantisch. Es war atemberaubend,

zwischen glatten, ockerorangen leuchtenden Wänden, die kathedralenartig aufragten, zu klettern. Wir drangen in eine Zauberwelt ein, die in ihrer Schönheit unwirklich erschien. Der Pfad wurde von zwanzig Meter langen Strickleitern gebahnt. Diese hingen lose, schwangen, ließen den ganzen Körper zittern und forderten die letzte noch vorhandene Kraft.
Nach einer stärkenden Mittagspause im Schatten lagen nur noch zehn Kilometer vor uns. Aber was für zehn Kilometer das waren! Zwar mussten wir keinen Anstieg mehr überwinden, aber es zog sich. Es war heiß, zu heiß, blauer Himmel, kein Wölkchen, kein Schatten, kein Windhauch.
Wir wollten nur noch ankommen. Wir hatten keinen Blick mehr für die Schönheit der Landschaft. Es gab nur noch den Gedanken, nicht mehr laufen zu müssen, liegen zu können, die Schuhe auszuziehen. Doch der Weg schien, kein Ende zu nehmen.

Wir erreichten das Night Camp vor allen anderen. Unsere Vorräte waren noch da, es gab Feuerholz und Wasser für Schwilwanderer.
Nach und nach trafen immer mehr Wandergruppen ein - ein richtiges Lager. Eine der Gruppen bestand aus zwanzig Leuten, die sich immer wieder tageweise teilten, um dann wieder zusammenzufinden.
Sie fragten, ob wir etwas bräuchten. Ein Teil ihrer Gruppe sei gerade einkaufen und könne uns auch etwas besorgen.
Was für ein Angebot inmitten der Einöde! Wir ließen unseren Wünschen freien Lauf und wurden Stunden später beliefert.
Diese Gruppe kannte auch unseren Blacky, den Hund, der uns in die Wüste gefolgt war. Er war auch mit ihnen ein Stück gelaufen. In Shacharut fing ihn jemand ein und informierte den Kibbuz Elifaz. So war er wohl doch noch sicher nach Hause gekommen.
Nachts brannten viele kleine Feuer um uns herum. Eine Gruppe ließ sich mindestens zehn Paletten zum Verbrennen anliefern. Mit meinen zusammengeklaubten Holzresten konnte ich da nicht mithalten. Das wurmte mich in meinem neu gewonnenen Feuer-Mach-Stolz.

Die Gruppe neben uns reizte morgens die Schlummer-Funktion ihres Weckers aus und so fand auch unser Schlaf ein frühes Ende.
Es machte keinen Spaß mehr. Obwohl vor uns eine einfache Strecke lag, konnte ich sie nicht genießen. Der Rucksack war schwer, der Weg endlos und ich dachte schon am Morgen nur ans Ankommen.
So ging es nicht weiter. Inzwischen waren wir eine Woche unterwegs, die nächsten Abschnitte würden hart werden. Wir brauchten eine Pause.
Die Landschaft zog lieblich, sanft hügelig an uns vorbei. Felsen schmiegten sich an den Wegesrand, Akazien boten wohltuenden Schatten. Wir kamen am biblischen Ort Moa vorbei, kreuzten die antike Gewürzstraße und erreichten auf dem Pick-Up eines freundlichen Israelis endlich den Moschav Zofar.

Andere Wanderer hatten uns empfohlen, in Zofar bei Elijahu zu übernachten. Er sei eine Legende auf dem Schwil. Ich rief ihn an und schon drei Minuten später holte er uns im Jeep ab.
Elijahu, heißt im Deutschen Elija, wie der alttestamentarische Prophet. Und so sah er auch aus - langer Bart, weiße Leinenkleidung, Tuch auf dem Kopf, Schaufäden unter der Kleidung hervorlugend.
Er brachte uns zu sich nach Hause. Eine Mischung aus Zoo, Hostel und Bauernhof. Elijahu wirkte uns gegenüber befangen, schüchtern, zurückhaltend und einsilbig. Er stellte uns sogleich seine Frau Gilah vor. Sie empfing uns herzlich und lud uns zum Kaffee ein.
Seit drei Jahren war diese Familie Trail Angel. Es hatte ganz langsam begonnen. Am Anfang hatten Leute im Ort sie gefragt, ob sie nicht Platz für Schwil-Wanderer hätten. Mit der Zeit wurden es immer mehr. Sie veränderten ihr Anwesen, bauten Zelte und Hütten für die Wanderer. Elijahu brachte inzwischen regelmäßig Wasser in das nächste Night Camp.
Manche Schwil-Wanderer blieben ein paar Tage. Sie merkten, dass diese Menschen etwas hatten, von dem sie lernen könnten.

Andere verweilten, um hier eine Zeit lang Geld zu verdienen. Sieben Kinder hatte die Familie. Die Großen waren bereits in der Armee. Die Kleinste war erst drei Jahre alt.
Elijahu und seine Frau suchten und fragten betend nach ihrem Weg. Erst seit sechs Jahren waren sie religiös. Sie hatten vorher Paprikafelder bewirtschaftet und ihre Erzeugnisse in alle Welt verkauft. Inzwischen hatten sie diese verpachtet, wollten eine Pause, um zu sehen, wohin ihr Weg gehen würde. Nebenbei hielten sie Ziegen und stellten Käse her. Wir bekamen Kostproben dieses mit Kräutern angereicherten Frischkäses. So etwas Feines hatte ich noch nie gegessen.
Ob es ihnen nicht manchmal zu viel ist mit den Schwil-Wanderern? Gilah lächelte uns an und suchte nach den richtigen Worten: Nein, sie werde beschenkt. Als wir ankamen, hatte sie viel zu tun. Jetzt trinke sie mit uns Kaffee und hat Zeit. Wertvolle Zeit.

Wir bekamen unser eigenes Zelt zugeteilt - das Mädchenhaus. Bestückt mit Matratzen, einem Tischchen, einem kleinen Kanonenofen, Feuerholz und einem Fenster mit Ausblick auf ein Kamel. An diesem friedlichen Ort zwischen Kamel, Ziegen, Pfau und Hühnern war die Welt leicht.
Und leicht war es, mit anderen in Kontakt zu kommen. Endlich lernte ich die entscheidenden hebräischen Worte. „Schwilistim“: so nennt man korrekterweise die Schwil-Wanderer. Und seit wir unterwegs waren, hatte ich versucht, mir das Wort für Lagerfeuer zu merken. Es blieb einfach nicht in meinem Kopf. Aber es gibt noch ein anderes Wort, das selbst ich mir merken konnte: „Kumsitz“ - „Komm und setz Dich“ hatte sich vom Deutschen über Jiddisch ins Hebräische geschlichen. So einfach kann Hebräisch sein.
Wir lernten Nathan kennen. Nathan war der älteste Sohn einer religiösen Großfamilie. Man sah ihm die Frömmigkeit an. Er trug lange Schläfenlocken zur bunt gestrickten Kippa.
Nathan wohnte in Aschkelon - in dem Ort, in den öfter Raketen aus dem Gazastreifen geschossen wurden. Israel hat um Aschkelon herum Raketenabwehrschilder gebaut. Eines stand in der

Nähe seines Hauses. Immer wenn die Sirenen heulten, nahm er sich einen Stuhl, setzte sich vors Haus und schaute dem Spektakel zu. Die Raketen werden abgefangen und können ihr Ziel nicht erreichen. Darüber freute er sich, wie die Juden in der biblischen Geschichte im Buch Esther zu Purim. Man wollte den Juden Böses und dennoch gelang es nicht. Er denkt, so wird es auch mit dem Iran sein. Sie wollen Israel zerstören und werden an ihrer eigenen Atombombe sterben. Er meinte, lieber sterben die Feinde, als dass Israel vernichtet wird.
Er selbst war Offizier in der Armee und ist in palästinensische Gebiete eingedrungen. Wenn sie das Haus eines Attentäters zerstört hatten, habe er in sein Schofar-Horn geblasen. Er habe diesen Weg wegen seiner Großmutter gewählt. Sie war in Polen aufgewachsen. Als sie Nathan in seiner Uniform sah, sagte sie: „Jetzt weiß ich, dass wir Hitler besiegt haben".
Er wirkte uns gegenüber für einen jungen Israeli ungewöhnlich befangen. Fragte besorgt, ob man ihm etwas antun würde, wenn er mit Schläfenlocken und Kippa nach Deutschland käme. Gleichzeitig war er überzeugt, deutsch auszusehen. Seine Gesichtszüge waren europäisch, sein ganzes Auftreten jedoch israelisch. Noch immer konnte ich dies an nichts Bestimmtem festmachen, sah es jedoch auf den ersten Blick.
So wie bei Andrew. Obwohl er hebräisch sprach, wirkte er nicht israelisch. Andrew stammte aus Michigan/USA, war jüdisch und wirkte unisraelisch westlich. Er hatte Verwandte in Israel und entschied sich mit achtzehn Jahren, nach Israel einzuwandern. Sofort ging er zur Armee, das fand er cool. Dort hatte er Hebräisch gelernt und sich vor allem den Army Slang angewöhnt. Seine israelische Freundin meinte, er spräche ein sehr schlechtes Hebräisch. Für meine Begriffe sprach er fließend Hebräisch, wenn auch mit amerikanischem Akzent. Was will man mehr? Die beiden versuchten, zusammen den Schwil zu wandern. Schon nach zwei Tagen wurde Andrew krank und so mussten sie die Reise abbrechen. Nun ging es weiter. Sie kannten im Süden viele Leute, hatten hier Freunde und Familie, waren auch mit Elijahu schon länger bekannt. Das machte es einfacher.

Und dann waren da noch Meir und seine Freundin. Beide stammten aus religiösen Familien mit zehn Kindern. Meirs Vater war ein berühmter Rabbi. Wir erzählten von unseren Erlebnissen im Aschram und wie dort junge Menschen unreflektiert einem Guru zu folgen schienen. Sie erklärten, dies passe zur jüdischen Tradition. Meirs Vater bekäme rund um die Uhr Anrufe von Gläubigen. Wegen jeder Kleinigkeit würde der Rabbi um Rat gefragt. Juden bräuchten ihre Rabbis und Gurus.
Meir selbst war mit achtzehn zur Armee gegangen. Er verliebte sich, wollte mit seiner Freundin schlafen. Das war aber verboten. Für ihn gab es nur schwarz oder weiß. Entweder Glauben oder Sex, er sah keine andere Möglichkeit. Auf Sex wollte er nicht verzichten. Er glaubte nicht mehr an den jüdischen Gott, wählte einen spirituellen Weg.
Auch der Vater seiner Freundin war sehr religiös. Doch nur einige seiner Kinder hatten seinen Glaubensweg eingeschlagen. Seine Freundin wollte nicht diesen engen jüdischen Glauben, in dem es für jede Kleinigkeit ein Gebot gibt. Sie wollte nicht den jüdischen strafenden, zürnenden Gott. Sie suchte einen eigenen liebevollen Gott.
Die beiden waren ein süßes Paar, nur ein Problem hatten sie: ihre Größe. Meir war acht Zentimeter kleiner als seine Freundin. Sie hatten kreative Lösungen gefunden. Er stand neben ihr auf einem Hocker, oder lief neben ihr auf dem Bürgersteig, aber eigentlich war er stark genug, um sie auf den Händen zu tragen. Seit einigen Monaten waren sie im Moschav, wollten Geld verdienen, um zu reisen. Sie wollte nach Zentralamerika, er inzwischen auch.
Meir hatte sich für Pessach zu einem Workshop angemeldet. Der deutsche Referent hatte jedoch abgesagt. Von deutscher Seite würde zu Pessach der Einschlag einer iranischen Atombombe in Israel befürchtet. Nun, da war ich ja mal gespannt, was uns demnächst noch so erwarten würde.

In Elijahus Hof im Morgengrauen aufzustehen, hatte etwas Paradiesisches. Die Vögel zwitscherten, das Kamel grummelte leise vor sich hin, die Tauben gurrten und die Ziegen meckerten in der frühen Sonne. Während ich mir die Zähne putzte, baute sich vor mir ein Pfau in seiner ganzen Federpracht auf. Was für ein Frieden!

Wir wollten einen Ruhetag einlegen und boten Elijahu an, auf dem Hof mitzuhelfen. Wir sollten uns an Gilah wenden. Auch die Arbeitsverteilung schien streng nach Geschlechtern getrennt zu sein. Wir bekamen die Aufgabe, die Terrasse, die ihr Wohnhaus umgab, zu fegen. Ein Klacks, dachte ich. Das schaffen wir bestimmt in einer Viertelstunde.

Falsch gedacht. Drei Stunden schippten wir Staub, Dreck und Blätter von dieser eigentlich überschaubaren Fläche. Nun, wir taten es mit der uns eigenen deutschen Gründlichkeit und wahrscheinlich so akribisch, wie es hier in der Wüste noch niemand für nötig befunden hatte.

Gilahs Töchter kamen uns zur Hilfe, fegten dabei die schon fertig zusammen geschobenen Haufen wieder auseinander. Ganz stolz strahlten sie, weil sie uns so fleißig geholfen hatten. Schon bald hatten wir Blasen an den Händen, die auch noch aufplatzten. Zusätzlich fühlte ich mich immer schwächer. Hitzewallungen und Frostschübe durchkämmten meinen Körper. Krankheit bahnte sich an. Ich wollte mich nur noch zurückziehen, in einem richtigen Bett liegen, ruhig und sauber. So nett dieser Hof auch sein mochte, aber all dies war nicht zu finden. Wir brauchten einen neuen Plan: wir wollten uns am nächsten Tag in einem nahen Ort ein Zimmer nehmen.

Nach und nach trafen Schwilisten-Gruppen ein. So viele Gäste hatte Elijahu noch nie, aber für jeden wurde ein Platz gefunden. Auch in unser Zelt wurden noch zwei Mädchen gelegt. Viele Schwilisten kannten wir schon. Da waren die Jungs von letzter Nacht mit dem Schlummertasten-Wecker, die auch noch unsere schöne Holzpalette geklaut hatten.

Ich war ja noch etwas verärgert deswegen und nahm sie mir zur Brust - einfach unser Holz stehlen! Sie reagierten mit so unschuldiger Naivität, dass ich ihnen nichts mehr übelnehmen konnte. Es waren einfach junge Burschen, die nebenbei auch noch brav mit ihren Mamas telefonierten. Abends kochten sie ganz

vorbildlich und bestimmt nach Muttis Rezept. Nun waren sie unsere guten Jungs und eigentlich ganz sympathisch.
Da war dann noch die Gruppe mit dem „Schnaufer". So hatten wir einen beleibten Wanderer genannt, der schnaufend mit zwei jüngeren im Schlepptau an uns vorbeigezogen war. Stolz erzählte er von seinen Heldentaten und war sichtlich gekränkt, als ich ihn versehentlich auf seine vertiefte Atmung ansprach. Sogleich ließ er sich von seinen Gefolgsleuten bestätigen, dass er stark und ein Golani sei. Dies sei eine Elitetruppe bei der Armee. Da fehlte uns leider das Insiderwissen.
Eine andere Gruppe debattierte zwei Stunden, was sie essen wollen – Couscous oder Kartoffeln, um letztendlich festzustellen, dass sie nichts mehr zu essen hatten. Weitere Stunden wurde beratschlagt, wann sie morgens aufstehen wollten. Am Ende wurde fünf Uhr festgelegt.

Dann ging auch der Wecker unerbitterlich in unserem Zelt los. Außer mir hörte ihn niemand. Als ich um halb sieben in den friedlichen Morgen heraustrat, war noch keiner wach.
Den Mädels in unserem Zelt war über Nacht bewusst geworden, dass sie ja nichts mehr zu essen hatten und eine Wanderpause brauchten. Die Israelis tickten einfach anders. Obwohl die Mädels vor Schmerzen nicht mehr laufen konnten, wurden im Liegen noch Sit-ups durchgeführt, um in Form zu bleiben. Und trotz allem Staub und Schmutz konnte aufs Make-Up nicht verzichtet werden.

Wieder ging es in die Wüste. Ausgeruhter, frischer und lebendiger konnten wir sie offen empfangen. Wir sahen wieder Schönheit, empfingen die Lieblichkeit der Farben, staunten über ihre Formen, spürten wieder die Freude des Unterwegsseins. Wir hatten nur eine kurze Strecke vor uns. Und so konnten wir schon bald im Schatten eines Felsen eine Pause einlegen.
Wir trafen Tal und Itai, zwei schüchterne, höfliche Jungen. Ganz vorsichtig fragten sie, ob wir ein Stück mit ihnen gehen wollten. Bei dieser höflichen Zurückhaltung musste sie das einigen Mut gekostet haben. So gingen wir eine Strecke gemeinsam. Wir

legten noch eine Pause unter einem Akazienbaum ein, um unser Wandern so richtig zu genießen.
Nur die Predigt von Osho, dem Guru des Wüsten-Aschrams, ging mir nicht aus dem Kopf. Easy oder lazy? Ist zehn Kilometer Wandern easy oder lazy? Das lies mich nicht los, ich musste weiter, wandern, Strecke machen, abarbeiten.

Wir erreichten Sapir, einen großen, reißbrettartig angeordneten Moschav. Leer und behäbig ruhte er in der Mittagssonne. Keine Menschen waren zu sehen, verlassen, niemand da, um nach dem Weg zu fragen.
Angekommen in unserer Unterkunft wurden wir von Frau Schneider, einer temperamentvollen Israelin mit russischem Akzent begrüßt. Ihr Mann, Michael Schneider, stammt überraschenderweise aus Frankreich, sprach aber ein wenig Deutsch. Seine Vorfahren lebten in Litauen. Viele von ihnen waren in Auschwitz und Maidanek getötet worden.
Ob es für ihn nun schwierig wäre, uns Deutsche zu beherbergen? Ganz überlegt, liebevoll lächelnd, antwortete er. Er freute sich über die Frage, aber es gäbe ‚keine kollektive Schuld'. Er wollte sich weiter erklären, suchte nach Worten, aber sie fehlten. Keine der Sprachen, die wir gemeinsam konnten, reichte aus, um auszudrücken, was wir sagen wollten. Vielleicht war das auch nicht nötig. Wir verstanden uns - auch ohne Worte.

Die Nacht im richtigen Bett und die kurze Strecke hatten gutgetan. Die Freude war zurück, unsere Sinne wieder bereit, die Schönheit der Wüste wahrzunehmen. Und auch unsere Körper waren wieder in der Lage, sich weiteren Anstrengungen auszusetzen.
Der Tag war lang, die Strecke voller Überraschungen: einen steilen Pfad erklimmen, durch die vulkanisch geschaffene Caldera ziehen, von brachialer Naturgewalt tief eingeschnittene Felsspalten überwinden, unterm Akazienbaum rasten.
Eine kleine Schwilisten-Gruppe erheiterte uns in ihrer überschwenglichen Euphorie: eine Amerikanerin in plüschigen, rosafarbenen Hotpants, in Begleitung zweier Wasser schleppender

Israelis. Sie lagerten unter einem von uns anvisierten Akazienbaum. Kein Wunder, sie hielten nämlich unter jedem Baum. Sie hatten Zeit und keine Uhr, sie wären die zeitlosen Menschen. Sie hatten auch keine Wohnung, sie wären unterwegs. Aufgemuntert zogen wir weiter.
Zwei uns entgegenkommende ältere Wanderer sprachen uns auf Deutsch an. Sie erklärten sofort, sie würden ‚gemütlich' wandern, Kaffeepausen machen und nicht so marschieren, wie wir.
Noch vor zwei Tagen wurden wir, angesichts unserer Ruhetage, als Touristen-Schnitten belächelt. Nun waren wir die rastlosen Marschier-Mädels. Den Israelis konnten wir es einfach nicht recht machen.
Am Berghang fanden wir einen winzigen Canyon, mit kleinen glatt ausgespülten Nischen neben einem Akazienbaum - der perfekte Ort für eine Rast mit unserer Reserve-Cola. Wir deutschen Marschier-Mädels können auch anders.

Das Night Camp Gev Holit lag in einem breiten, von Felsen umrahmten und mit Akazien verzierten Tal. Hierher brachte Elijyahu Wasser mit seinem Jeep. Noch vor zwei Tagen hatten wir gesehen, wie Wasser in zahllose Flaschen abgefüllt wurde. Jetzt lag Wasser auch für uns bereit. Dankbar bedienten wir uns und fühlten uns verbunden mit dem Schwil und seinen Menschen.
Eine Kinderschar traf ein. Ihr Leiter hieß Michael. Noch ein Michael und auch einer mit deutschen Wurzeln. Seine Großeltern stammten aus Lübeck, seine Mutter sprach Deutsch und er lernte es nun mühsam mit Kassettenkursen.
Er zeigte uns eine Pflanze, die er hier in den Bergen gefunden hatte. Sie hieß Kochav, „Stern", wegen ihrer sternenförmigen Blätteranordnung. Mit kleinen gelben Blüten duftete sie nach Mango und Limonen. Aus dieser Pflanze könnte man den besten Tee machen, den die Natur hier hergab.
Abends richteten wir uns unter einem Akazienbaum einen feinen Lagerplatz mit Windschutzmäuerchen ein. Doch dieses Mäuerchen reichte nicht aus. Schon bald zogen bedrohliche Wolken auf. Ein starker, kalter Wind wehte in Böen über uns hinweg. Plötzlich fielen Regentropfen.

Angst stieg auf, ich wollte weg, wollte ein Dach über dem Kopf, zumindest ein Zelt. Wir schimpften, lamentierten, sangen Antiregenlieder, schmiedeten Notfallpläne. Doch der Wind blies eisig weiter. Wir hatten Schwierigkeiten, das Feuer zu erhalten, das im Wind rasch niederbrannte. Es war eine kalte ungemütliche Nacht.

Diese Wüste war so unbarmherzig. Tagsüber brannte sie schonungslos und kaum aushaltbar heiß auf uns herab. Nachts ließ sie uns verzweifelt frieren. Diese heißkalte Schönheit, so gnadenlos und so verlockend.

Und dennoch tat sie mir gut. Etwas passierte fast unmerklich in mir. Als könnte sich hier meine Seele trotz all der Unbilden erholen. Als würde ich reingewaschen. Als falle all der Schmutz und all die Last des unnatürlichen Alltages ab. Und als würde darunter wieder das sichtbar, was einmal gewesen war. Stärke, Lebensfreude, Neugier, Mitgefühl und Menschenliebe tauchten wie lang vermisste Vertraute wieder in mir auf.

Nach dieser Nacht fiel das Aufstehen schwer. Noch im Halbschlaf und vor dem Kaffeetrinken erklommen wir den ersten Berg. Steil ragte er auf, der Pfad nur schmal, mit unüberwindbar scheinenden Hindernissen. Wer hatte sich diesen Weg nur ausgedacht? Senkrecht führte er nach oben. Einzig die angebrachte Wegmarkierung machte diese Felswand zu einem Weg und schon nannte sich das Ganze „Schwil". Und wir durften grübeln, wie dieser Parcours zu überwinden wäre.

Meiner Kamera war diese Klettereinlage nicht bekommen, jedenfalls war sie danach kaputt. Ich ärgerte mich. Wie sollte ich in der Wüste eine Kamera besorgen? Es würde noch Wochen dauern, bis wir einen größeren Ort erreichten.

Erst als wir den Gipfel dieses Berges erreichten, nahm der Tag eine positive Wendung. Wir trafen unsere Schwil-Freunde Tal und Itai. Sie machten gerade eine Kaffeepause und luden uns ein. So ließ sich der Tag besser an.

Wir stiegen weiter aufwärts und erreichten den Karbolet Harimim. Gezackt wie ein Hahnenkamm ragte er über dem Ramon-Krater auf. Vierzig Kilometer nimmt der größte Erosionskrater

Israels ein. Nun breitete er sich erhaben vor uns aus. Unser Blick reichte bis an den Horizont, wo wir die kahlen Felswände am fernen Ende des Kraters sahen. In der Ebene dazwischen reihten sich Hügel an Hügel, von kleinsten Tälern durchzogen und in Farben getaucht: gelborgange, knallorange, ockerorange, rotorange, weinrot, karmesinrot, lilarot, grau-lila und Farben, für die ich keine Namen hatte. Von oben hinabschauend, meinten wir, eine neue Welt entdeckt zu haben. Eine eben erschaffene, bevor Menschen sie je bevölkerten. Hier war Schönheit in ihrer Urform, Göttlichkeit, bevor sie erkannt wurde, der Anfang der Ewigkeit. Hier auf dem Kraterrand, wollte ich meine Arme ausbreiten und die Welt in ihrer unendlichen Schönheit umfangen.

Doch schon bald hieß es absteigen, herunter von der Anhöhe, hinein in die Ebene des Ramon-Kraters. Gerade noch in der Einsamkeit des Gipfels gewesen, tauchten wir in buntes Menschengewühl. Hier waren nicht mehr nur Schwil-Wanderer, hier waren Tagesausflügler, die das gut erschlossene Naturschutzgebiet Ramon-Krater entdeckten: Schulklassen, Rentnergruppen, Quad-Fahrer, Großfamilien. Und auf einmal wurden wir verschmutzte Rucksackwanderer zur Attraktion, die verschämt fotografiert wurde.
Nach der Stille und Leere der Wüstentage waren die plötzlich auf uns dringenden Menschenmassen zu viel. Verbissen stapfte ich durch das Gewühl der Ausflügler.
Noch ein Berg musste erklommen werden, der Har Saharonim, der keine Gnade kannte. Er war steil und auch nachdem die Anhöhe erreicht war, ging es beharrlich rauf und runter, immer wieder auf und ab. Schon meinte ich, endlich das Ende erreicht zu haben, folgte ein kurzer Abstieg, um sofort wieder den Grat zu besteigen. Dieser Berg presste am Ende eines langen Tags die letzte Kraft aus uns heraus.
Das Gevanim Night Camp lag verlassen vor uns. Bei unserer Cachetour standen hier Schulbusse umringt von Kinderscharen. Nun waren wir allein und konnten akribisch eine windgeschützte Nische für die Nacht aussuchen. Ein Junge gesellte sich zu uns. Auch er hieß Michael. Er war allein unterwegs und fragte, ob er

bei uns schlafen könne. Er habe sein Zelt vergessen und wollte nicht ungeschützt allein liegen. Unser Mutterinstinkt erwachte und wir nahmen ihn in unser kleines Lager auf.
Michael war ein ganz erstaunlicher junger Mann. Gerade am Ende der Armeezeit angekommen, nutzte er die allen Soldaten zustehenden Freifahrten aus. Jedes Wochenende reiste er quer durch das Land, ging allein wandern und fotografieren. Seine Fotos waren von überzeugender Klarheit, einem Blick für Details und getragen von der Geduld, den richtigen Moment zu erfassen. Ein Künstler, noch so jung und seinen Weg gehend.
Bald würde er die Armee beenden. Während die meisten dann auf Reisen gingen, wollte er ein Studium beginnen. Als einjähriges Kind war er von Moskau nach Israel gekommen. Sein Hebräisch war perfekt, nur seinem Englisch hörte man das russische Vaterland an.
Erst in der Dunkelheit kamen unsere Schwil-Freunde Tal und Itai an, die wir auch in unsere kleine Wohnkuhle einluden. Wir wollten gute Gastgeber sein und unsere neu erworbenen Campingfähigkeiten vorführen.
An diesem Abend aber funktionierte nichts. Ich bekam das Feuer nicht an und Christinas Essen war zerkocht - Nudelmatsch mit Pesto Pampe.
Doch wir lagen einträchtig in der Kälte der Nacht beisammen, wortlos getröstet durch das Dasein der anderen. Das Feuer wärmte etwas und Itai verteilte Armee-Wärmekissen. Nach längerem Reiben und Schütteln sollten diese für zwanzig Stunden warmhalten.
Von Michael erfuhren wir, dass inzwischen die Zeit umgestellt worden war. Wir hatten das nicht gemerkt. Und wen interessierte das hier draußen in der Wüste? Unser Zeitgeber war die Sonne. Wenn sie aufging, erwachten wir. Bevor sie unterging, mussten wir unser Lager aufgebaut haben, egal was die Uhr sagte.
Jedoch noch an diesem Tag wollten wir nach Mitzpe Ramon und damit wieder in die Zivilisation. Der Ort war nicht weit entfernt, aber der Schwil wählte natürlich nicht die kürzeste Strecke. Nein, der Schwil war immer der Weg mit den meisten Bergen, der weitesten Entfernung und den steilsten Anstiegen.

Der Höhepunkt des Tages war das Erklimmen des Shen Ramon, des Ramon-Zahnes. Scharf geschnitten ragte der Fels nahezu in der Mitte des Ramon-Kraters auf. Der Rundumblick war grandios, nur die Freude hielt sich nach der Schwere des Anstieges in Grenzen.
Zwei ältere Herren, die den Schwil einmal im Monat in Etappen gingen, trafen wir da oben. Sie gaben uns Telefonnummern und Ratschläge und sollten uns in Erinnerung bleiben.
Nach einem steilen Abstieg quälten wir uns durch die schattenlose Ebene. Vor uns baute sich, immer weiter näher kommend, die festungsartige Kraterwand auf. Unnahbar, uneinnehmbar schien sie. Schritt für Schritt wurde sie größer und Schritt für Schritt erreichten wir den Rand.
Einmal noch trafen wir Itai und Tal. Tal wollte nicht mehr, er hatte genug. Itai aber wollte jeden seiner freien Tage in der Wüste verbringen. Ob Tal Sehnsucht nach seiner Freundin oder, wie Itai einwarf, nach seiner Mutter hatte? Tal wohnte in Kfar Tavor im Norden Israels. Der Schwil kam an diesem Ort vorbei und schon wurde uns eine Bleibe angeboten.

Wir blieben bei den Green Backpackers, einem kleinem Hostel mit warmer Wohnzimmer-Atmosphäre.
Yoash, ein sehr bedachter junger Mann, betrieb das Hostel. Er kannte Routen der Umgebung und ging mit uns die Wanderkarten durch. Er empfahl Alternativen, warnte vor gefährlichen Steigungen, zeigte Varianten auf. Er war im „Search and Rescue-Team“. Wenn Wanderer sich verliefen und Hilfe brauchten, wurde dieses zur Rettung in die Berge geschickt. Am Mount Karbolet, den wir in einigen Tagen erreichen werden, war dies letztes Jahr dreimal geschehen. In diese Lage wollten wir nicht kommen.
Yoash war ein sehr gewissenhafter Wanderer. Er ärgerte sich über unseren Wanderführer, der verbrannt gehörte. Er wäre zu ungenau. Wanderer, die nicht gewissenhaft mit der Natur umgehen könnten, kämen dadurch in die Wüste. Auch gefährde das Verstecken der Vorräte viele Wildtiere. Sie würden die Lebensmittel trotz aller Verpackungen riechen und erkranken, wenn sie

diese fräßen. Lieber sollte man seine Vorräte in Holzkisten packen, da kämen Tiere nicht heran und man hätte abends auch noch Feuerholz. Ja das klang gut, aber wie sollte man all das bedenken und auch noch organisieren?
Das Wetter in Mitzpe Ramon war so merkwürdig, wie auch der Ort selbst. Der Wind blies heftig und kalt. Er zog und rüttelte und drang in die Knochen. Die Sonne brannte, verbrannte die Haut, blieb an der Oberfläche, ohne dabei zu wärmen. Ich schwitzte und fror gleichzeitig. Es war nicht warm. Es war kalt und es war heiß. Und beides zur gleichen Zeit.
Mitzpe Ramon wirkte wie aus dem Boden gestampft, noch nicht fertig und schon im Verfall begriffen. Leer und verlassen. Die verbliebenen Menschen versammelten sich in den wenigen Cafés und Läden. Eine beklemmende Trostlosigkeit lag über den grauen Wohnblöcken. Nur ein paar Gazellen zogen durch die einsamen Straßen.
Wir trafen einen Schwil-Bekannten, Omer, der auch bei Elijahu übernachtet hatte. Damals war er noch mit den beiden Mädchen aus unserem Zelt unterwegs. Die Mädels waren krank geworden, deshalb war er allein weitergezogen. Er genoss es, es wäre eine neue Erfahrung für ihn. Nun wirkte er anders, so losgelöst von der Gruppe. Ganz offen, mitteilsam, erfreut uns zu sehen.
Wir lernten wieder ein wichtiges hebräisches Wort: „Malachei Schwil“, so hießen die Trail Angels, die Menschen, die Schwil Wanderer beherbergen. Angesichts meines nahenden Geburtstages versuchte er, Christina ein hebräisches Geburtstagslied beizubringen. Er versprach mir einen Geburtstagsjoint und war sich sicher, uns in den nächsten Wochen irgendwo auf dem Schwil wieder zu treffen.

Mitzpe Ramon schien uns immer wieder zur Unvernunft zu verleiten. Vielleicht war es auch der Übermut, jetzt wo wir schon so weit gekommen waren. Wo das Gefühl in uns herrschte, alles schaffen zu können. Wir zwei deutsche Eichen, wir beiden Marschier-Mädels, die schon die Hälfte der Wüstenstrecke überwunden hatten. Wir hatten den Respekt in den Augen der jungen israelischen Schwilisten gesehen, die uns ein Weiterkommen nicht zugetraut hatten. Vielleicht ließ uns das leichtsinnig werden. Schon bei der Vergrabungstour waren wir unvernünftig, als wir in der Nähe von Mitzpe Ramon versuchten, auf unbefahrbaren Straßen vorwärts zu kommen. Dies endete in einer Autopanne und wir mussten unsere Vorräte fern des eigentlich geplanten Ortes lassen. Nun hatten wir beschlossen, Wasser und Essen für zwei Tage mitzunehmen und uns dafür aus unserem ‚Verzweiflungscache' kurz hinter Mitzpe Ramon zu bedienen.

Der Tag begann zunächst angenehm. Der Rucksack war so leicht, dass ich ihn kaum spürte. Nach sieben Kilometern kam unser Vorratsloch, das wir am Ort unserer Autopanne gegraben hatten.

Was für ein sinnloser Aufwand! Wir hatten in diesem Loch Essen für zwei Tage gelagert, darunter dummerweise schwere Büchsensuppen, Cola und sogar noch Kosmetik-Vorräte. Wir packten um und wurden immer verzweifelter. Wir schütteten Milch weg und tranken die uns sonst immer ermunternde Cola aus.

Der Rucksack war trotzdem steinschwer. Allein an Wasser trug jeder neun Liter. Zusammen mit dem Essen und unserer üblichen Ausrüstung hatte jeder gewiss zwanzig Kilogramm auf dem Rücken.

Wir liefen entlang des Kraterrandes. Der Wind zurrte heftig an uns. Trotz meiner Schwere und der Last, die auf mir ruhte, fürchtete ich von der Kante des Ramon-Kraters geweht zu werden. Der Wind zerrte an unseren Sinnen, dem Mut, der Freude.

Fleckenweise war hier wunderschön der Frühling ausgebrochen. Am Wegesrand sprossen Blumeninseln mit weißen, gelben, blauen und lila Blüten. Dazwischen Klatschmohn in einem unendlichen, gesättigten und undurchdringbaren Tiefrot.

Nur in uns herrscht mehr Angst als Freude. Es war die Angst, uns durch das enorme Gewicht zu verletzen. Dann würde unsere Reise ein frühes Ende nehmen.

Der Abstieg in das Wadi Hava war beschwerlich. Mal wieder Klettern, Rucksäcke abseilen, langsames Vorwärtskommen. Der Canyon, der in das Wadi führte, war prachtvoll. Hohe, helle

Felswände zeichneten sich gegen den blauen Himmel ab. Licht fiel zwischen Felsvorsprüngen ein und färbte die Schlucht in warme Goldtöne. Am Fuße empfingen uns glatt geschliffene, steinerne Wasserpools.
Wir trafen Nathan, den eigensinnigen frommen Schwilisten. Geheimnisvoll deutete er seine Pläne an. Er blieb der Einzige, den wir an diesem Tag sahen. Der Weg durch das Tal blieb ein Hindernisparcours mit Fels-Überkletterungen, Kratzsträucher-Umwindungen und Durch-Spalten-Zwingen.
Die Sonne neigte sich langsam und der Weg ins Night Camp war noch weit. Panik stieg in mir auf. Ein Aufstieg im Dunkeln wäre zu gefährlich. Getrieben von der Angst lief ich schneller und schneller. Christina kam nicht mehr hinterher.
Also mussten wir eine andere Lösung finden. Das Wadi Hava ist Naturschutzgebiet und somit Übernachten außerhalb der Night Camps verboten. Das kostete 700 Schekel Strafe.
Notgedrungen entschlossen wir uns, dennoch im Tal zu übernachten. Als Kompromiss an die Natur suchten wir einen Lagerplatz fern von Wasserstellen und verzichteten auf ein Feuer.
Langsam kam die Nacht über uns. In der Dämmerung sangen Vögel, die leise verstummten. Es wurde dunkel und doch nicht ganz dunkel. Der Halbmond strahlte vom sternenklaren Himmel, tauchte alles in Schwarweißtöne. Geheimnisvoll beschien das Mondlich die Felsen. Stille pur, nur ein paar Grillen zirpten. Eine dunkle, schlichte Schönheit und wir mitten darin. Nur einmal flatterte lautstark ein Vogel über uns hinweg.
Nachts träumte ich, im Dorf meiner Kindheit zu leben. Und dabei war ich glücklich, da zu sein, wohin ich gehöre, in meiner Heimat. Und hier in der Ferne, im so fremden Israel, fand ich an manchen Orten, in manchen Momenten wieder eine Heimat. Fand ich Plätze, an denen ich mich ganz angekommen fühlte und die meine Seele berührten.

Die Wüste, diese Schöne, diese verlockende Heißkalte. Sie reizte mit ihrer Schönheit, die Glück verhieß. Dann zwang sie einen in die Knie, presste das Letzte aus einem heraus, diese bezaubernde, lebensfeindliche und in ihrer Klarheit erschütternde

Einöde. Nur gut vorbereitet konnte man hier eine kurze Zeit verharren, ein paar Momente verweilen. Nur nicht lange, sonst vernichtete sie einen.
Diese heißkalte Schönheit - ich kam nicht los von ihr. Kaum bekam ich ein kleines Stück zu sehen, schon musste ich dafür zahlen. Der Preis waren Schmerz, Kälte und Hitze.
Letztendlich war die Wüste immer stärker als der Mensch. Sie forderte einem Demut und Selbstbescheidung ab. Wollte man in ihr überleben, musste man sich ihr unterordnen, ihren Gesetzen folgen. Und daneben brauchte es Mut und Stärke, um in der leeren Landschaft dem eigenen Sein ins Antlitz zu blicken.
Ganz allein saß ich am Felsrand vor den Wüstentunneln. Vor mir lag ein weites Tal, umrahmt von scharf geschnittenen Bergen. Es gab keinen Hinweis auf Menschen, nur Stille und Einsamkeit und über mir der Gesang eines Vogels. Ich war umgeben, eingehüllt und mittendrin in der Wüste und atmete die Luft, saugte die Stille auf, war nur da und dabei angekommen, im Moment, in der Welt. Und dabei fühlte ich mich eins mit mir und dem Leben. Seelig war ich berauscht von der Begegnung mit der einsamen Stille der Wüste, war dankbar, ihr wieder einen Glücksmoment abgerungen zu haben.
Der letzte Tag steckte noch schmerzlich in unseren Knochen und wir hatten Sorge, nicht genug Wasser mit uns zu führen. Der Umweg zu den Wüstentunneln, mit dem Namen „Silent snake“ war im Nachhinein Unvernunft. Die Tunnel waren weitab jeder Ortschaft und fern jeder Straße. Golda Meir hatte sie einst als Ölspeicher in der Wüste anlegen lassen. Der poröse Fels hielt nicht dicht und so wurde diese Anlage aufgegeben. Scheinbar unendlich tief waren diese Tunnel in den Felsen gehauen und noch immer roch es nach Öl.
Unsere ersten Schwil-Bekannten hatten uns diesen Umweg empfohlen. Wir hatten sie wieder getroffen. Sie waren merklich beeindruckt, uns zu sehen. Sie konnten kaum glauben, dass wir so schnell waren. Damit meinten sie natürlich, so schnell wie sie, schließlich waren wir ja am selben Tag gestartet. Und das wiederum war ja nicht möglich, schließlich waren wir ja Frauen, älter und Ausländer. Nun ja, und dabei bin ich mir sicher, dass sie

schummelten. Das Wadi Hava, das wir am Vortag so mühsam durchquert hatten, mussten sie umgangen haben. Wir hätten sie sonst gesehen. Aber das war auch egal. Jeder macht seinen Schwil, auf seine Weise und in seinem Tempo.
Später bei einem steilen Abstieg meinten wir, eine Fata Morgana zu sehen. Vor uns im Tal erblickten wir zum Greifen nah eine Oase. Ob sie echt war? Wie weit weg sie noch war? Es zog uns herab zu ihr.
Wir erreichten Ein Schviv, eine echte Wüstenoase. Ein Dschungel aus Palmen, Laubbäumen, meterhohem Schilf, Büschen und Sumpfpflanzen. Für unsere dem Grün entwöhnten Augen eine Wohltat, eine beglückende Freude, die das Herz hüpfen ließ. Da gab es Schatten und Feuchtigkeit.
Diese Oase tat so gut, war so tröstlich und paradiesisch. Glücklich wie Kinder konnten wir es kaum fassen. Eben noch waren wir durch die unbarmherzige Wüstensonne gelaufen und nun empfing uns dieses freundliche Labsal. Hier hätte ich stundenlang bleiben können, aber wir hatten keine Zeit. Wir kochten nur einen Kaffee, aßen etwas und mussten weiter.
Mit Kaffee-Turbo in mir und dem eingelegten Wanderstock-Booster wurde der nächste Anstieg erklommen. Weiter ging es im Stechschritt, getrieben von der Angst, den nächsten Ort nicht vor Anbruch der Dunkelheit zu erreichen. Dabei hatten wir keinen Blick mehr für die Landschaft um uns, die lieblicher nicht hätte sein können.
Wir durchliefen von weißen Felswänden umrahmte Flussbetten und passierten Wasserpools, die zum Baden einluden. Doch wir hetzten sorgenvoll weiter. Die Kraft ließ nach, die Sonne sank, die Gliedmaßen schmerzten, aber wir mussten weiter. Schritt für Schritt eilten wir durch das Licht der untergehenden Sonne, die glühend die Berge beschien, und durch den aufkommenden Abendwind, der mich frieren ließ. Einfach weiter, Strecke machen. Wir wollten zur nächsten Jeep-Straße, hofften dort jemanden zu finden, der uns mitnimmt. Christina fiel immer weiter zurück. Sie konnte nicht mehr und auf der Straße war kein Auto zu sehen. Doch dann, kurz vor Erreichen der Jeep-Straße sah ich ganz kurz ein Auto, das schnell hinter Felsen verschwand.

Verzweifelt riss ich meine Arme hoch und winkte mit den Wanderstöcken. Das Auto kehrte um und ein Duo aus Vater und Sohn nahm uns mit, auch wenn sie meinten, wir sähen fit aus und bräuchten keine Mitfahrgelegenheit. Was für eine Täuschung! Wir wurden bis Midreschet Ben Gurion gebracht, wo wir schon von unseren Trail Angels erwartet wurden.
Tamir und Odi, bei denen wir zu Gast waren, wollten abends noch in die Wüste, um dort die Nacht zu verbringen. Schnell wurde uns die Wohnung gezeigt. Es herrschte Chaos. Überall lag Kleidung und Geschirr herum, Pflanzen in der Badewanne, die Küche mit wartendem Abwasch. Auf dem Herd köchelte eine Suppe, die wir gerne essen könnten. Und überhaupt durften wir uns nehmen, was wir brauchen. Auch in ihrem Bett könnten wir schlafen und, wenn wir wollten, können wir es neu beziehen. Die Haustür stünde immer offen, einen Schlüssel gäbe es, der würde jedoch nie benutzt.
Und schon waren die beiden weg. Was für eine großzügige vertrauensvolle Geste. Wir waren glücklich mit Dusche, Suppe und Wein und schon fielen wir in tiefen Schlaf.

Schon früh erwachte ich und schlenderte Kaffee trinkend durch den Ort. Vor Jahren war ich einmal hier gewesen und mochte diesen Flecken nicht sonderlich. Ich nahm ihn lediglich als Grabstätte von David Ben Gurion und Ausgangspunkt für Wandertouren wahr.
Doch als ich nun ganz allein in der Morgenstimmung an den Klippen entlang spazierte, verzauberte mich dieser Ort. Ich saß am Grab von Ben Gurion, dem ehemaligen Ministerpräsidenten von Israel. Auf einem Cliff gelegen, überblickte man von dort aus das Wadi Zin. Steinböcke zogen vorbei, ein friedlicher Fleck Erde. Midreschet Ben Gurion strahlte eine Freundlichkeit aus, die zum Bleiben einlud. So anders als Mitzpe Ramon.
Als ich Odi später von meinem Eindruck berichtete, stimmte sie zu. Für sie war Mitzpe Ramon eine Geisterstadt. In den meisten Wüstenstädten Israels wurden Neueinwanderer angesiedelt, insbesondere äthiopische Juden. Sie sollten in nahe gelegenen Fabriken arbeiten. Ihre Ausbildung war mangelhaft, das Einkommen

bescheiden und sie hatten weder Geld noch Möglichkeiten, fortzuziehen.
Anders war es in Midreschet Ben Gurion. In diesem Ort lebte Israels erster Ministerpräsident David Ben Gurion. Er gründete hier eine Akademie zur Erforschung der Negev Wüste. Sein Traum war es gewesen, die Wüste zum Blühen zu bringen. Junge, gebildete Menschen, die lernen und etwas erreichen wollten, zogen nach Midreschet.
Vielleicht prägte allein dieser Fakt einen Ort. Es schien Bedeutung zu haben, ob Menschen hier lebten, weil sie es wollten oder weil sie es mussten, da sie keine andere Chance hatten.
Noch etwas war besonders hier. Obwohl Midreschet Ben Gurion kein Kibbuz war, lebten und arbeiteten dessen Einwohner vor Ort. Die meisten waren Studenten oder Wissenschaftler und wohnten zumeist in Gemeinschaftshäusern. Im Haus von Tamir und Odi wohnten mehrere Familien, jeder für sich und doch verbunden durch den Innenhof mit vielen Sitzecken. Ständig lief jemand vorbei, spielten Kinder, flitzten Katzen, bellten Hunde. Ein Sprachengewirr aus Hebräisch, Russisch, Englisch und Deutsch war zu hören.
Und überhaupt: Kinder. Die Spielplätze im Ort waren voll, überall tollten Kinder. Die Israelis lieben Kinder. Odi meinte, es gehe sogar so weit, dass niemand sich traue, Kinder nicht zu mögen. Auch stieße Kinderlosigkeit in Israel auf Unverständnis. Kinderlose Freunde von ihr, wurden von wildfremden Menschen angesprochen, warum sie keine Kinder hätten.
Das war dann wohl die Kehrseite des kinderliebenden Israels. Johannes, ein Nachbar, meinte, es wäre so einfach, in Israel Kinder zu haben. Inzwischen war er bei Kind Nummer vier angekommen. Und das als deutscher Neu-Jude, verheiratet mit einer Israelin.

An diesem Abend saßen wir lange mit Odi, Tamir, Roman und Johannes zusammen im Innenhof. Stundenlang aßen, tranken, rauchten und redeten wir. Gestern noch kannten sie uns nicht, nun wurden wir, die Fremden, wie vertraute Freunde in die Runde aufgenommen. Wir wälzten die großen Themen des

Daseins: Religion und Leben samt den dazugehörigen Absurditäten. Tamir und Odi waren beide nicht religiös. Sie waren Wissenschaftler, betonten ihre rationellen Ansichten. Suchend und hinterfragend, schauten sie hinter bewährte Denkmuster.
Und doch meinte Odi, etwas fehlte ihr. Sie fühlte sich durch Geschichte und Tradition dem Judentum verbunden. Glauben an diesen Gott könnte sie nicht. Wie auch, wenn die Mehrheit der Gläubigen vorbehaltlos ihren Rabbis und Gurus folgte, wenn Gesetze um der Gesetze willen gehalten wurden und dabei deren eigentlicher Sinn verloren ging.
Bald würde Pessach beginnen, das Passahfest. Dann erinnerte sich das Volk Israel an seinen Auszug aus Ägypten. In der Hast ihrer Flucht hatte das israelische Volk damals keine Zeit, um Brot aus Sauerteig herzustellen. Man aß also ungesäuertes Brot. In Erinnerung daran essen Juden in der Pessachwoche keinen Sauerteig. Dabei werden Matzen statt Brot verspeist.
Hier nahm die Frömmigkeit jedoch ausgestaltete Dimensionen an. Es ging nicht mehr um den Sauerteig an sich. Inzwischen legte ein Stempel vom Rabbinat fest, was Sauerteig war und was nicht. Dies galt auch für völlig sauerteigfreie Lebensmittel wie Wasser oder Nüsse oder Schokolade. Ohne Stempel vom Rabbinat wurde aus jedem Lebensmittel „Chamez", also Sauerteig. Und das betraf nicht nur Lebensmittel. Diese Regel weitete sich beispielsweise auch auf Motorenöl oder Duschgel aus, auch diese brauchten das Zertifikat „Koscher für Pessach". Es könnte ja sein, dass man noch eine Spur von Motorenöl an den Händen hat und diese dann zufällig beim Essen in den Mund gelangte und schon hätte man Sauerteig zu sich genommen.
Ich warf angesichts all dieser strengen Gesetzte die neutestamentliche Haltung ein: „Liebe Gott und Deinen Nächsten wie Dich selbst. Darin sind das Gesetz und die Propheten erfüllt". Man stimmte mir eifrig zu.
Sogleich wurde ich jedoch aufgeklärt, dass dies ein Zitat von Rabbi Hillel wäre, der kurz vor der Zeitenwende lebte. Ein Ungläubiger hatte einst Rabbi Hillel herausgefordert. Wenn er ihm die jüdische Lehre in der Zeit, in der er auf einem Bein stünde, vermitteln könnte, so würde er konvertieren. Und Hillel

antwortete: „Was dir nicht lieb ist, das tue auch deinem Nächsten nicht. Das ist die ganze Thora und alles andere ist nur die Erläuterung. Geh und lerne sie." Dieser Einstellung konnten wir alle zustimmen, ob nun Jude, Christ oder Zweifler.
Tamirs Bruder war inzwischen religiös. Er hatte sich den Breslev angeschlossen, den Anhängern von Rabbi Nachman. Die Gruppe nannte sich nach dem Ort in Litauen, aus der Rabbi Nachman stammte. Die Breslev erfreuten sich zunehmender Beliebtheit und viele bisher Unreligiöse traten ihr bei. So wie Jigal und Schlomo, die wir in den ersten Tagen in Tel Aviv kennengelernt hatten. Und eben auch Odis Bruder. Früher hatte er Drogen konsumiert, jetzt hatte er die Droge Rabbi Nachman, meinte Odi dazu. Mit ihrem Bruder könnte man nur noch über fromme Dinge, Freude und höhere geistliche Sphären reden.
Seine Ansichten wären nicht schlecht, dennoch bliebe es für Odi befremdlich. Sie hatte ihn in seiner Gemeinschaft besucht. Für die Breslevs waren Freude und Tanzen, Ausdruck und Gebot des Glaubens. Sie verstand nicht, warum diese Dinge nur für Männer gedacht waren, warum Frauen nicht tanzen dürften. Warum den Frauen allein die Kinderpflege zugeteilt wurde und Frauen lediglich dem Tanz der Männer im Gottesdienst hinter einem Vorhang verfolgen dürften. Für diese Art des Glaubens war Odi auch zu kritisch und zu hinterfragend. Und doch wirkte sie in ihrer unradikalen Nichtfrömmigkeit irgendwie tiefreligiös. Sie ließ sich nichts vormachen und sich nicht fremd bestimmen.
Roman, der mit in unserer Runde saß, lebte vorübergehend bei Odi und Tamir. Er war ein kluger Denker und Mitte zwanzig. Die letzten Jahre hatte er Fahrräder repariert und nun als Jeep-Fahrer in der Wüste begonnen. Er machte sich viele Gedanken, möchte in der Wüste leben und überlegte, ob er Psychologie oder Philosophie studieren sollte. Er war auch schon im Wüsten-Aschram, in dem wir übernachtet hatten. Einige Wochen hatte er da verbracht und sich mit dem Guru Osho beschäftigt.
Osho war ein Provokateur, der alle Grenzen ausreizte und letztendlich übersprang. Er lebte seine Vorliebe für teure Uhren, mit Diamanten verzierte Hüte, Rolls Royce, von denen er 93 besaß, und junge Mädchen. Auch etablierte er promisken Sex als

Therapie zur Auflösung von Blockaden, damit sich das authentische Wesen des Menschen entfalten könnte. Nun denn, nach Romans Beobachtungen in Shitim, folgten seine Jünger den von ihm vorgezeichneten Weg. Und dieser führte die jungen Suchenden schon nach kurzer Zeit durch die Betten der Aschram-Bewohner. Gut, dass wir dort nur eine Nacht geblieben waren… .

Der schwerste und schönste Teil des Schwils, der Har Karbolet, lag vor uns. Noch eine Tagesreise trennte uns von diesem Berg. Auf der Strecke bis zum Karbolet gab es kein Wasser und auch keine befahrbare Straße.

Da wir nicht noch einmal so viel Wasser tragen wollten, brauchten wir Hilfe. Die beiden Wanderer auf dem Shen Ramon im Ramon-Krater hatten uns den Beduinen Sanun empfohlen. Auf ihn könnte man sich verlassen. Man könnte sich am anderen Ende der Welt mit ihm verabreden, er würde einen auch dort abholen.

Nur die telefonischen Verhandlungen waren kompliziert. Sanun konnte kein Englisch und mein Hebräisch war für telefonische Geschäftsvereinbarung nicht ausgefeilt genug. Unsere neu gewonnenen israelischen Bekannten sprangen ein und Sanun stand pünktlich im Jeep bereit.

Er lebte zwei Orte weiter, in Jeroheam in einem Zelt. Er hatte zehn Kinder, viele Ziegen und mehrere Jeeps. Da er müde war, übernahm sein Sohn Amir die Tour. Dieser Neunzehnjährige berichtete mit Stolz von seiner beduinischen Abstammung. Er liebte die Wüste, in der Stadt hielt er es nicht aus.

Ohne Anstrengung erreichten wir samt unseren Vorräten das Nachtlager. Es fühlte sich komisch an, einem Tag ohne Wandern im Lager anzukommen. Als wären wir nicht berechtigt, hier zu nächtigen. Und gleichzeitig war es eine Aufbruchsstimmung, wie vor einer großen Expedition. Plötzlich zog in der brütenden Hitze ein heißer stürmischer Wind auf. Er wirbelte Sand auf, kaum einen Meter weit sah ich, Sträucher flogen, unser Gepäck drohte zu verschwinden. Eine Windhose, ein kleiner Sandsturm. Und so plötzlich, wie dieser gekommen war, so verschwand er

auch. Nur der Wind blieb noch lange und blies Sand in jede Ritze.
Der Vollmond zog auf und überall in Israel und der jüdischen Welt saß man an diesem Abend zum Seder zusammen. Der Beginn des Passahfestes. So wie bei uns zu Weihnachten, traf sich die ganze Familie. Traditionell wurde die Geschichte vom Auszug aus Ägypten gelesen und symbolische Speisen verzehrt.
Unsere Wanderbekannten waren alle nach Hause gereist und wir hockten ganz allein im Lager. Doch dann wurde es in der Stille der Mondnacht laut und hell. Und fast neben unserer Nachtstätte fuhr ein Zug vorbei. Surreal, hier im Nirgendwo.
Beim Herfahren hatte ich den Beduinenjungen nach den Schienen gefragt, die wir kreuzten. Er meinte, nur einmal im Monat führe hier ein Zug, um die nahe gelegene Fabrik zu beliefern. Wir erlebten nun also das eine Mal im Monat. Dann wurde es wieder ruhig. Nur der Wind blies schaurig leere Wasserflaschen durchs Camp.
Vor uns lag der Große Krater - haMachtesh haGadol, der zweitgrößte der drei Erosionskrater Israels. Der Har Karbolet war Teil des Südrandes des großen Kraters. Diesen würden wir ersteigen und mit ihm den schwersten Teil des gesamten Schwils. Viele Wanderer hatten uns vor ihm gewarnt, Geschichten von Leuten, die es nicht geschafft hätten, kursierten auf dem Schwil. Nun war es an der Zeit, es selbst zu wagen.
Während wir im Halbdunkel unser Müsli aßen, tauchte ein Fuchs hinter Christina auf. Er tat dies mit einer so selbstverständlichen Zutraulichkeit, dass es eine Weile dauerte, bis ich realisierte, wer uns da besuchte. Aufdringlich wollte er an unserem Frühstück teilhaben und so mussten wir unseren uneingeladenen Besucher vertreiben.
Kilometer um Kilometer näherten wir uns langsam dem Berg. Dann ging es los. Wir begannen die Kraterwand zu erklimmen. Schräge und dabei nahezu senkrecht stehende Felsplatten bildeten den Aufstieg. Stück für Stück begaben wir uns über die Ebene hinaus. Wir passierten kleine Pools, hangelten uns an Metallgriffen und Leitern entlang, kletterten an Abgründen vorbei, umwanden trockene Wasserfälle.

Langsam und angestrengt überwanden wir fünfhundert Höhenmeter. Und das schien die eigentliche Schwierigkeit dieser Wegstrecke zu sein: die Geschwindigkeit und damit die Zeit, die für diesen Aufstieg benötigt wurde. Die Wanderer, die gerettet werden mussten, waren den Weg in umgekehrter Richtung gelaufen. Sie waren vor Sonnenuntergang beim Abstieg an dieser Strecke überrascht worden.
Der Tag war heiß. Auf dem Bergkamm des Har Karbolet wehte ein leichtes, kühlendes Lüftchen, nur Schatten fand sich keiner. Unter uns breitete sich der Krater aus. Mit seinen fünf mal zehn Kilometern war er deutlich kleiner und kompakter als der Ramon-Krater.
Es war einsam und still. Ein paar Fliegen summten. Und von oben herab sahen wir auf dem Boden des Kraters ganz klein ein Kamel. Daneben einen Menschen, sonst nichts. Genau so hatte ich mir das vorgestellt – Wüste mit Kamel und Hirte und sonst niemand – ein zeitloses Idyll.
Und doch war das nur ein Teil der Realität. Hinter uns, außerhalb des Kraters, ragte die Industriezone von Oron auf. Was für ein Kontrast!
Wir wanderten auf einem schmalen Pfad entlang der Kraterkante, immer entlang des Abgrundes und immer mit einer atemberaubenden Aussicht. Die Strecke war mühsam, die Sonne heiß, die Zeit rannte. Auch nachdem wir den Kraterrand verlassen hatten, lagen noch Kilometer vor uns. Wir waren müde, die Füße schmerzten und die Sonne ging bereits unter.
Wir hatten uns mit der Zeit verschätzt, suchten im Dunkeln den Weg zum Eingang der Oron-Fabrik. Dieser Ort war mir während unseres Vorbereitungs-Trips so unwirtlich vorgekommen, hier hatte ich nicht schlafen wollen. Jetzt, nach diesem harten Tag, war er einfach nur perfekt. Palmen säumten den Weg zur Einfahrt der Fabrik, daneben beleuchtete Skulpturen, ein Kamel stand zufrieden fressend am Wegesrand. Es gab Wasserhähne, Picknicktische und auch unsere vergrabenen Vorräte waren noch da.
Was für ein Fest! Trotz aller Erschöpfung waren wir euphorisch. Wir hatten den Har Karbolet überlebt! Wir hatten es geschafft!

Jetzt konnte uns keiner mehr was! Jetzt würden wir auch den Rest des Schwils schaffen! Wir waren wunschlos glücklich, legten uns einfach neben den Holztischen nieder und schliefen zufrieden ein, während das Kamel neben uns graste. Wir hatten überlebt!

Das grasende Kamel weckte mich. Schon früh stieg Hitze auf, es sollten an diesem Tag 37 Grad werden. Kein Wanderwetter. Wir entschlossen uns, den Weg auf der Straße bis zur nächsten Oase abzukürzen.

Die Oase Ein Yorkeam war ein lieblicher Ort. Antike Steintreppen führten zu felsumrahmten Wasserlöchern und sich darum rankenden Oleanderbüsche. Die Quelle war jedoch hoffnungslos von Besuchern überlaufen. Es war Pessach, die Israelis hatten Ferien und sogleich wurde jeder Abkühlung versprechende Ort gestürmt. Es waren einfach mehr Menschen, als so eine kleine Quelle ertragen konnte. Und wir einsame Wüstenwanderer waren der Zivilisation und dem Menschenlärm entwöhnt.

Etwas abseits der Badelöcher suchten wir uns eine ruhigere Stelle, um im Schatten der Felsen den Tag zu verbringen. Wir wollten nicht gestört werden. Also breiteten wir unsere schmutzige Kleidung aus und setzten einen möglichst abweisenden Gesichtsausdruck auf.

Es nützte nichts. Äußerst liebenswürdig versuchten die Israelis, mit uns Kontakt aufzunehmen. Uns wurden aufmunternd zugewinkt, manche versuchten, uns per Zigarettenschnorren anzusprechen, und eine junge Frau brachte uns Trockenfrüchte.

Als die Sonne tiefer stand, liefen wir weiter. Das Tal weitete sich in der Abendsonne vor uns aus. Die Felswände schimmerten golden entlang des sich windenden Flussbettes. Und wir thronten hoch über der Schlucht auf einem trockenen Wasserfall. Atemberaubend. Wundersam.

Stumm saßen wir und schauten staunend dem Farbspiel zu, das die untergehende Sonne an die Berge warf. Bis es dunkler wurde und ganz dunkel war. Im Kiesbett eines kleinen, trockenen Baches richteten wir uns ein. Es war still, ganz still, keine Geräusche, nichts zu hören, absolut nichts, das rauschende Nichts.

Unheimlich, diese Stille in der Dunkelheit. Aber vielmehr noch berauschend und unfassbar, dieses Nichts.
Nie hatte ich zuvor so eine Stille gehört. Sie beängstigte und doch hungerte ich danach, ich lechzte und konnte nicht genug bekommen. Wollte sie aufsammeln, mitnehmen, konservieren. Dieses volle, leere Nichts.
Sprachlos lagen wir da und sahen dem aufgehenden Mond zu. Langsam, sehr langsam, wurde es heller am Horizont. Die Sterne verblassten und unmerklich stieg der Mond auf, beschien uns und warf Schatten. Stundenlang sah ich ihm zu, studierte sein Relief, sah sein Antlitz und atmete die windlose Stille. Und so unglaublich es auch sein mag, weckte mich nachts das Geräusch eines Käfers, der über meinen Rucksack lief.

Mein Geburtstag. In der Wüste, dem Ort, an dem ich sein wollte, erfüllt von der Großartigkeit der Landschaft. Christina hatte eine winzig kleine Kerze bis hierhergetragen, um sie nun anzuzünden. Kaffee trinkend saßen wir an einer Klippe und sangen das hebräische Geburtstagslied, das wir vorher geübt hatten.
Geschenke hatten wir nicht mitnehmen können, aber die Wüste beschenkte mich. Ich fand einen Hühnergott, hier an dem Ort, an dem mich die Stille so tief berührt hatte. Er sollte mich nun erinnern - an die Wüste, die Stille, die Klarheit der Seele.
Zwei Wanderer, Golan und Dan, liefen vorbei, erfreuten sich an unserem feierlichen Kaffeetrinken.

Wir stiegen hinab in das Tal des Wadi Hatira. Kletterten in einer unglaublichen Kulisse und tauchten in ein weißes Kies-Tal mit ausladenden Akazien ein. Und wieder stiegen wir atemlos in der glühenden Hitze auf. Oben angekommen, schrieen wir lauthals aus Leibeskräften. Das Echo warf wieder und wieder den Ruf von den Wänden der gewundenen Täler zurück. Schreiend sangen wir das Geburtstagslied und auch dieses wurde eins ums andere Mal wiederholt. Die Sonne stand im Zenit, kein Schatten war zu finden und wir konnten nicht mehr klar denken.
Wir erreichten den alten römischen Stützpunkt Meizad Zafir. Der hohe Sonnenstand ließ auch zwischen den Ruinen keinen

Schatten zu. Wir bauten aus Steinen, Mauerresten und Schutzplane ein Sonnendach. Und dennoch war die Hitze auch im Schatten unbarmherzig. Es war so heiß, dass ich noch beim Trinken meinte, zu verdursten. Zu Hause schneite es gerade und hier war es unerträglich heiß.
Das Wasser war rationiert, der Gasvorrat fast aufgebraucht, wir hatten kaum noch Kaffee, Zucker oder Milchpulver – und das an meinem Geburtstag. Also rührte ich einen kalten Kaffee ohne Zucker und Milch an. Nun, kalt war das Wasser inzwischen auch nicht mehr.
Noch nie war ich an meinem Geburtstag so schmutzig, noch nie so ungewaschen, noch nie hatte ich so gestunken. Meine weiße Bluse war inzwischen grau bis gelbgrau und steif von Schweiß und Schmutz. Die Hitze lähmte das Denken, den Antrieb, die Vernunft und das Sprachvermögen.
Zwei Schwilisten kamen vorbei, sauber mit reichlich Vorräten. Einer meinte, der Har Karbolet sei nur „meulae“, also großartig und nicht anstrengend gewesen. Was für Angeber. Kein Wunder auch, wenn man gerade ausgeruht von Zuhause kommt.
Ich fragte ihn nach dem Zeppelin, den wir seit Tagen am Himmel sahen. Er meinte, dieser bewachte eine Bekleidungsfabrik für Militäruniformen. Das klang absurd. Aber in der Hitze dieses Tages war alles egal und ich in all meinem Schmutz kam mir schäbig vor.
Meizad Zafir bot einen weiten Rundumblick in alle Himmelsrichtungen, aber für uns war das randständig und uninteressant. Wir sehnten uns nach fünf Minuten im heimischen Schnee.
Nach einigen Stunden zogen wir weiter. Der Pfad wand sich sanft zwischen Hügeln dahin und schon nach einer Stunde erreichten wir das Tagesziel Kleiner Krater. Beim Kreuzen einer Straße wurden wir angehalten, bewundert und mit Früchten beschenkt.

Wir freuten uns auf unser Vorratslager, hatte ich dort doch vorausschauend Kuchen und Wein versteckt. Aber es war leer.
Ich konnte es nicht fassen. Wer tat so etwas? In unseren Rucksäcken hatten wir noch etwas Brot und eine Tütensuppe, aber

ich hatte Geburtstag! Nur das Wasser und die Flasche mit Billigwein waren noch zu finden.
Wir hatten den Kleinen Krater erreicht, den ich eigentlich sehr mochte, wo ich an meinem Geburtstag sein wollte. Nun aber war alles anders und kein Hochgefühl stellte sich ein.
Auch das Night Camp war übel, völlig vermüllt und überfüllt. Tagesausflügler, die sauber geschniegelt mit ihren Wagen, Kühlboxen, Musik, Supergrills, Klimaanlagen, und Zelten vorfuhren, um mal eine Nacht abenteuerlich zu campen. Und wir daneben, schäbig, abgerissen, schmutzig, stinkend, ungeschützt und nur mit Brot und Tütensuppe.
Verzweifelt versuchte ich, mir mit einem Geburtstagslied vom MP3-Player Mut zu machen. Ich hielt es nicht aus, lief weg, brach in Tränen aus. Ich, die nie weint! Es war einfach zu viel. Zu viel Hitze, Schmutz, Gestank und auch noch Diebstahl. Und das alles an meinem Geburtstag. Ich schnappte mir die Weinflasche und rauchte alle rationierten Zigaretten weg. Egal!
Christina machte sich ans Kochen der verbliebenen Erbsentütensuppe, die sie nur halb gar kochte. Das Gas war fast alle. Dennoch hatte ich Holz gesammelt und zumindest tröstete das Feuer etwas.Doch plötzlich tauchten in der Dunkelheit Golan und Dan auf, die wir am Morgen getroffen hatten. Als wir vom Diebstahl an meinem Geburtstag erzählten, bekam ich erstmal eine Geburtstagsumarmung. Dann wurde mir eine Büchse Tchina geschenkt, eine Art Sesampaste, die alle Israelis liebten.
Und schon bald saßen sie mit Lebensmitteln und Kochgeschirr an unserem Feuer. Sie schälten, schnitten und kochten Gemüse und Couscous. Fast meinte ich, noch nie so etwas Feines gegessen zu haben. Nun trockneten die Tränen völlig und Trost legte sich um meine Seele. Wie dicht die Emotionen hier lagen - Erhabenheit, Verzweiflung und Trost.

Und nun saß ich am Rand des Kleinen Kraters, an dem Ort, an dem meine Liebe zur Wüste begonnen hatte. Schon Jahre zuvor hatte ich hier kürzere Wanderungen unternommen, hier Silvester zur Jahrtausendwende verbracht. Diese Landschaft hatte mich berührt, hierher wollte ich zurückkehren.

Aber es war anders als gedacht. Die Natur war dieselbe. Nur inzwischen waren wir schon mehr als drei Wochen in der Wüste. Wir waren erschöpft, schmutzig und voll von Eindrücken. Der Krater war immer noch schön. Immer noch lag dieser kleine große Krater mit seinen umrandenden Felswänden und der inne liegenden Mondlandschaft vor mir. Und doch löste er nicht mehr dieselbe Berührtheit in mir aus.
Aber er war ein Wunderwerk. Beim Blick vom Rand aus verloren sich alle Größenvorstellungen, die Maßstäbe schwanden. Waren die Hügel am Kraterboden kniehoch oder vielleicht einhundert Meter groß? Oder die Öffnung des Kraters am gegenüberliegenden Ende - sie konnte höchstens einen Kilometer entfernt sein. Und doch lagen in Wirklichkeit zehn Kilometer dazwischen. Und wie hoch war eigentlich die Kraterwand? Wir kletterten hinab. Wir stiegen, liefen vorsichtig, bedacht, Schritt für Schritt in Alter-Leute-Manier - 500 Höhenmeter steiler Natur.
Das Durchschreiten des Kraterbodens war angenehmer. Wir liefen durch weich geschnittene Täler und über sanfte Hügel. Ein surreales Farbspiel umgab uns. Mal wanderten wir durch ein violettes Tal, dann auf einem ocker-orangenen Weg und anschließend an einem karmesinroten Felsen vorbei. Als hätte ein entrückter Künstler seinen Farbkasten willkürlich verstreut.
Dabei waren all die Formen aus vergänglichem Sandstein geformt, der leicht zerrann. Unbeständig, zum Betrachten geschaffen, nur hier in seiner ganzen Pracht zu sehen. Der weiße Sand neben weinrotem Gestein, von Türkis durchzogen und von Orange begleitet. Es wurde unerträglich heiß in diesem Talkessel ohne Schatten. Wanderer schleppten sich durch die Glut, luden uns ein, sie in Tel Aviv zu besuchen.

Der Krater hat nur eine Öffnung, die auch „Satans Mund“ genannt wurde. Hier hatten wir vorsichtshalber noch ein Lager angelegt. Und darin fanden wir einen ewighaltbaren Müslikuchen. Nun gab es doch noch einen verspäteten Geburtstagskuchen. Die Sonne stand wieder im Zenit. Nur unter einer verkrüppelten Akazie fanden wir ein wenig Halbschatten. Die Hitze machte dumpf. Ziellose Gedanken kreisten träge durch den Kopf. Ich begann, aus meinen verschmutzten Socken selbstständig stehende Figuren zu formen. Dann spielte ich Body-Shaping-Strategien durch und vollzog Hantelübungen mit unseren Wasserflaschen. Diese Hitze tat meinem Hirn nicht gut.

Bei einbrechender Dunkelheit zogen wir weiter. Plötzlich zog ein Sturm auf. Und alsbald begann es unglaublicherweise aus kleinen harmlos aussehenden Wolken zu regnen.
Panik stieg in uns auf. In diesem Krater vom Regen überrascht zu werden, konnte tödlich enden. Wir hatten die Reste der letzten Sturzflut in der Krateröffnung gesehen. In ungefähr zehn Metern Höhe hatten sich Äste in Strommasten verfangen. So etwas möchte ich nicht erleben.
Ich hatte keine Lust mehr auf eine weitere sorgenvolle Nacht. Diese vielen Nächte draußen zerrten doch an mir. Immer ungeschützt sein, immer den Unbilden der Natur ausgeliefert sein. Immer, auch im Schlaf, unterschwellig auf der Hut sein – vor Tieren, Menschen, Wetter. Wir waren keinen wirklich erwartbaren Bedrohungen ausgesetzt und doch so ungeschützt. Erst angesichts einer weiteren unruhigen Nacht spürte ich diese beständig schwebende Last. Ich sehnte mich nach einem Bett und einem Dach über dem Kopf. Sehnte mich danach, mich einfach nicht sorgen zu müssen und einfach mal wieder ganz sicher zu sein.
In fast kompletter Dunkelheit stapften wir zu dem außerhalb des Kraters gelegenen Night Camp. Das Wetter wurde immer unheimlicher. Sturmböen wehten uns fast vom Weg. Sand schlug uns ins Gesicht. Kein Mond schien, nur Finsternis um uns.
Wir sahen ein paar Autolichter und Stirnlampen, erreichten das Night Camp. Die Wochenendzelter hatten sich vor dem Sturm in ihre Autos verkrochen. Die Zelte lagen vom Wind platt geweht davor. Es stürmte und überall war Wind.
Im Dunklen suchte ich einen etwas windgeschützteren Platz. Fern jeder Gemütlichkeit lagerten wir uns hinter einem Felsen. Eine Ecke, die sonst wohl eher für die Notdurft genutzt wurde. Es war uns egal, wir legten unsere Matratzen aus, beschwerten sie mit Steinen, hielten alles fest, was sich nicht im Rucksack

befand. Christina kochte im Sturm eine Suppe, dabei den immer wieder wegwehenden Deckel festhaltend. Vom Felsen hinter uns fiel Sand auf uns herab.
Als der Wind nachließ, krochen die anderen Camper aus ihren Autos. Wir waren die einzigen Ausländer in dem Nachtlager und dabei auch noch die einzigen ohne Zelt und ohne Auto.
Aber ich hatte genug. Genug von der Wüste, genug von meinem Dreck und Gestank. Genug davon, den Elementen ausgeliefert zu sein. Genug von der Hitze, den Wasserberechnungen, dem ewig gleichen Essen, den geklauten Vorräten. Es war genug und ich brauchte eine Pause. Ich wollte innehalten, mich waschen, Vorräte besorgen und einfach einmal wieder in Sicherheit sein.

Über Nacht hatte sich der Wind gelegt. Noch einmal durchliefen wir den Kleinen Krater und erklommen die Kraterwand. Wieder 500 Höhenmeter. Ich fragte mich, wie lange ich noch trainieren musste, bis mich derartige Steigungen nicht mehr anstrengten.
Immer noch waren Ferien und vermehrt Wanderer unterwegs. Ein älterer, agiler Herr, der Teilabschnitte des Schwils wanderte, sprach uns an. Wie es auch anders nicht sein konnte, hatte er die Strecken schneller als wir hinter sich gebracht.
Wir tranken den letzten Kaffee, zuckerlos, milchfrei, würgten das trockene Brot herunter. Das nächste Ziel war Mezad Tamar, der Ort, an dem wir unsere erste Nacht in der Wüste verbracht hatten. Bei all ihrer Lieblichkeit hatten wir keinen Blick mehr für die uns umgebene Natur.
Und unsere Vorräte in Mezad Tamar waren, wie befürchtet gestohlen. Die Reste lagen neben dem Loch. Es reichte! Wir wollten nicht mehr! Hatten einfach genug! Die Wüste ist doch eine „bitch“, ein hinterhältiges Weibsbild. Und wie immer, ist sie stärker. Auch wenn ich sie liebte, ich war kein Nomade, bin nicht genug von ihr geprägt. Die Wüste forderte mir mehr ab, als ich länger aushalten wollte. Nun musste ich weg, brauchte Erholung von dieser heißkalten Schönheit.

Das bedeutete also Trampen. Schmutzig, wie wir waren, suchten wir eine Mitfahrgelegenheit. Zahllose, herausgeputzte

Wochenendausflügler zogen in ihren schicken Autos vorbei. Das kleinste und schäbigste Auto von allen hielt an. Darin saß Boris, der schon viele Länder durchtrampt hatte. Er brachte uns bis Arad und lud uns nach Tel Aviv ein.
Mit Arad endete der Wüstenabschnitt des Schwils - endlich. Diese kleine Wüstenstadt kam uns nach der Wanderzeit wie eine Großstadt vor. Hier gab es Supermärkte, Pizzerias, Gemüseläden, Bekleidungsgeschäfte und sogar eine Mall. Ein Schlaraffenland. Wir wählten die Pizzeria am Marktplatz und labten uns an all den entbehrten Köstlichkeiten. Ungewohnt, wieder am Tisch zu sitzen, mit Besteck zu essen und anschließend das Geschirr, nicht mit Toilettenpapier zu reinigen.
Wir beobachteten das Treiben der Stadt, die merkwürdig leer wirkte. Es war kein aufstrebender Flecken, kein Sehnsuchtsort, es gab keine In-Cafés, keine bedeutenden Bauwerke. Obwohl Arad schon in der Bibel erwähnt ist, wurde der jetzige Ort erst 1962 gegründet. Für die meisten Israelis war diese Stadt nur der Platz, an dem sie kurz vor dem Toten Meer, noch mal auf die Toilette gehen konnten.
Augenscheinlich schälten sich für uns streng getrennte Bevölkerungsgruppen heraus. Wir sahen orthodoxe Juden, russische Einwanderer, afrikanische Immigranten, beduinische Araber und ein paar moderne Durchschnitts-Israelis. Nur in den Geschäften und Cafés vermengten sich die Volksgruppen.

Wir begaben uns zu unseren Trail Angels, der Familie Holzberger. Von Seeko, einer agilen Dame mit pinken Haaren und wallenden Kleidern, wurden wir warmherzig empfangen. Schmutzig wie wir waren, wurden wir an den Küchentisch gesetzt und liebevoll bestaunt. Seeko und ihre Tochter schauten uns abwechselnd an und sagten immer wieder „ej se chamudi“ – sind die nicht süß.
Und doch wollten wir erstmal unter die Dusche und auch unsere Kleidung bedurfte einer Generalreinigung. Wir bekamen saubere Handtücher und Gästebetten, die im Bunker aufgeschlagen waren.
Das Haus und die Atmosphäre waren einladend. Ein weiter

Balkon blickte in die Wüste, zwei Hunde wedelten durchs Haus und überall hingen geschmackvoll gewählte Bilder. Seekos Ehemann stammte aus Lochhameh-hagetaot, einem kleinen Kibbuz im Norden des Landes. Dieser wurde von Überlebenden des Warschauer Ghettos gegründet. Daher also der deutsche Familienname.

Seeko aber stammte aus Tunesien und hatte ein dementsprechend orientalisches Temperament. Wir erlebten, wie sie plötzlich wie ein Gewittersturm ihren Mann am Telefon zusammenstauchte. Und fünf Minuten später, war er schon wieder „Motek", der Süße.

Quicklebendig bediente sie nahezu gleichzeitig Küche, Gäste und Telefon. Seeko war in einer religiösen Familie aufgewachsen. Sie kochte koscher und hielt sich an die Feiertage, aber nicht aus Überzeugung, sondern aus Gewohnheit. Sie könnte nicht anders, es wäre so drin in ihr. Ihr streng religiöses Elternhaus wäre von Liebe geprägt gewesen. Sie ging ihren eigenen Weg - traditionell, unreligiös und doch religiös.

Unsere Gastgeberin nahm Bibelunterricht und entdeckt aus der hebräischen Sprache heraus neu die tiefere Bedeutung der Worte. Vor einer Weile war sie im Bus für eine arabische Frau mit Baby aufgestanden. Ein religiöser Teenager fragte, warum sie dies tue. Die Araber sollten doch alle verrecken. Bis heute war sie entsetzt über einen solchen Hass.

Es war Zeit für einen Ausruhtag. Mein Körper schmerzte bei jedem Schritt, egal, wie vorsichtig oder wie langsam ich ging. Ausruhtag hieß aber mal wieder Einkaufen und Organisieren. Noch war die Pessachwoche. Vor uns lagen die Feiertage zum Pessachende, an denen alle jüdischen Geschäfte geschlossen waren. Reisevorräte während der Pessachwoche kaufen war eine ungeahnte Herausforderung. Im Supermarkt war die Backwarenabteilung komplett geschlossen, ganze Regalreihen waren abgehängt, einzelne Fächer zugeklebt. Wie zum Hohn stand darauf „Chag sameach", Frohes Fest.

Wütendes Unverständnis wallte in mir auf. Selbst Wasser ohne den Pessachstempel war verdeckt. Was, Bitteschön, war denn

sauerteigig an einem Wasser? Und selbst wenn die frommen Menschen es so halten wollten, warum wurde dies auch allen anderen aufgedrängt? Ich wurde immer ärgerlicher und griff hinter den Vorhängen die verbotenen Lebensmittel hervor.
Doch der Triumph währte nicht lange. An der Kasse sortierte eine offensichtliche unfromme Russin alle nicht erlaubten Produkte heraus. Ich war entrüstet. Wir bekamen also weder Tütensuppen noch Müsliriegel, Reisnudeln, Milchpulver und erst recht kein Brot.
Wir begaben uns in die angrenzenden Russen- und Arabershops. Die interessierten sich nicht für Pessach, aber deren Sortiment deckte nicht unsere Planungen ab. Zumindest bekamen wir Brot und dann ergab ich mich in mein Schicksal. Statt der geplanten Müsliriegel kaufte ich staubtrockene Pessachkekse und fand sogar noch eine für Pessach freigegebene Pilztütensuppe.
Abends beim Wein offenbarte ich Seeko meine geheimen Ziele für die Reise. Dazu gehörte ein feiner Mann für Christina. Schon war sie Feuer und Flamme, durchkämmte ihr Adressbuch nach deutschstämmigen Männern und telefonierte sich durch. So lernten wir zwar eine ihrer deutschen Freundinnen, aber keinen passenden Herren kennen.

- Weder grün noch grau -

- Nachwüstenland -

Arad - Tel Aviv

Wir waren wieder auf Wanderschaft und doch noch nicht angekommen im Unterwegssein. Wieder neu mussten wir unseren Rhythmus finden, uns auf die Umgebung einlassen, an die Menschen gewöhnen.
Die Landschaft war noch unentschieden - weder Fisch noch Fleisch, weder Wüste noch Wiese, weder grau noch grün. Ein fleckenförmiges unvermengtes Nebeneinander von sandigem Ödland und begrünten Weideflächen. Mal ein kahler Hügel mit Schafen, daneben ein Getreidefeld, danach Beduinenhäuser und darauffolgend eine Parkanlage. Ein stolpernder Übergang der Landschaftsformen.
Langsam wurde aus der Wüste grün und plötzlich schienen wir, im Frühling angekommen zu sein. Wir wanderten durch Plantagen und Weinberge, Felder und Wiesen. Menschen tauchten auf, Spaziergänger, Hirten und Jogger. Der Weg führte an Schaf- und Ziegenherden vorbei, wurde von Kamelen am Wegesrand gesäumt und zog durch Beduinendörfer.
Wir hatten das Beduinengebiet erreicht. In diese Gegend zwischen Arad, Dimona und Beersheva sind nach der Staatsgründung die Nomaden des Negev umgesiedelt worden. Kleine, nicht anerkannte Siedlungen säumten unseren Weg. Die Häuser bestanden aus Blech, Holz und Planen - fern jedes Wüstenidylls.

In der Nähe des Dorfes Drejat stürmte eine Kinderschar auf uns zu. Schreiend liefen sie zu uns und ließen nicht von uns ab. Sie wurden immer drängender, griffen nach unseren Sachen, wollten Geld, hängten sich an uns. So unangenehm diese Situation war, so unangenehm war es auch, die Kinder energisch abzuweisen.

Zum ersten Mal erlebte ich so etwas in Israel. Später versuchte ich, etwas über diesen Ort zu erfahren. Im neunzehnten Jahrhundert kam eine einzelne Familie aus den Bergen von Hebron in diese Gegend. Sie waren Fellachen, sesshafte arabische Bauern. In dem Ort waren alle miteinander verwandt und geheiratet wurde immer noch ausschließlich untereinander. Früher hatten sie in Höhlen gelebt, aber heute wurde eifrig Solarenergie genutzt und die Historie des Ortes touristisch vermarktet.

Wir erklommen den Berg Amaza, mit über 800 Metern die zweithöchste Erhebung des gesamten Schwils. Es war kühl, Wolken am Himmel, keine Sonne.
Wir wussten, dass im Kibbuz auf dem Berg kein Zimmer mehr frei war. Wir würden also draußen schlafen müssen. Ich fror, fühlte mich nach den letzten Wochen noch so ungeschützt und schwach. Noch war ich nicht bereit, wieder ohne Dach in der windigen Kälte zu schlafen.

In der Nähe des Berggipfels sahen wir eine Frau Kräuter sammeln. Wir kamen ins Gespräch und schon waren wir eingeladen und saßen in Batjas Auto. Später erzählte sie, sie habe uns schon von weitem gesehen. Erst meinte sie, wir seien Beduinen. Als sie beim Näherkommen die Rucksäcke erkannte, vermutete sie in uns Schwilisten, die vielleicht eine Dusche brauchen.
Es war jedenfalls großartig. Sie brachte uns zu sich nach Hause und wir hatten das Gefühl, bereits erwartete Gäste zu sein. Batja bastelt wunderschöne Steinmosaike, die das ganze Haus verzierten. Sie hat sich extra ein Mosaikstudio eingerichtet, in dem auch ein Bett und ein Bad vorhanden waren. Wir hatten eine perfekte Unterkunft!
Es war der Vorabend des siebenten Pessachtages. Dieser wurde wie ein Erev Shabat gefeiert. Unsere Gastgeber waren religiös. Ihr Haus war für Pessach präpariert. Die Küchenschränke waren nicht nur, wie in der koscheren Küche üblich, nach „milchig" und „fleischig", sondern nun auch nach „Pessach" und „Chamez" eingeteilt. Auch der ganze Ort schien religiös zu sein. Erst als wir in die Wanderkarten schauten, erkannten wir, wo wir

nun gelandet waren. In Beit Yatir, einem orthodoxen Moschav hinter der Grünen Linie, welche die Grenze zum Westjordanland markiert. Unbemerkt waren wir somit in einer Siedlung zu Gast. Bei Sonnenuntergang folgten wir unseren Gastgebern in die Synagoge. Diese war voll und lebendig, selbst in unserer Frauenabteilung. Glaube schien in diesem Ort gelebt zu werden.
Nach dem Gottesdienst ging das Festessen los. Ungefragt und wie selbstverständlich war der Tisch für uns mit eingedeckt. Extra für uns holte Avi, Batyas Mann, den lokalen und in Israel geschätzten Yatir-Wein raus. Er zelebrierte damit den Kiddusch, obwohl Weißwein dafür unüblich ist. Aber wir sollten diese Spezialität probieren können.
Die Kinder wurden gesegnet und statt Brot wurden anlässlich des Pessachfestes beim Kiddusch Matzen gebrochen. Vier Gänge wurden serviert: Salate, Matzenknödelsuppe, Gulasch und Kuchen.
Auch die Kinder durften einen „Schluck" Wein trinken. Wieder hatten wir ein neues Wort gelernt. „Schluck" hatten die Hebräer aus dem Deutschen übernommen.
Avi interessierte sich für die Wende und die deutsch-deutsche Thematik. Zum ersten Mal, seit wir auf der Reise waren, hatte jemand mit einem solchen Interesse nachgefragt.
Und ich wollte verstehen, auf welche Art sie religiös waren und was sie von anderen Religiösen unterschied. Diese Familie war augenscheinlich religiös - die Männer mit Kippa, Batya mit Kopfbedeckung und die Küche streng koscher. Ansonsten wirkten sie jedoch dem Leben zugewandt.
Sie wären orthodox gläubig, erklärte mir Avi. Orthodoxe waren also nicht nur die schwarz gekleideten und mit Hut ausgestatteten Weltfremden. Egal wie Orthodoxe aussehen, was sie eint, ist der „Schulchan Aruch", so erläuterte Avi. Der „Schulchan Aruch" ist eine im 16.Jahrhundert von Rabbi Josef Karo niedergeschriebene Zusammenfassung religiöser Vorschriften. Die Gebote und Verbote beruhen auf der Thora und dem Talmud und regeln das jüdische Alltagsleben. Beispielsweise sind darin die koscheren Speisegesetzte, die Feiertage, Morgengebete, die Ehegebote, Beschneidung usw. aufgeführt.

Unter den Orthodoxen aber gäbe es verschiedene Untergruppen, so zum Beispiel die Ultraorthodoxen, die Anhänger des Rabbi Nachmann, Siedler oder Kabbalisten. Sie alle eint jedoch dieselbe Basis des „Schulchan aruch“.
Interessant, dass Avi das Gemeinsame und nicht das Trennende hervorhob. Wir erfuhren auch noch, dass Ehe und Kinder in der Orthodoxie Gebot und somit Verpflichtung seien. Die beiden schienen mit dieser Regel sehr zufrieden zu sein.
Schon komisch, einen Tag zuvor hatte ich mich über diese engstirnigen, religiösen Pessach-Einhalter geärgert und nun waren wir bei eben solchen Menschen zu Gast. Von dieser Familie gelebt, wirkte es nicht beengend, sondern sie strahlten eine freundliche Gelassenheit aus, die von uns nichts verlangte. Dieses rigide Gesetzessystem schien sie nicht einzuschränken. Die Eltern wirkten harmonisch, ihr Umgang freundlich und respektvoll und die Kinder wach und wohl erzogen.
In ihrer Begeisterung, uns deutsche Schwilisten zu beherbergen, informierten sie eine deutsche Nachbarin, die schon seit zwanzig Jahren im Orte lebte. Statt ihrer kam der Ehemann vorbei. Ein Reiseführer mit der typischen Reiseführermentalität. Bemüht heiter und milde herablassend versuchte er uns formal interessiert zu unterhalten. Schade, das aufrechte Interesse unserer Gastgeber hatte uns so viel mehr berührt.
An diesem Abend war ich ganz erfüllt von all den Gesprächen, dieser unerwarteten Einladung und dankbar für das Erlebte. Voll erschöpfter Müdigkeit legte ich mich nieder und fiel leise stöhnend in einen tiefen Schlaf.

Herzlich wurden wir von der Familie verabschiedet. Sie gaben uns einen Beutel voll Obst, Gemüse und Käse mit. Unser Brot ging zur Neige und so bekamen wir auch noch Matzen mit. Vorbei war die Pessach- und Matzen-Verweigerung.
Batya begleitete uns zurück zum Schwil. Dieses Mal zu Fuß, schließlich war Schabbat. Sie schritt kräftig und voll Freude aus, nicht so mühsam wie ich. Bei der Armee hatte Batya Soldaten durch das Gelände geführt, sie wanderte gern. Wir kreuzten wieder die Grüne Linie zwischen Israel und den besetzten Gebieten.

Der Besuch bei Batya und ihrer Familie hatte mich getröstet. Diese unerwartete liebevolle Gastfreundschaft hatte der Seele gut getan.
Wir wanderten durch Blumenwiesen, helle Wälder, weite Lichtungen. Störche stiegen auf, schwangen sich in den Himmel und umkreisten uns. Was für ein Anblick! Ein lieblicher Frühlingstag. Und doch litt ich an diesem Tag. Jeder einzelne Schritt schmerzte, jedes Steinchen spürte ich qualvoll unter meinen Füßen. Wir entschieden uns für eine kurze Strecke und blieben im Forester House.
Darunter hatte ich mir ein Jagdhaus im Schwarzwaldstil vorgestellt. Es war jedoch ein Aussichtsturm, mit Picknickplatz und Infoständen. Wir befanden uns im Yatir Forest, einem 30 Quadratkilometer großen, künstlich angelegten Wald. Über vier Millionen Bäumen wurden hier angepflanzt, um das Ökosystem des baumlose Nordnegev zu wandeln. Um das Haus herum prangten zahllose Tafeln mit den Namen der großzügigen Baumspender.
Abends gesellten sich Ariel und Gai, zwei freundlich umsichtige Schwilisten zu uns. Entspannt tranken wir Kaffee und teilten uns Schokomatzen. Schon fast im Dunkeln trafen zwei ganz verschmutzte Jungs dazu, die gerade aus der Wüste kamen. Einer von ihnen hieß Hod Fröhlich. Es entspannte sich eine gemütliche Schwil-Lager-Alltags-Atmosphäre.
Inzwischen hatten wir unser Equipment dem der Israelis angepasst. So wie unsere Wanderkameraden, hatten auch wir uns ein Kännchen zugelegt, um den starken Kardamomkaffee zu kochen. Und abends schnitten wir, so wie sie, einträchtig Gemüse und bereiteten mit Couscous unser Essen zu. Wir sind doch noch lernfähig und langsam richtig israelisch ‚eingeschwilt'.

Seit wir den Har Karbolet und mehr noch, seit wir die Wüste hinter uns gelassen hatten, stieg Christinas Laune merklich. Das Wetter wurde heißer, wir gelöster und alberner.
Wir hatten inzwischen unsere neuen Bekannten nach dem Zeppelin und seiner Bewandtnis ausgefragt. Sie lachten über die Erklärung, er bewache eine Kleidungsfabrik. Man hätte uns einen Bären aufgebunden. Wir und kein Ausländer und eigentlich auch

kein Israeli sollten dessen Bedeutung kennen. Es wäre geheim, aber es hätte mit dem in Dimona gelegenen Atomreaktor zu tun. Der Schwil lief nah des Grenzzaunes zwischen dem israelischen Kernland und dem Westjordanland. Beim Näherkommen wurde dessen Ausmaß deutlich. Die Grenzanlage bestand aus einem Zaun mit Stacheldraht, einem Graben, einem geteerten Patrouillenweg, einem geharkten Sandweg, einem Zaun mit Bewegungsmeldern und noch mal Stacheldraht. Es war merkwürdig, durch ein so geteiltes Land zu wandern.

Wir erreichten Meitar, einen kleinen Ort mit umzäunten Einfamilienhäusern samt Auto und Hund. Auf dem Reißbrett mit klaren Linien entworfen und dann aus dem Boden gestampft. Weder Dorf noch Stadt, am ehesten amerikanischer Suburb. Ein gut situierter Ort. Bei der Frage nach der Einwohnerzahl wurde uns mal wieder die Einheit „Familie“ genannt. 1000 Familien lebten hier. Ich fragte mich, wie hier Singles in die Bevölkerungsstatistik aufgenommen wurden.

Wir wurden von unseren Schwil-Engeln Boaz und Tali empfangen. Diese hatten kleine Kinder und ein großes, hübsches Haus. Wir bekamen einen Platz auf dem Rasen hinter dem Haus zugeteilt. Mit der Badnutzung war das im Vergleich zu unserem Wüstendasein ein Luxus.

Mein zermürbter Körper weigerte sich inzwischen jedoch gegen die bewährte Schlafsack-Isomatten-Kombination. In keiner Liege-, Sitz- oder Stehposition war ich noch schmerzfrei und selbst die Atmung bereitete mir Schwierigkeiten. Die beiden Schwil-Engel waren sehr nett, wollten einen Arzt kommen lassen, aber das nützte auf die Schnelle auch nichts.

In all ihrer Freundlichkeit wirkten unsere Gastgeber erschöpft und ausgelaugt, so dass wir auf keinen Fall stören wollten. Beide arbeiteten Vollzeit und hatten nebenbei drei kleine Kinder, Haus und Hund zu versorgen. Das war hart. So verbrachten wir den Nachmittag mit der achtjährigen Tochter Shira, die für eine Erweiterung unserer Hebräischkenntnisse sorgte.

Christina bekam von ihr einen neuen Namen, denn Christina hatte sie noch nie gehört. Sie hieß nun „Korall“.

Zum Glück blieb ich davon verschont. Wie immer auf dieser

Reise gab ich die hebräische Version meines Vornamens, „Dorit“, an. In Israel hießen so zwar nur alte Frauen, aber immerhin konnten diesen Name auch Hebräer ausspreche und damit war Shira zufrieden.
Unseren Morgenkaffee versuchte ich, im Zentrum von Meitar zu erstehen. Dies dauerte eine Weile, denn kurz nach mir betrat Rabbi Sim die Bäckerei.
Nicht, dass ich ihn kannte. Ihm wurde nur so offensichtlich die Aufwartung gemacht, dass auch ich weder seinen Namen noch seine Gesamterscheinung ignorieren konnte. Natürlich musste ich erst einmal warten, bis der Rabbi bedient und ihm ausführlich diverse Köstlichkeiten angeboten wurden. Diese lehnte er jedoch mit generöser Geste ab. Dann erst durfte ich meine Bestellung aufgeben.
Wir wanderten durch eine europäisch anmutende Hügellandschaft. Kaum hatten wir uns an das frühlingshafte Grün gewöhnt, begann schon die spätsommerliche Getreideernte. Da musste man erstmal hinterherkommen. In drei Tagen von der Wüste, in den Frühling, sogleich in den Sommer und fast schon war es Herbst.
Ein riesiger Storchenschwarm mit hunderten von Vögeln belagerte die Erntefelder, die bereits gepflügt wurden. Noch nie hatte ich so viele Störche auf einmal gesehen. Auf ihrem Weg von Afrika kommend zogen fast eine halbe Millionen Störche über Israel gen Europa. Was für ein Anblick! Wenn man in Deutschland nach Erspähung eines Storches schon einen Kindersegen erwartete, was hatten denn dann diese Vielzahl von Störchen zu prophezeien?

Der Kibbuz Dvir stellte gegen einen kleinen Obolus ein Zimmer für Schwilisten zur Verfügung. Wir freuten uns, ein Zimmer mit Bad, Matratzen und Kochnische ganz für uns zu haben. Aus mehreren Matratzen baute ich mir ein Megabett. Und unsere letzten Lebensmittelvorräte aus der Wüste fanden in einer gigantischen Käsesuppe ihr würdiges Ende.
Der Kibbuz Dvir lag am Schwil, doch das Tor, das direkt angrenzte, war verschlossen. Die Rettung kam in Form eines alten

Kibbuzniks, der auf einem Fahrrad angetrudelt kam. Er hatte eine Fernbedienung, um das rückwärtige Tor zu öffnen und uns somit einen Umweg zu ersparen. Er schien einst gut Deutsch gekonnt zu haben und ermunterte uns, Wanderlieder zu singen. Schon stimmte er „Das Wandern ist des Müllers Lust“ an und winkte uns singend noch lange zu.
Die Landschaft blieb weiter europäisch herbstlich mit Erntefeldern und Störchen. Nur die gelegentlichen Beduinenhäuser passten nicht so ganz ins Bild. Während Christina sich noch immer am Grün erfreute, empfand ich die Gegend zunehmend belanglos. Zudem kreuzten zahlreiche große Straßen den Weg.
Mal wieder kam uns die Idee, ein Stück des Weges zu sparen. Also Trampen. Die ersten, die ich fragte, wollten uns „mit Freude“ mitnehmen. Ihr Auto war aber so vollgestopft, dass wir da keinen Platz mehr gefunden hätten. Eine herausgeputzte Dame schaute uns danach derart verachtungsvoll an, dass mir der Mut für weitere Anfragen verging.
Doch dann traf Christina auf einen netten Geheimdienstoffizier, der uns ein Stück des Weges mitnahm. Noch immer blieben einige Kilometer entlang der Straße bis wir die Philipp-Farm erreichten.
Mal wieder entsprach meine Vorstellung nicht der Realität. Unter Farm hatte ich mir ein Bauernhäuschen in ländlicher Ruhe vorgestellt. Die Farm lag jedoch direkt am Autobahnkreuz. Wir konnten unser Lager neben einem Verkaufsstand aufbauen.
Nun ja, nichts mit Ruhe und Dorfidyll, aber nicht ganz. Immerhin pickten ein paar Hühner um uns und ein Pfau stolzierte vorbei. Aber die Straße dröhnte unüberhörbar.
Unsere Wanderbekannten, die uns einst im Barak Night Camp versorgt hatten, kamen vorbei. Die Zusammensetzung der Gruppe hatte sich geändert. Ihnen schien es in der Farm auch nicht zu gefallen, sie zogen weiter.
Wir hatten uns auf dem weichen Gras ein schönes Plätzchen gesucht. Als die Sonne unterging, legte sich der Tau und durchdrang unsere Sachen. So zogen wir um, direkt auf den harten Rastplatzboden und versuchten in der lärmenden Nacht, etwas Schlaf zu finden.

Die Landschaft ließ mich gleichgültig. Schon seit Tagen. Sie war nett auf eine belanglose, unbedeutsame Art. Der Wandel der Jahreszeiten überforderte zudem meine nordeuropäische Prägung. Frühling war im Frühling und später kam der Sommer und ein paar Monate später wurde geerntet.
Daran hielt sich die israelische Zeitenabfolge jedoch nicht. Hier schritten die Jahreszeiten fast im Tagesrhythmus voran oder liefen parallel, aber auf alle Fälle in anderen Abfolgen, als aus heimischen Gefilden gewohnt.
Beim Weiterwandern wurde die Umgebung zunehmend orientalisch. Schon säumten die ersten meterhohen Kakteen und kleine Eukalyptushaine den Wegesrand. Nach den letzten Kältetagen brannte nun wieder die Sonne herab und ließ uns verzweifelt Schatten suchen.

Am Ende des Tages erreichten wir Beit Guvrin. Dieser Ort war eigentlich wegen seines Nationalparks bekannt. In ihm befanden sich Ruinen, die bis ins zweite Jahrhundert vor unserer Zeit zurückdatiert werden konnten.
Doch das war nicht unser Ziel. Wir suchten die Mechina im Kibbuz Beit Guvrin auf. Wir hatten keine Ahnung, was uns dort erwartete und was eine Mechina überhaupt war.
Nun lernten wir, dass eine Mechina ein Armee-Vorbereitungskurs war. Dabei gibt es übers Land verteilt Mechinot unterschiedlichster Prägung. Wir waren in einer gelandet, die sich sowohl an säkulare als auch religiöse Israelis und sowohl an Mädchen als auch an Jungen wendet. In einem einjährigen Kurs erhielten die Schulabsolventen Unterricht in Religion, Geschichte, Landwirtschaft, Ökologie und Philosophie. Daneben waren außerdem landwirtschaftliche Einsätze, Ausflüge, Trainings und Sozialarbeit vorgesehen.
Wir trafen auf eine quirlige Ferienlager-Atmosphäre. Das Schlafhaus war nach Mädchen und Jungs getrennt. Wir durften Matratzen in den schmalen Flur legen, den die Mädchen ‚Salon' nannten. Die Mädels waren reizend, umsorgten uns freundlich, aber lebten vor allem ganz in ihrer unbekümmerten

Teenagerwelt. Es war schön zu sehen, wie achtsam und liebevoll die Jugendlichen miteinander umgingen. Nur die nächtliche Party störte unseren Nachtschlaf erheblich.
Ein Schwilist traf noch ein. Ori, 34, Musiktherapeut, wie er mehrfach erwähnte, unterwegs von Nord nach Süd. Er umging den Partylärm, indem er auf einer superweichen Bettmatratze im Zelt vor dem Haus schlief. Scheinbar bekümmert brachte ich meine Enttäuschung an. Ich dachte, er sei tough und würde sich, gleich uns, trauen, ohne Zelt und auf harter Matratze zu schlafen. Trotzig antworte er, er wäre ‚tough, denn schließlich trüge er schon die ganze Zeit sein Zelt. Ja, da hatte er auch recht.

Wir hatten wieder Chamsin, den heißen staubigen Wüstenwind. Die Israelis nennen ihn auch Sharav. Typischerweise trat er Mitte April bis Anfang Mai auf. Wir hatten also die Hochsaison erwischt. An Chamsintagen wurden die höchsten Temperaturen des Jahres gemessen.
Die Hitze war lähmend, verfolgte uns, wogte glühend in den Schatten. Bewegungsarm und dumpf waren wir ihr ausgeliefert. Doch dann zog plötzlich Wind auf, wehte heftig, stürmte bedrohlich und brachte Abkühlung. Die Erleichterung währte nur kurz, zerrte doch der Sturm bald so heftig an den Bäumen, dass wir deren Umstürzen befürchteten.
Die Landschaft gefiel mir jedoch zunehmend besser. Sie war auf eine aufmunternde Art abwechslungsreich. Wir liefen durch Schaf- und Kuhherden, passierten mehrere Aussichtspunkte, kletterten in uralte Wohnhöhlen und Zisternen, trafen auf Ölpressen und Ruinen. So könnte es weitergehen.
Als Höhepunkt des Tages erklimmten wir den Berg Azekah, von dem aus man wundervoll das Elah-Tal überblicken konnte. Dieses war ein besonderes Tal. Hier hatte einst David gegen Goliath gekämpft.
Leider blieb uns dieser Anblick verborgen. Der staubige Dunst des Chamsins hatte den Berg eingehüllt. Nur wenige Meter konnten wir sehen und die erhabene Aussicht nur erahnen. Kalt war es inzwischen geworden und wir stapften fröstelnd durch Zitronenplantagen und Felder weiter.

Wir wollten im Kibbuz NetivHaLamedHe übernachten. Mit den Kibbuzim war es nur so eine Sache. Ganz naiv betrachtet, schien mir inzwischen, dass eine Ortschaft dann zu einem Kibbuz wurde, wenn sie mit einem massiven Sicherheitszaun beschützt war. Andere Orte in derselben Region hatten keine Zäune. Sobald ich einen Zaun sah, war ich mir somit inzwischen sicher, auf einen Kibbuz zu treffen.
Mein Problem mit den Zäunen war nun subjektiver Natur. Meist hatten sie nur ein offenes Tor und dies meist nicht in der Nähe unseres Weges. So auch in dem kommenden Kibbuz. Fünf Kilometer Umweg würde ein Zugang über das Haupttor bedeuten, zu viel am Ende eines langen Wandertages.
Also erwählten wir das verschlossene Nord Tor und hofften auf irgendeinen Durchschlupf. Den fanden wir auch - wie Diebe robbten wir auf dem Bauch im Staub unter dem Tor durch. Glorreicher schmutziger Einzug in den Kibbuz. So dreckig waren wir seit der Wüste nicht mehr gewesen.

Wir wollten im Eco-Art-Village übernachten und hatten keine Ahnung, was das war. Vier Schwestern versuchten hier mit ihren Familien ihre Vision von einem ökologisch künstlerischen und sozial verantwortlichen Leben, Gestalt werden zu lassen. Sie hatten vom Kibbuz alte Hühnerställe gekauft und diese ausgebaut. Das hatten sie künstlerisch und detailverliebt in stilsicherer Lehmbauweise getan. Zahlreiche alltagsnahe Elemente wie Flaschen oder Reifen waren in die Wände der Häuser eingelassen. Die alten Hühnerleitern wurden elegant als Stilelemente genutzt. Alles strahlte eine warme Wohlfühlatmosphäre aus.
An vielen Stellen versuchen die Gründer Ökologie im Kleinen zu leben. Das Regenwasser wurde aufgefangen, Solarenergie versorgte die Duschen, ein Windrad erhob sich, das Abwasser wurde wiederaufbereitet, die Toiletten kompostiert und der Müll getrennt.
Seit Beginn der Reise hatten wir uns schon verschiedenen Lebensformen angepasst. Da waren die koschere Küche, die gestrengen Pessachregeln oder auch das verbriefte Vegetariertum im Aschram. Im Öko-Dorf galt es also, sich auf die ökologisch

abbaubare, fleischlose Lebensweise einzustellen. Diese hatte aber auch so ihre Tücken. Es dauerte seine Zeit, ehe ich verstanden hatte, welcher Abfall in welche Tonne kam. Und nachdem unser Shampoo, Waschpulver und Duschgel verboten wurden, erhielten wir natürlich abbaubare Produkte.
Die Wirksamkeit ihrer Rote-Beete-Seife ließ jedoch zu wünschen übrig. Nicht so einfach bei unserem wieder erreichten Verschmutzungsgrad. Auch die Waschmaschine streikte, als wir sie nur halbvoll füllen wollten. Wir aber hatten einfach nicht mehr Sachen mit.
Dies war auch so eine Sache des Unterwegsseins - immer wieder musste man sich wechselnden Bedingungen anpassen. Man konnte auf nichts beharren, musste eigene Wünsche und Bedürfnisse zurückstellen, um der anderen willen auf Bewährtes verzichten. Als pilgernder Gast konnte man nichts erwarten und doch viel empfangen und war dabei schutzlos. Aber diese Schutzlosigkeit machte gleichzeitig auch offen, berührbar und dankbar.

Wir wollten einen Tag im Öko-Dorf ausruhen. Wie immer an solchen Tagen fühlten wir uns schwach und zerschlagen, als hätten wir die ganze Nacht durchgemacht. Der einzige Sinn dieser Tage ist, danach etwas weniger Schmerzen zu haben. Um zehn Uhr, wir saßen gerade mit einem Kaffee vor dem Haus, heulten Sirenen auf. Die Menschen um uns – Handwerker, Tänzer, Schwilisten mit geschulterten Rucksäcken – alle blieben, wo sie waren, aufrecht stehen und schwiegen. Es war der Jom HaSchoa, der Holocaustgedenktag. Überall im Land ertönten zur selben Zeit die Sirenen auf. Für zwei Minuten stand der Verkehr still und die Passanten blieben schweigend stehen. Seltsam berührend war dieser Moment.
Zu dem Eco-Art-Village gehörte die Tanzgruppe Vertigo, die in diesen Räumen probten. Während wir schlaff in den Sitzen lagen, tobte laut das Leben um uns herum. Die Tanzgruppe übte singend und klatschend, einer mähte Rasen, die Tochter des Hauses besserte Lehmwände aus. Nur wir lagen platt zwischen all der Lebendigkeit und kamen uns fehl am Platz vor.

Ich sehnte mich nach einem Rückzugsort, einem Platz zum Ausruhen, ungestört und niemanden störend, wo ich auch in meiner momentanen Schwachheit sein durfte. Hier war auch nicht der rechte Ort dafür.
Dies wurde am nächsten Morgen noch deutlicher. Uns wurde früh als erstes mitgeteilt, dass ein Event stattfand und wir die Küche nicht benutzen könnten. Okay, das hatte ich verstanden und ich ließ es mir nicht zweimal sagen. Ich wollte nicht an einem Ort sein, an dem ich störte.
Also packten wir. Im kindlichen Ärger warfen wir ungetrennt unseren Müll einfach in die nächste Tonne. Primitive Rache, die niemandem nützte und doch ganz kurz gut tat.

Wir frühstückten also auf dem nächsten Hügel und näherten uns langsam Jerusalem an. Der Weg war lieblich und abwechslungsreich, jedoch zu oft entlang von befahrenen Straßen. Immer wieder erwarteten uns Überraschungen wie antike Siedlungsreste, alte römische Straßenabschnitte, ein blühendes Mohnfeld, Zisternen, eine Ölpresse, ein altes Mosaik. Viele Spaziergänger waren unterwegs, fragten uns nach dem Weg. Darunter waren so manche Religiöse, die sich am Freitag vor Schabbat-Beginn noch einmal bewegen wollten.

Wir erreichten Tzur Haddassah, einen kleinen Ort zwölf Kilometer vor Jerusalem. Auch ein Ort, der von Einfamilienhäusern im amerikanischen Vorortstil geprägt war. Kaum hatten wir Tzur Hadassah betreten, schon sprach uns ein Mädchen an, ob wir eine Dusche oder einen Schlafplatz brauchten. Liebenswert, aber wir wurden schon von Revital und Avital erwartet. Sie wohnten zusammen mit ihren Kindern in einem winzigen und nicht mehr ganz neuen Häuschen mit Garten.
Eine wärmende Gastfreundschaft empfing uns. Revital, eine reizende, mädchenhafte Frau, befragte uns wissbegierig. Sie brachte uns auf die Idee, einen Esel zu kaufen. Es wären gerade Schwilisten bei ihnen gewesen, die sich für 200 Schekel (ca. 40 Euro) einen Esel gekauft hatten. Das war eine Idee - keinen Rucksack mehr tragen, das wäre es doch! Aber wohin mit dem Tier in Tel

Aviv und wie bekam man ein Zimmer mit Esel? Wer trüge das Tier die Klippen hoch? Nein, vielleicht schleppte ich dann doch lieber meinen Rucksack allein.

Avital war ein bedachter junger Mann mit verschmitztem, jungenhaftem Lächeln, der undogmatisch und klug Dinge betrachtete. Er erzählte auch von religiösen Spaziergängern, die ihn einmal nach dem Weg gefragt hatten. An dem ersehnten Ort lagerte eine Kuhherde. Diese Frommen, die ihre Tage in Studierstuben verbrachten, hatten solche Tiere jedoch noch nie gesehen. Sie wunderten sich nun, ob diese gefährlich seien.
Gleichzeitig sprach Avital mit großem Respekt über Religiöse. Diese wüssten, wie man mit Geld umgeht. Die Orthodoxen wären in der Lage, sich zusammenzuschließen, und erreichten dadurch politische und finanzielle Macht. Und sie wurden immer mehr. Die religiösen Juden bekamen im Durchschnitt 7,6 Kinder, etwa die dreifache Anzahl der übrigen israelischen Bevölkerung. In 20 bis 30 Jahren würden sie auf natürlichem Weg die Bevölkerungsmehrheit Israels stellen.
In Tzur Hadassah sollte ein religiöses Viertel gebaut werden. Die Bewohner von Tzur Hadassah protestierten. Avital bedauerte dies. Niemand hatte mit diesen Frommen geredet, niemand wusste, welche Pläne sie hatten, wie sie sich das Zusammenleben vorstellten. Wo sollte das Land Israel hinkommen, wenn sich selbst die Juden untereinander bekämpften?
Tzur Hadassah liegt an der Grünen Linie. Zahlreiche Ortsfremde, Brandstiftungen und Diebstähle sind zu verzeichnen und beeinträchtigen den Frieden des Ortes. Avital meinte dazu nur, dass es außer gelegentlichen Diebstählen keine Probleme gäbe. Und wer wüsste denn, ob die Diebe von jenseits oder diesseits des Zaunes kämen?
Avitals Großmutter kam aus Hamburg. Sie war schon vor dem Zweiten Weltkrieg ausgewandert und hatte später in Ägypten in der britischen Armee mit ihrem Mann gekämpft. Mit ihren 86 Jahren schien sie ein agiler und inspirierender Mensch zu sein. Ich lud die Familie samt Oma nach Hamburg ein. Sie schienen darüber nachzudenken.

Revital hatte sich im Schuppen ein Töpferstudio eingerichtet. Seitdem die Kinder in den Kindergarten und zur Tagesmutter gingen, hatte sie dafür wieder Zeit. Sie hätte ein wunderschönes Leben. Und doch wäre da eine Sehnsucht nach einer Pause, so wie wir sie hätten. Ihr fehlte etwas, eine Inspiration in der Gleichförmigkeit ihres wunderbaren Alltaglebens. Ja, die Balance zwischen Inspiration und Routine, zwischen Alltag und Abenteuer, die zu finden, war wohl unser aller Ziel.
Der Abend war wunderschön. Es war wieder Erev Schabbat. In das kleine Wohnzimmer wurde eine Tischplatte gelegt, um die wir uns auf den Boden setzten. Avital zelebrierte einen traditionellen Kiddusch mit viel Hingebung und Leidenschaft. Wir sangen alle zusammen das traditionelle Schabbat-Lied „Schalom aleichem". Eine wunderbar friedliche Stimmung lag auf diesem Abend. Das Feiertagsessen war unglaublich, fünf Gänge, unfassbar lecker. Und wieder hatten wir das Gefühl, eingeladen und willkommen zu sein. Hier in diesem wirklich kleinen Haus war Platz für uns. Die Kinder schliefen nachts bei ihren Eltern, während für uns im Kinderzimmer Matratzen ausgelegt wurden. So einfach und so herzerwärmend.

Einer der schönsten Abschnitte des Schwils, die Umwanderung Jerusalems, lag vor uns. Die hügelige Landschaft mit ihren Olivenbäumen entsprach meiner Vorstellung des biblisch-jüdäischen Berglandes. Immer wieder sahen wir aus der Ferne die Stadt Jerusalem.
Wir kamen an vielen kleine Quellen vorbei. Manche waren trocken, manche sprudelten umrahmt von Bäumen und manche speisten Wasserbecken, in denen sich Ausflügler abkühlten.
Es war Schabbat. Zahlreiche Jerusalemer strömten mit ihrer Großfamilie vor die Stadt, um im Schatten der Bäume den Schabbat zu genießen. Die ungeübten Spaziergänger bewegten sich langsam und unsicher auf den schmalen Pfaden.
Auch schienen Wanderstöcke ein Novum für sie zu sein. Immer wieder wurden wir gefragt, wo hier denn Schnee sei. In ihrer Unterhaltsamkeit waren solche Bemerkungen schnell erschöpft. Auch wir genossen den Feiertag, legten kleine Kaffeepausen an

Quellen und unter Feigenbäumen ein. Ein Eis vom vorbeifahrenden Verkaufswagen krönte die Schabbat-Wonnen.
Wir freuten uns auf den Abend. An diesem wollten wir der Einladung unseres Schwil-Freundes Ariel folgen, den wir im Forester House kennengelernt hatten. Er machte gerade eine Pause vom Schwil und holte uns mit dem Auto von der Quelle Ein Limon ab.
Das war unglaublich. Wir Fremdlinge und Wanderer im fernen Land, wurden hier abgeholt und erwartet. Ein Gefühl, nicht mehr fremd zu sein, breitete sich in uns aus.

Ariel brachte uns in seinen Heimatort Har Adar in das riesige und wunderschöne Haus seiner Eltern. Es war nahezu ein Prachtbau mit einer gigantischen Wohn- und Küchenhalle. Geschmackvoll war sein Elternhaus mit Designermöbeln und Klavier ausgestattet.
Seine Mutter meinte, sie hatten Glück gehabt. Vor dreißig Jahren hatten sie mit ein paar anderen Leuten beschlossen, an dieser Stelle zu wohnen. Damals gab es hier noch nichts und niemand glaubte daran, dass an diesem Platz ein Ort entstehen könnte. Das Land war damals billig. Heute könnten sich nur noch sehr Reiche in Har Adar ein Haus kaufen. Sie nicht mehr, aber sie hatten ja Glück gehabt.
Und wirklich, Har Adar besaß einen der höchsten sozioökonomischen Level in Israel. Hier war das Einkommen überdurchschnittlich, fast nur Geschäftsleute besiedeln den Ort. Er war beliebt durch seine Lage nah dem Highway No. 1, der Jerusalem und Tel Aviv verband: nur 40 Minuten nach Tel Aviv und 15 Kilometer bis Jerusalem. Und doch wurde der Ort, der auf der Grünen Linie liegt, offiziell als Siedlung geführt. Das erwähnte nur niemand in dieser Upper-Class-Siedlung.
Der Blick fiel von der Terrasse aus über Hügelland bis hin nach Jerusalem. Die meisten umgebenden Dörfer waren arabisch und lagen in der Westbank. Der Zaun trennte sie jedoch. Jeden Tag kamen Palästinenser zum Arbeiten nach Har Adar. Man lebte gut zusammen, meinte Ariels Mutter. Es wäre ganz anders, als es in den Medien berichtet wurde.

Am nächsten Tag zeigte mir Ariel den Verlauf des Grenzzaunes. Er nutze die Patrouillen-Straße, die Teil der Grenzanlage war, zum Joggen. Es hatte ihn noch nie jemand angehalten und dies verboten. So viel zu dieser Hochsicherheitsanlage.

Ariel, in seiner Jugend und gleichzeitig Schwil-Erfahrenheit, bemühte sich, ein guter Gastgeber zu sein, so wie er es bei den Trail Angels erlebt hatte. Er hatte Betten für uns bezogen, uns Handtücher hingelegt und uns gebeten, unsere Vorräte an Gewürzen und Öl aufzufüllen. All die kleinen Dinge, die Schwil Reisende so brauchen, hat er bedacht.
Er wollte uns am nächsten Tag zur Quelle zurückfahren, an der er uns abgeholt hatte. Nur war das Auto nicht das seine und seine Eltern hatten andere Pläne mit dem Wagen.
Wir erlebten so eine interessante Familienkonstellation. Der Vater war recht klein für einen Mann und versuchte, dies durch Plateauschuhe und Frisur auszugleichen. Abgerundet wurde das Bild von einem strengen Blick. Die Mutter wirkte immer leicht erheitert und bildete das kommunikative Zentrum der Familie. Sie schien der Mittler zwischen Außenwelt, Kindern und dem Vater zu sein. Diesem schien niemand widersprechen zu können.
Also warteten wir alle zwei Stunden, bis der Vater alle Papiere sortiert hatte und uns das Stück zur Quelle mitnahm. Ariel hätte uns in zehn Minuten dorthin gebracht, aber das schien nicht erlaubt.
Wir lernten noch einen neuen Germanismus kennen: „Zimmer“. Also solches wird in Israel ein feines Fremdenzimmer bezeichnet, in das man seine Freundin übers Wochenende elegant ausführte. Ariel war sichtlich amüsiert, dass ich in einer „Zwei-Zimmer-Wohnung“ lebte.

Wir starteten also wieder an der Quelle Ein Limon und zogen durch das Nachal Kisalon, ein im Reiseführer als „angenehm“ beschriebenes Tal. Dies empfand ich ob der zahlreichen muffig nach Abwasser riechenden Gullilöcher etwas anders.

Doch nach einem steilen Anstieg lag die Küstenebene samt Tel Aviv eindrucksvoll vor uns. Es waren viele Schwilisten Gruppen unterwegs, manche hatten übers Wochenende pausiert, andere sich Jerusalem angeschaut. Erneut wurde uns, weder unser Alter noch unsere Berufstätigkeit geglaubt, aber wen wunderte das, so wie wir durch die Gegend liefen. Und noch immer wurden wir von den schnellen Israelis überholt, die ihren Vorsprung in zahlreichen Pausen wieder verloren.

Inzwischen waren Tankstellen zu unserem Highlight geworden, verlockender als jede Aussicht und jeder schöne Blick. Tankstellen waren super, da gab es Cola, Kaffee, Eis, Süßigkeiten, Wasser und Toiletten. Ja, Tankstellen waren unsere neuen Lieblingsorte, an denen wir nicht vorbeiziehen konnten.

Und so richteten wir nach einer kleinen Kaffee- und Kuchenpause unser Nachtlager unweit einer Tankstelle ein. Wir fanden dort einen Picknickplatz mit Schaukeln, Wippen und Sandkästen. Schon wurde aus dem Sandkasten unser weicher Schlafplatz, aus der Tischgarnitur unsere Küche und die gefüllten Outdoor-Wassersäcke am Baum waren unser Bad.

Die Nacht war kalt. So kalt, dass ich morgens meinen Schlafsack nicht verlassen wollte. Zumal das Aufstehen per se schon ein schmerzhafter Prozess war. Christina fand zudem das Müsli nicht mehr und so teilten wir uns eine letzte Waffel zum Frühstück.

Aber wir planten eine kurze Strecke und wollten noch am selbigen Tag Tel Aviv erreichen. Allein das beflügelte uns und so zogen wir singend, hüpfend und Schlager hörend durch die Landschaft. Bereits nach fünf Kilometern ‚mussten' wir eine Pause einlegen, aber nur, damit wir es an diesem Tag noch zu einem schönen Kardamom-Kaffee schafften.

Wir liefen auf der „Burma-Road". Dieser Behelfsweg hatte in der Zeit des Unabhängigkeitskrieges historische Bedeutung erlangt. Als die Straße zwischen Tel Aviv und Jerusalem 1948 unter beständiger Belagerung lag, wurde diese genutzt, um Jerusalem mit Lebensmitteln, Medikamenten und Waffen zu versorgen. Metallskulpturen und Tafeln am Wegesrand erinnerten an diese Zeit.

Immer wieder eröffneten sich weite Blicke gen Meer. Leichtfüßig beschwingt erreichten wir Latrun. Lieblich ragte ein Trappisten-Kloster zwischen Zypressen und Olivenhainen hervor. Ein friedliches Bild, das in andere Welt zu gehören schien. Kurz atmeten wir die Stille der Kirche, bevor wir uns in den Großstadtlärm Tel Avivs wagten.
Der Einzug nach Tel Aviv war ein bisschen wie nach Hause kommen. Im Hostel erinnerte man sich an uns, die Schwilisten. Sympathie schlug uns entgegen. Und in aller Erschöpftheit tauchte auch das Gefühl auf, etwas geschafft zu haben. Wir waren weitergekommen, als man uns zugetraut hatte. Zumindest ein Teilziel war erreicht. Eine leicht heldenhafte Stimmung, die sich noch nicht traute, dies zu glauben, erfüllte uns. Von Tel Aviv aus waren wir aufgebrochen und wussten nicht, wie es werden würde, wussten nicht, ob wir es schaffen können. Und jetzt waren wir da und hatten den schwersten und längsten Teil des Weges schon hinter uns.
Trotz der vertrauten Atmosphäre war es irgendwie befremdlich. Nach Wochen in der Natur waren wir nun in einer Großstadt, die Tag und Nacht ruhelos lärmte, umgeben von Hektik und Menschengewirr. Besucher aller Nationen, Touristen, Partyleute, Ausgehende, Hipster und dazwischen wir, die schmutzigen Pilger, die so gar nicht in dieses Bild passten.
Die Vernunft brachte uns trotz aller Müdigkeit dazu, abends noch unsere Wäsche zu waschen, einzukaufen und Essen zu kochen. Ein Genuss, wieder frische Milch und Butter zu essen, am Herd zu kochen und das Essen mit Kräutern zu veredeln. Wasser aus dem Hahn und ein Dach über dem Kopf - welch ein Luxus! Die kleinen selbstverständlichen Dinge waren auf einmal so erfreulich.
Und wir waren froh, für uns sein zu können. Die liebevolle Aufnahme von unseren Gastgebern war bezaubernd gewesen. Wir, die beschenkten Wanderer, hatten ihnen zum Dank nicht viel geben können. Geld lehnten die Trail Angels meist nahezu gekränkt ab und Geschenke konnten wir nicht tragen. Wir hatten immer versucht, mit unserer Aufmerksamkeit und unseren Geschichten unseren Gastgebern etwas zu geben. Am Ende eines

langen Wandertages war das manchmal nicht so einfach. Oft waren wir so erschöpft, dass wir nur allein sein und schlafen wollten.

Seit wir unterwegs waren, hatten wir die Telefonnummern von fünf Tel Avivi's erhalten, die uns einluden, bei ihnen zu übernachten. Wir wollten jedoch allein sein, einen Rückzugsort haben und uns unserer Schwäche hingeben können.

Unser Plan sah vor, uns einmal richtig auszuruhen. Einen Tag lang wollten wir nur am Strand liegen, Drinks und Kaffee schlürfen und nichts tun.

Doch schon nach dem Frühstück waren wir so schwach, dass wir uns erst mal hinlegen mussten, bevor wir die paar Meter bis zum Strand schafften. Und bereits nach zwei Stunden am Meer hatten wir trotz Sonnenmilch und vorgebräunter Haut so deutliche Rötungen, dass wir unseren Strandtag vorzeitig beendeten. Die Vorstellung vom Strandtag war dann doch schöner als dessen Umsetzung.

Wir suchten mal wieder einen Outdoor-Laden auf. Meine Schuhe hatten unter den Strapazen des Schwils gelitten und die Sohle bot keinen Schutz mehr. Im Norden würden wir auch einige Bäche durchqueren müssen, also hatte ich den Entschluss gefasst, mir Wandersandalen zuzulegen. Unser Verkäufer, der mal wieder Omer hieß, war schon den Schwil gegangen und zwar in solchen Sandalen. Es sollte also klappen.

Als wir abends am Meer dem Sonnenuntergang zusahen, hörten wir wieder Sirenen aufheulen. Als hätte man einen Film angehalten, standen alle Jogger, Spaziergänger, Busse, Autos, Taxis, Fahrradfahrer – alle, wo sie eben gerade waren, wie eingefroren still. Und als die Sirenen verstummten, entbrannte wieder der Großstadtlärm und alle setzten ihre eben unterbrochenen Tätigkeiten fort.

Es war der Beginn des Jom haSikaron, des Gedenktages an die gefallen Soldaten und die Opfer des Terrorismus. Über 20.000 Soldaten und Sicherheitsleute waren seit der Staatsgründung 1948 getötet worden. Im Fernsehen liefen auf allen Sendern Gedenkveranstaltungen, Dokumentationen, Listen mit Gefallenen, Trauerkonzerte. Auch die Testbilder von Bezahlsender waren voll mit Gedenktafeln, selbst bei eigentlich abwegigen Programmen. Wir erlebten eine Trauer, die sich durch alle Schichten und Interessen zog.

Langsam gewöhnten wir uns wieder an die Zivilisation. Trotz des Großstadtlärms konnten wir nachts schlafen, genossen die Vorzüge des urbanen Lebens und erfreuten uns am langsamen Nachlassen der Schmerzen. Schon fast bekamen wir wieder Lust, uns ins bunte Großstadtleben zu stürzen, im Café zu sitzen, shoppen zu gehen oder einfach mal zu tanzen.
Wir mussten weiter, bevor uns die Leichtigkeit wieder einnahm, bevor wir nicht mehr loskämen und nicht mehr bereit wären, die Beschwerden des Schwils auf uns zu nehmen. Im Unterwegssein war die Schwere des Weges weniger spürbar, aber im Innehalten wurde sie auf einmal deutlich. Und dann wieder aufbrechen, die Last tragen, die Ungewissheit, die Ungeschütztheit, nicht wissen, wo wir abends sein würden, Nächte auf hartem Untergrund ...
Auf den Soldatengedenktag folgt der Jom haAtzma´ut, der Unabhängigkeitstag. Nach der Erinnerung an die Trauer am Jom haSikaron und den Preis, den das Land für seine Gründung und Existenz bezahlt hatte, folgte das Feiern. Am Abend stiegen Partys, wild und laut wurde unüberhörbar gefeiert.
Während um uns herum alkoholgeschwängert und bassintensiv die Partys tobten, bereiteten wir unsere Weiterreise vor. Christina flickte ihre Isomatte, ich flickte meine Sachen, wir packten erneut, verstauten Vorräte, verlängerten unser Schließfach.

Der Norden

- „jihije beseder“ -

- „es wird schon gutgehen“ -

Ein neuer Schwil-Abschnitt, einer von dem gesagt wurde, dass er leichter, grüner und schöner wäre. Wir brachen wieder auf, obwohl ich eigentlich schon müde war, eigentlich schon genug hatte von dem Unterwegssein, von der Rastlosigkeit, der Ungewissheit und den Schmerzen.
Und doch wollten wir uns aufmachen und zu Ende bringen, was wir begonnen hatten. Ich versuchte mich wieder für Neues zu öffnen, um zu sehen, was kommen würde. Vielleicht auch, was in mir noch passieren würde. Die Wüste brachte meiner Seele Ruhe und Reinigung. Mal sehen, was der Norden noch bereithielt.
Wir starteten am Jom haAtzma`ut. Dieser Unabhängigkeitstag schien, in Israel drei unübersehbare Dinge zu bedeuten: Party, Beflaggung und Grillen. Die Partys hatten wir trotz lautstarker nächtlicher Störungen, einigermaßen überstanden. Überall wehten kleine Fähnchen und Flaggen in blau-weiß mit Davidstern.
Blieb noch das Grillen. Einmal im Jahr wurden die Israelis zu Fleischessern. Egal welches Fleisch - Hauptsache Fleisch und Hauptsache viel Fleisch, um dieses dann ohne Pause draußen zu grillen und zu essen. Dabei war es unerheblich, wie das Draußen dabei aussah.
Der Schwil zog sich zunächst entlang des Strandes. Ein idealer Platz zum Grillen. Dabei waren die favorisierten Grill-Plätze diejenigen, die sich möglichst nahe am Auto befanden - egal wie viele andere Autos da auch noch vorbeifuhren. Wichtig scheint auch zu sein, seine gesamte Barbecue-Ausstattung imposant zu präsentieren. Dazu gehörten: Tische, Bänke, mindestens fünf Kühltaschen, Pavillons oder alternativ wenigsten vier Sonnenschirme. Und dann viel Fleisch und viel Rauch. Es dünkte dann

am nettesten zu sein, wenn man ganz dicht bei den anderen Gruppen saß - eine fühlbare gemeinschaftliche Einheit am Tag der Unabhängigkeit.
Eine heitere Beschwingtheit erfasste auch uns, die wir in unserem Wanderoutfit so offensichtlich nicht dazu gehörten. Vielleicht zum hundertsten Mal wurden wir aufgeklärt, dass hier kein Schnee läge. Wirklich, lustig war das irgendwann nicht mehr.
Zwei ältere Damen konnten unsere Wanderstöcke besser einordnen. Sie grüßten mit „Kol hakawod", alle Achtung, und freuten sich über unsere Schwil-Erklimmung.
Das Wandern entlang des Strandes machte Spaß und fühlte sich wie Urlaub an. Immer wieder machten wir Kaffee-, Keks-, oder Essenspausen. Eine Leichtigkeit erfasste uns. In unserer Kleidung fielen wir auf, wurden angesprochen, eingeladen, beschenkt.
Einmal bemerkte Christina, dass unser Wasser zur Neige ging. Und auch der Tabak war fast alle. Zehn Minuten später sprach uns ein Paar an, ob wir Wasser brauchten.
Die Frau hatte zwölf Jahr in Hamburg gelebt und sprach fließend Deutsch. Sie hätten gerade über Energien und Schwingungen gesprochen. Besonders auf Reisen hatten sie erlebt, wie das, was sie brauchten und sich wünschten ihnen plötzlich zuteil wurde. Während wir gerade noch an Wasser und Zigaretten gedacht hatten, wurden wir nun beschenkt.
Das Meer war unglaublich schön. Das Blau zeigte sich in allen Schattierungen von Himmelblau über Azur, dabei durchzogen von einer sanft milchigen Undurchsichtigkeit. Der Strand wechselte von feinsandigem Badestrand, zum grobkörnigen Felsufer bis hin zur schroffen Steilküste. Manchmal mit abgebrochenen Felsbrocken, von denen einige drohten, jeden Moment herabzustürzen. Wir liefen auf abertausenden von glatten Hühnergötter und Muschelschönheiten.
Am Ende des Tages erkletterten wir die Steilküste, um ein Nachtlager zu suchen. Es war schwer, etwas Geeignetes zu finden. Das Gebüsch war dornig und es war kein weicher Untergrund und kein Sichtschutz zu finden. Nach längerem Suchen fanden wir im Gestrüpp eine Stelle, an der man zumindest zwei

Isomatten nebeneinanderlegen konnte. Von diesem Punkt blickten wir auf das Meer, über dem die Sonne unterging. Und schon bald legte sich feucht der Tau auf uns herab.
Beim Erwachen fanden wir unseren Schlafsack, die Isomatte und Sandalen triefend nass vor. Es war unangenehm, die feuchten Sachen zu packen und in die nassen Schuhe zu schlüpfen. Dabei hatte ich mir das Schlafen am Meer so romantisch vorgestellt.
Wir stapften weiter den Strand entlang, durchliefen Teile von Netanja und legten uns neue Vorräte zu. Schon bald ruhten wir uns am Meer aus, schließlich mussten wir unsere Sachen trocknen. Und überhaupt sollte diese Wanderung uns ja auch etwas Spaß machen.
Wir kochten Kaffee, aßen unsere Mittagsbrote und gingen in dem glasklaren weichen Wasser baden. Somit war dann auch das Reinigungsprogramm für die nächsten Tage erledigt.
An diesem Tag liefen wir nicht mehr weit. Wir suchten nur noch einen Schlafplatz. Den fanden wir hinter einem großen Stein am Ende eines bewachten Badestrandes.
Als die Sonne langsam ins Meer tauchte, schlürften wir Drinks aus einer nahen Strandbar. Das ist doch mal ein Schwil-Leben! Es war Freitagabend – Erev Schabbat. Und so sangen wir Schabbat-Lieder in den Sonnenuntergang hinein.
Ein Paar kam auf uns zu, etwas unsicher, trauten sie sich zunächst nicht, uns anzusprechen. Ilan, der junge Mann, war eine unterhaltsame Erbauung. In einem munteren Mix aus Hebräisch, Englisch und Französisch brachte er seine Bewunderung für unsere Schwil-Wanderung zum Ausdruck. Er wäre Marathonläufer und Lauftrainer und den Nordteil des Schwils schon gewandert, aber dass wir das ebenfalls machten und mit so viel Gepäck!
Er konnte es nicht fassen, überschlug sich nahezu vor Begeisterung: Wir wären überdurchschnittlich, herausragend aus der Menge der Erdenbevölkerung! Von ganzem Herzen würde er dies bewundern. Der Rosh haMemshalah, der Premierminister also, müsste über uns informiert werden! Ilan war dabei so fröhlich, so heiter, und in seiner Übertreibung gleichzeitig so aufrichtig, dass die Freude auf uns überging.

Es war unglaublich, direkt am Meer zu schlafen und vom gleichförmigen Wellenschlag in den Schlaf gewiegt zu werden. So beruhigend, so tröstlich, so endlos. Der Mond glitzerte silbrig auf den Wellen, ein Stern widerstrahlte auf dem Meer und der Sternenhimmel breitete sich über uns. Was für ein Anblick! Was für ein Leben!
Tropfenförmig hatte sich der Tau auf unsere Sachen gelegt, war tief eingezogen und vermengte sich nun mit dem feinkörnigen Sand. Er klebte auch auf unserer Haut und wurde mit Sonnencreme überdeckt. Doch das Blau und die Weite des Meeres überwog alles. Leichten Schrittes liefen wir auf festem Sand, kehrten noch ein letztes Mal in einer Strandbar ein und mussten schon das Meer verlassen.
Wir wanderten entlang eines kleinen Flusses mit Namen Alexander. In dem umgebenden Naturschutzgebiet war Campen verboten, Autos jedoch nicht. Ein nicht endend wollender Autostrom mit Schabbat-Ausflüglern zog an uns vorbei, bis sie die ausgedehnte Picknickzone erreichten. Schnell wurde diese eingenommen. Wieder waren die Plätze nah am Auto am begehrtesten. Und es wurde aufgebaut, was das Zeug hielt, gegrillt, bis der Forst rauchte, Musik durch den Wald geschallt und Absperrbändern zur Reviermarkierung gezogen.
Es war ansteckend. Also enterten auch wir einen Picknicktisch, zogen Leinen, um unsere Schlafsäcke zu trocknen, bauten unseren Hausstand auf, stellten den MP3-Player laut und kochten unseren Kaffee. Wir hatten ja auch etwas zu bieten! Der feuchte Schlafsack roch inzwischen nach nassem Hund oder, vielleicht eher noch, nach nassem Vogel. Nun hofften wir auf die Tatkraft der Sonne. Es war ein perfekter, lässiger Schabbat. Bis wir am späten Nachmittag weiterzogen.

Kilometerweit zog sich der Weg durch Sandpisten, in denen man versank, ohne vorwärts zu kommen, so dass jeder Schritt die Kraft von zehn brauchte.
Zur Krönung querte der Schwil die Bahngleise durch eine Unterführung. Wobei das Wort Unterführung nicht ganz treffend erschien. Passender wäre eher ‚Unterkriechung‘, insbesondere,

da diese hüfthohe Passage noch nahezu versandet war. Also liefen wir verbotenerweise über den Bahndamm. Es war Schabbat, kein Zug fuhr da, es war also kein Problem.
In einem weiten Bogen umrundeten wir die Küstenstadt Hadera auf sandgleichen Pfaden, bis wir die Bahnstation erreichten. Hier sollte man in der umgebenen Picknickzone übernachten können. Doch wir erlebten eine böse Überraschung. Der ganze Picknickplatz war zugemüllt. Obwohl ausreichend Mülleimer vorhanden waren, hatten Besucher alles liegen gelassen, wie es gerade fiel. Schichtenweise lagen Teller, Becher, Essensreste, Klopapier, Zeitungen, Absperrbänder und Fahnenreste quer über Tische und Bänke dieses Naherholungsgebietes.
Es war zu spät, um so kurz vor der Stadt, noch eine saubere Schlafstelle zu finden. Also suchten wir uns eine Ecke und bemühten uns, sie grob von Müll zu bereinigen - ein eher hilfloser als erfolgreicher Akt, die Schichten, die Generationen von Ausflüglern hinterlassen hatten, zu entfernen. Diese Mentalität des Liegenlassens, des Sich-Nicht-Kümmerns, weil irgendjemand anderes es tun würde, fiel uns nicht zum ersten Mal auf.
Um den Unrat nicht sehen zu müssen, begann Christina zu kochen und sich ganz auf das Gemüse zu konzentrieren. Ich sammelte Holz. Zum ersten Mal seit der Wüste, zündeten wir wieder ein Lagerfeuer an.
Als wir im Dunklen gesättigt in unseren Schlafsäcken lagen, das Feuer noch leicht flackerte und wir hoch in die Baumkronen des Eukalyptuswäldchens blickten, war dieser Platz dann doch ganz schön.
Nach Sonnenuntergang und somit nach Ende des Schabbats setzte wieder der Zugverkehr ein und holte uns aus dem leichten Schlaf. Die Nächte draußen auf der Isomatte ließen meine Schmerzen stärker werden. Wieder tat der Brustkorb beim Atmen weh. Für das Schlafen auf Isomatten war ich wohl nicht geschaffen.

Der Weg ging am nächsten Morgen durch vermüllte Wiesen und vorbei an Autobahnen nach Hadera zum Strand. Wir umrundeten Orot Rabin, ein Kohlekraftwerk, dessen Schornsteine wir

schon seit Tagen blinken sahen. Einen kleinen Fluss galt es entlang eines Wehres zu durchqueren. Nun konnten sich unsere neuen Wandersandalen zum ersten Mal richtig bewähren.
Schon bald kamen wir an Cesarea vorbei. Dieser Ort wurde vor 2000 Jahren von Römern gegründet und dem Kaiser zu Ehren benannt. Heute konnte man die eindrucksvollen Überreste im Nationalpark bewundern.
Unser Zeitplan und das Eintrittsgeld ließen einen Besuch nicht zu. Stattdessen pausierten wir am Strand im Schatten eines Aquäduktes, das Cesarea mit Wasser versorgt hatte. So trübten wir das Fotomotiv der mit Bussen vorgefahrenen Touristengruppen durch unsere Kaffee-kochende Anwesenheit.
Und endlich trafen wir wieder Schwilisten. Seit wir wieder in Tel Aviv losgelaufen waren, hatten wir keinen gesehen. Diese Strecke am Strand schienen viele zu überspringen. Hod Fröhlich und sein Kumpan, die beiden ganz verschmutzten Burschen, die wir im Forester House kennengelernt hatten, stapften am Strand entlang. Noch immer war ihre Kleidung nicht sauberer und noch immer waren sie unbekümmert, genau wie zuvor.
Drei Mädchen, die grade erst den Schwil begonnen hatten, belagerten uns mit den uns schon so vertrauten Fragen. In minimaler Abweichung wurden wir üblicherweise nach unserem Namen, Alter, warum und wie lange wir auf den Schwil waren und natürlich dem Ehestatus befragt. Die Israelis untereinander fragten sich so gut wie immer als spätestens zweite Frage, wo sie in der Armee gedient hatten. Längst hatten wir unsere Antworten und probierten neue Versionen, um die Sache interessanter zu gestalten.
Mit Bedauern mussten wir vom Meer Abschied nehmen. Es hatte gutgetan, dieses Urlaubsgefühl, der weite Blick und das beruhigende Rauschen. Wir bogen ein in das arabische Dorf Dschizr az Zarqa, das von einer goldenen Moscheekuppel überragt wurde. Ein ärmlicher Ort mit dem geringsten Einkommen in ganz Israel. Ein bis zu fünf Meter hoher Erdwall trennte das Dorf von der Nobelkommune Cesareas.
Auf einmal umgab uns Orientgefühl. Zahlreiche Männercafés, die Straßen voller Kinder, Frauen in Gewändern - so anders als

in den jüdischen Orten, faszinierend, lebendig und fremdartig. Raus aus der Stadt, durch Wiesen und Felder, entlang eines Jahrhunderte alten Aquäduktes und noch unter zwei Autobahnen hindurch. Die Wegmarkierungen wurden spärlich und uneindeutig. Manchmal hörten die Markierungen völlig auf und wir liefen quer über abgeerntete Felder.
Durch Dornbüsche, auf scharfkantigen Steinen, durch einen Bach und entlang von vielbefahrenen Bahnschienen erklommen wir Hod Carmel, die Südspitze des Carmel-Gebirges. Der Blick weitete sich über dem Küstenstreifen aus. Beeindruckt konnten wird die erklommenen Tageskilometer mit den Augen nachgehen.
Die Sonne nahte ihrem Untergang, der Weg bis zu unserem Ziel, Zikron Jaakov, sollte nicht mehr weit sein. Doch mal wieder trogen uns die Angaben des Wanderführers. Der Schwil führte uns auf schmale, schwer ausmachbare Pfade. Erst nach Sonnenuntergang erreichten wir die Quelle Ein Zur, von der es noch einige Kilometer bis zu unseren Trail Angels sein würde. Militante Mücken griffen uns an und hinterließen beulenartige Auswüchse auf unserer Haut.

Auf unheroische Art erreichten wir per Taxi unsere Gastgeber. Mein Körper verlangte nach einer Matratze und unser Reinigungsstatus erreichte schon wieder einen kritischen Zustand. Bereits am Telefon waren die beiden so überaus herzlich, dass es nur wohl tat. Und genau so war auch der Empfang. Wir wurden sofort an den Abendbrottisch gesetzt, bekamen Wasser und Tee, Eier wurden gebraten und das muntere Erzählen ging los.
Dan und Roni waren beide Musiker und unterrichteten zum Lebensunterhalt Musik. Sie hatten drei Kinder und ein wunderschönes einladend gestaltetes Haus. Sie wirkten undogmatisch, erfrischend frei denkend und unheimlich herzlich. Wir lachten viel und mal wieder hatten wir das tröstliche Gefühl, willkommen zu sein.
Die Familie hieß mit Nachnamen Kohen. Juden mit diesem Nachnamen gehören zu den Kohanim, dem Priestergeschlecht. Diesen waren in biblischen Zeiten spezielle Aufgaben im Tempel

zugeteilt. Bis heute dürfen im Judentum nur Kohanim den hohepriesterlichen Segen erteilen. Dabei ist es auch nicht entscheidend, wie religiös jemand ist, Hauptsache er ist ein Kohen. Ist in einer Synagoge kein Kohen, kann dieser Segen nicht erteilt werden. Unsere Gastgeber hießen also Kohen und waren nicht religiös. Als sie neu in ihre Nachbarschaft gezogen waren, bekam Dan Besuch von den Religiösen der Gegend. Er wurde in die Synagoge eingeladen und lehnte ab. Als sein ältester Sohn im Alter von 13 Jahren seine Bar Mitzwa hatte, bekamen sie wieder Besuch. Sein Sohn dürfte, nun da er religionsmündig war, auch den Segen erteilen. Nun wurde aber Ronit laut und verbat sich weitere Besuche.
Auch eine absurde Situation. Die einen waren Kohen und es ist ihnen egal. Die anderen waren gemäß ihren Regeln zwingend auf sie angewiesen und konnten, egal wie fromm sie waren, diesen Status nie erreichen.
Wir durften im ausgeklappten Bett ihres großen Sohnes, der gerade bei der Armee war, schlafen. Er war auch der Grund, warum Dan und Ronit Trail Angel wurden. Auch ihr Sohn war wandern und hatte die Gastfreundschaft von Trail Angels empfangen. Nun war es ihm wichtig, dass auch sein Elternhaus für Wanderer offen stand. Und dies ist ihnen gelungen - auf eine überaus liebenswerte Art.

Morgens wurden wir schon am Frühstückstisch erwartet. Weiter gingen das Lachen und Philosophieren. Am Abend hatte ich unsere Gastgeber in mein vermeintliches Schwil-Ziel eingeweiht, einen Mann für Christina zu finden. Nun hatten sie einen Vorschlag. Sie empfahlen ihren Nachbarn. Dieser war allerdings bereits Mitte 50 und allein deshalb für mich als selbst ernannte Heiratsvermittlerin, nicht mehr passend. Der erwähnte Nachbar sah das weniger kritisch und erwartete uns bereits vor der Haustür. Christina schien das verständlicherweise nicht recht zu sein und so zogen wir freundlich grüßend stracks unseres Weges.
Nachdem wir bei Trail Angels übernachtet und Schwilisten getroffen hatten, war das Schwil-Gefühl wieder da. Der Tag ging feucht und klebrig los. Es wurde mal heiß, mal kühl - eine

unentschiedene Wetterlage. Wir kletterten durch mannshohe Dornenbüsche, wurden zerkratzt und von hinterhältigen Mücken gestochen. Die Herausforderung dieses Schwil-Abschnittes schienen Dornen, Mücken und die spärliche Markierung zu sein. Wir trafen unseren alten Bekannten Rotem wieder, den wir bereits an meinem Geburtstag auf dem römischen Posten getroffen hatten. Rotem hatte mir damals erklärt, der Wüstenzeppelin überwache eine Kleiderfabrik. Ebenso meinte er, der Har Karbolet sei nicht anstrengend, sondern nur „meulae“, also großartig gewesen.

Sogleich schmierte ihm Christina die Geschichte mit dem Zeppelin aufs Brot. Er lachte und wirkte dennoch irgendwie schuldbewusst und betroffen. Wir trafen ihn an diesem Tag häufiger, und bei jedem Mal wurde er offener und freundlicher. Und nachdem er mir dreimal gesagt hatte, mein Hebräisch sei „meulae“, also auch großartig, fand ich ihn sogar richtig nett. Die neugierigen Mädels vom Vortag trafen wir auch immer wieder und zusammen trampten wir auf einem Erntewagen durch die vor uns liegenden Obsthaine.

Nachmittags versuchten wir, etwas abseits des Schwils in einem kleinen Ort einzukaufen. Der Laden war jedoch geschlossen, so erzählte uns Nadar. Er hatte uns auf der Straße angehalten und löcherte uns mit Fragen über den Schwil. Er selbst wollte am nächsten Tag den Schwil gen Norden mit einem Pferd beginnen. Na, dann viel Glück - ich als Pferd würde mich weigern, die Dornenpfade zu laufen.

Wir mussten zur nächsten Tankstelle trampen. Gleich beim ersten Trampversuch hielt ein Auto. Die Dame arbeitete im örtlichen Kindergarten. Als sie meine Berufsrichtung mitbekam, wurde ich sogleich, in sich überschlagendem Sprechtempo fachlich befragt. Nicht, dass ich jedes Detail verstanden hätte, aber eine befriedigende Antwort, ohne Kenntnis der nötigen hebräischen Fachtermini, musste ich schuldig bleiben. Es blieben nur ein spärliches „vielleicht“ und ein verständnisvoller Gesichtsausdruck.

Der Weg zurück zum Schwil war kurz und lohnte nicht zu trampen. Dennoch hielt ungefragt ein Auto an. Christina hatte sich

das gewünscht. Sie wurde immer besser darin, wie das Paar, das wir am Meer getroffen hatten. Kaum wünschte Christina sich etwas, schon passierte es. Hoffentlich blieb das so.
Als wir unsere anvisierte Übernachtungsstelle, den „Offer Lookout“ erreichten, wurden wir von einer Horde Jungs lautstark begrüßt. An diesem Aussichtspunkt befand sich auch eine Gaststätte und die Jungenschar war zur Bedienung einer Tagung engagiert. Sie schenkten uns erstmal Cola ein, steckten uns Obst zu und dann gab es auch noch kleine Apple Pies. Die Welt war in Ordnung.
Wir kochten zufrieden unsere Gemüse-Reisnudeln und hatten dieses Mal sogar noch einen Nachtisch. Als abends alle Gäste verschwunden waren, lag die Terrasse des Restaurants verlassen da. Die Bestuhlung darauf war hölzern in Weiß gehalten und wurde von einem dekorativen Himmelbett gekrönt. Somit war der perfekte Schlafplatz samt Aussicht auf die weite Küstenebene gefunden. Einzig die über dem Bett installierte Kamera störte unser Idyll.

Der Weg bescherte uns am folgenden Tag enge Dornenpfade. Unwillkürlich wurden wir zerkratzt und es blieben Spinnenweben im Gesicht hängen. Zur Abwechslung gab es hohe Distelfelder, eine Strecke durch eine Müllhalde und auch noch einen schmalen Weg durch einen Kakteenhain.
Die Markierung blieb vage. Immer wenn ich meinte, auf keinen Fall könne hier ein Wanderweg entlangführen, genau dann waren wir richtig.
In der Wüste dachte ich noch, der Schwil sei erschaffen worden, indem man alle hohen Berge miteinander verbunden hatte. Im Norden schien mir der Schwil nach folgendem Prinzip entwickelt worden zu sein: Die unmöglichsten, zugewachsensten Pfade, die auch noch nahezu parallel zu anständigen Feldweg verliefen, wurden miteinander verbunden. Als gälte es den Beweis zu führen, Schwil-Wanderer können auch ohne Wege wandern.
‚Schwil Israel - von Spaß war nie die Rede!‘, formte sich ironisch in mir. Beim letzten heimatlichen SMS-Kontakt war ich nämlich

gefragt worden, ob wir Spaß hätten. Was für eine Frage! Ja, also, manchmal konnte das schon vorkommen.
Inzwischen hatte der Monat Mai begonnen. Eine Zeit, die in Israel üblicherweise komplett regenfrei war. Nun regnete es jedoch den ganzen Tag. Naja, was man halt in Israel so unter Regen verstand. Für deutsche Verhältnisse würde ich sagen, es gab immer mal wieder einzelne Tropfen. Die Israelis, die wir trafen, sprachen aber von Dauerregen. Der Himmel war wolkenverhangen düster, Gewitterstimmung. Immer wieder sah es aus, als würde es jeden Moment richtig regnen. Zeltlos wie wir waren, entschieden wir uns, im nächsten Ort zu bleiben.

Dieser war Ein Hod, ein wunderhübsches Künstlerdorf. An jeder Ecke, Hauswand, Mauer - überall waren kleine Kunstwerke versteckt. Selbst in die Postschließfächer waren Tierfiguren hinein geformt, auf Straßenabsperrungen saßen Skulpturen, in Gehwege waren Mosaikscherben eingelassen und in Hauswände Bilder gemauert. Wir schauten uns Galerien und Werkstätten an, unterhielten uns mit Künstlern, tranken Kaffee, suchten nach kleinen Erinnerungen. Ein wirklich süßer, anmutiger Ort.
Wir wollten beim Künstler Hedi Schmueli übernachten. Mehrere Wanderer hatten uns von einem Tipi neben seiner Werkstatt erzählt. Nun ja, das Tipi war noch zu erkennen. Zumindest die Zeltstangen gab es noch, die Zeltwände weniger. Wir nahmen uns die Matratzen aus dem Tipi und ließen uns damit im angrenzenden Olivenhain nieder. Dreihundertjährige Olivenbäume und Hedis bunte Skulpturen umgaben uns.
Hod Fröhlich und sein Kumpel Tom waren eingetroffen und schauten sehnsüchtig auf unsere weichen Matratzen.
Über uns braute sich düster ein Gewitter zusammen. Schwärme von Schwalben zogen tieffliegend aufgescheucht über uns. Endzeitstimmung. Eine Kuh schaute blöd, aber irgendwie freundlich herüber. Immer wieder fiel Regen, zwar nur Tropfen, aber dicke Tropfen, die bedrohlich ein Unwetter ankündigten. Unvorhersehbar der Himmel, unbestimmt, ob wir die Nacht trocken überstehen könnten. Wir kapitulierten, trugen unsere Matratzen und alles Gepäck unter das Vordach von Hedis Werkstatt. Sturm

kam auf, wehte heftig in Böen, warf Stühle um und drohte, Werkzeuge und Holzlatten auf uns zu werfen. Aus Angst vor Pfählung und Enthauptung trug ich alles, was nicht fest verankert war, weit weg von unserer Lagerstatt. Schlafen war im Sturm nicht möglich, dafür wehten meine Gedanken ihre eigenen Bahnen. Was brachte diese Reise für mich? Erleuchtung oder Offenbarung waren meine hochgegriffenen und nicht so ganz ernst gemeinten Ziele.

Das hatte ich nicht erreicht. Auch keine Erkenntnisse, Klärung oder neu gewonnene Weisheit. Und doch, wie selten in den letzten Jahren, fühlte ich mich ganz eins mit mir und dem Leben, so widerspruchslos im Reinen. So ganz unspektakulär, undramatisch, unerleuchtet und völlig banal.

Es war mehr das Gefühl, dass alles okay war. Es fühlte sich in Ordnung an, wie ich war, wie ich dachte, wie ich lebte. Und es war gut so, was wir taten, wo wir waren, wie wir waren. Und dies war ein so natürliches Gefühl, dass es erst beim Nachdenken auffiel. Ich war irgendwo auf dem Carmel Gebirge, unterwegs auf Reisen und es war okay. Der ganz normale Frieden. Woher auch immer das kam. Und das, auch wenn mancher Weg, mancher Moment und der Sturm über uns nicht berauschend waren. Es war okay und es war gut so, wie es war.

Der Sturm hatte nachts meinen Schal und Christinas Schlafsackbeutel weggeweht. Erst nach längerem Suchen fand ich unsere Habseligkeiten unter einer Furcht erregenden Geierstatue verborgen. Mal wieder hatten wir keine Lust, zu wandern. Mal wieder säumten Dornen unseren engen Pfad und mal wieder ging es ans Klettern. Nicht nur am Felsen, sondern auch Kaminklettern im Felsspalt mit Rucksack.

Als Aufmunterung hatte das Carmel-Gebirge zwei Höhlen parat, aber auch diese ließen mich nicht frohgestimmter werden. Ich sehnte mich danach, mich auszuruhen, zu waschen, zu pausieren und etwas zu essen. Wir mussten wohl mal wieder einen Ausruhtag planen. Aber noch hieß es weiterwandern.

Im Dezember 2010 hatte ein Großfeuer ausgedehnte Teile der Waldfläche auf dem Carmel zerstört. Es waren mehr als 5.000

Hektar gewesen. 44 Menschen waren bei dem Feuer ums Leben gekommen. Wir durchliefen Teile dieses Gebietes. Die Bäume waren abgebrannt, die Dornen jedoch wieder nachgewachsen. Die Landschaft bot ein merkwürdiges Bild. Das Gras in leuchtendem Grün mit sattroten Anemonen stand zwischen schwarz verkohlten Baumstümpfen. Was für ein Kontrast!
Unser emotionaler Höhepunkt des Tages war jedoch banalerweise der Supermarkt von Isfiya, einem Drusen-Dorf. Von dort waren es nur noch wenige Kilometer, bis wir auf einem einsamen Picknickplatz unser Lager aufschlugen. Wir, die geübten Schwilsiten, Streuner und Schlawiner machten es uns mal wieder bequem unter einem, uns wie ein Dach bergendem, Baum. Ein paar Regentropfen fielen des Nachts, und konnten uns jedoch nicht viel anhaben.
Der Carmel würde wohl nicht mein Freund werden, obwohl ich dessen Wein schon manchen launigen Abend zu verdanken habe. Seine Dornen, seine scheinbar unpassierbaren Wege, die sich endlos langziehen, der triste Regen im erblühten Frühling. Nein, diese Gegend fand nicht den Weg in mein Herz.
Aber es wurde schöner, idyllischer. Wir verließen das Carmel Gebirge auf von Eichen gesäumten mäandrierenden Waldwegen. Zwei ältere Schwilisten kreuzten unseren Weg und erzählten, sie würden einmal im Monat mit leichtem Gepäck den Schwil wandern. Es seien viele Deutsche unterwegs. Sie hätten bereits zwei deutsche Mädels in der Wüste getroffen, die nur für den Schwil nach Israel gekommen wären. Die wären aber bestimmt noch zwei Wochen hinter uns. Warum wir noch nichts von denen gehört hätten?
Erst nachdem die Herren schon weitergezogen waren, schauten wir uns an und waren uns gewiss - die beiden hatten wir schon auf dem Shen Ramon getroffen. Wir waren die deutschen Frauen, die extra für den Schwil nach Israel gekommen waren!
Während einer Rast wollte sich ein Pferd an unseren Vorräten bedienen. Nicht, dass ich Angst vor ihm hatte. Aber ich hatte Mühe dieses riesige Tier, das unbedingt an meinen Rucksack wollte, wegzuschieben. So ein Gaul war einfach viel größer und schwerer als ich.

Wir durchliefen schon bald ein religiöses jüdisches Dorf. Eine fromme Frau wollte uns den Weg zum Ortsausgang zeigen, uns sogar samt ihrer Kinderschar begleiten. Mal wieder fühlte ich mich deplatziert, unanständig und nahezu nackt in meinen kurzen Wandersachen.
Aber schon bald ging es über Hügel, Dornen und Steine ostwärts, immer weiter weg vom Carmel-Gebirge. Wie schon seit Tagen, weiteten sich Ausblicke auf Haifa. Es interessierte uns nicht mehr, wir wollten vorwärts, in eine sich verändernde Landschaft.
Bei einer Rast unter einer riesigen sich ausladenden Eiche trafen wir Anne und Daphne. Wir hatten uns schon in der Wüste bei Elijahu kurz gesehen. Damals waren sie noch zu viert. Daphne kam aus dem Moschav, in dem ich als 18-jährige ein Jahr lang gewohnt hatte. Eigentlich waren wir sogar mal Nachbarn gewesen. Ich konnte mich aber nicht an sie erinnern. Kein Wunder, sie war ja damals erst vier Jahre alt gewesen.

Der Weg ging durch zahllose Kuhweiden, vorbei an Ziegenherden, Beduinendörfern und hinein in das idyllische Nahal Zippori. In diesem Tal wollten wir an der Tachanat haNazarim, der Mönchsmühle, übernachten.
Die Mühle war ein malerisches Gebäude. Sie lag an einem kleinen Flüsschen, über das eine alte Brücke führte. Bis ins 19. Jahrhundert hatten hier Mönche gelebt und noch immer gehörte diese Mühle dem Vatikan. Nun war sie sorgsam restauriert worden, wobei moderne Elemente in das antike Gemäuer eingebracht worden waren.
Und doch lag die Mühle verlassen vor uns, einsam und zerstört. Die erst neu gebaute Inneneinrichtung war ausgeräubert und die Fenster zerschlagen worden. Was für ein Jammer! Wer tat so etwas? Zwei Tage später stand es in den Zeitungen - Vandalen hatten eine Israelflagge abgebrannt und die Einrichtung dieser antiken Stätte zerstört.
Hinter den Mauern der Mühle bauten wir uns einen Schlafplatz, der geborgen unter einer Weinlaube einen Blick über das Tal bereithielt. Wir begannen zu kochen. Was für ein Leben! Was für

ein freies Stromerleben! Was für ein Abenteuerdasein! Egal wo wir hinkamen, wir hatten immer alles dabei und brauchten gar nicht viel. Ich war ungewaschen, die Kleidung dreckig und dabei so frei. Wenn es uns irgendwo gefiel, konnten wir uns niederlassen. Auch in einer unwirtlichen Ecke machten wir uns mit Feuer und Kerze einen trauten Ort.
Endlich bin ich so richtig eingestromert und spüre die Abenteuerfreiheit, von der ich vorher nur geahnt hatte, dass sie existierte. Nun war ich darin angekommen. Na ja, so ungefähr jedenfalls. Als abends noch ein Auto vor die verlassene Mühle fuhr, war es mir doch nicht so ganz egal. Da war dann doch Angst und Sorge, dass jemand des Nachts vorbeikommen und uns etwas antun könnte.
Doch unsere Nacht wurde nur von dreisten Katzen gestört, die den Tisch erklommen, unsere Tüten zerbissen und Brotreste fraßen. Noch hatten wir ein wenig Müsli und etwas Wasser. Wir würden schon durchkommen.

Verträumter Nebel lag über dem Tal, die Sonne brach sich hindurch und wir zogen durch Wiesen, Weinberge und Granatapfelfelder in den Morgen. Zwei Jungen, die noch ganz verschlafen aus einer Hütte am Feldrand traten, sprach ich nach Wasser an. Und nachdem wir uns verständlich gemacht hatten, bekamen wir in gastfreundschaftlicher Manier gekühltes Trinkwasser.
Wir zogen durch arabische Orte. Ein älterer Herr hielt mit seinem Auto an, fragte ob wir schon gefrühstückt hätten, wir wären so langsam. Wir aber hatten unseren Rhythmus gefunden, waren eins mit uns und würden schon bald pausieren.

Wir wurden abgeholt. Wie schön, wie herzlich, wie unglaublich, mitten auf dem Weg von einer Freundin erwartet und abgeholt zu werden. Sogleich packte meine Freundin Heike eine Kühltasche aus. Der Traum unserer Wüstenentbehrung - einmal mit Kühltasche wandern. Es gab kalte Cola, Burekas und Pomelos. Sogar Servietten und Becher hatte sie mitgebracht. Welch ein ungewohnter Luxus.
Wie gut das tat, wie schön das war. Das entbehrungsreiche

Wanderleben ließ mich die liebevollen, willkommen heißenden Gesten viel stärker spüren. Fassungslos dankbar fühlte ich mich getröstet und beschenkt.
Wir fuhren fast eine Stunde, bis wir an einen Ort kamen, an dem ich einst gelebt hatte. Es fühlte sich so vertraut an, wie nach langer Zeit Nach-Hause-Kommen. Es war so normal, als wären nicht inzwischen schon Jahre vergangen.
Durch und durch verschmutzt und vor Dreck starrend, trauten wir uns kaum, uns zu setzten. Weiß bezogene Betten, weiche Matratzen, saubere Handtücher und Seife erwarteten uns. Es war wohltuend, so empfangen zu werden.
Und doch mussten wir uns erstmal organisieren - Duschen, Wäsche waschen, Geschirr spülen, Geräte laden. Noch waren wir unfähig, zur Ruhe zu kommen, anzuhalten, fühlten uns überreichlich beschenkt und ganz aufgewühlt.

Ich war wieder in meiner Irgendwie-zweiten-Heimat, an einem Ort, wo ich mich zuhause fühlte und gleichzeitig überhaupt nicht hingehörte. Da stand ich nun auf dem Hügel inmitten von Galiläa und schaute herab auf das Land. Hörte den Muezzin, sah dic vertrauten Olivenhaine, atmete die klare Luft und fühlte mich nicht anders, als vor Jahren. Gerade noch war ich auf dem Schwil gewesen, mittendrin in dieser zeitlosen Landschaft und fühlte ich mich so grenzenlos frei. Und dann, an meinem alten Wohnort, fühlte ich mich, zwar geborgen, aber doch auch gefangen und getrennt von dem Land.
Auf dem Schwil empfand ich mich als Teil der Landschaft, mitten im Leben drin und nah dran an den hiesigen Menschen. Vom galiläischen Hügel herab kam ich mir vor wie ein Beobachter, ein Besucher, nicht dazugehörig.
Aber wo gehörte man schon hin?! Auf dem Schwil kam ich mir als Deutsche, die nicht mal jüdisch und älter als die anderen Schwilisten war, irgendwie fremd vor. Und wieder zurück im alten Leben in Deutschland? Würde das Erlebte mich anders sein lassen? Aber wo gehörte man schon ganz dazu? Wo schon war man ganz zu Hause?

Es ging wieder raus aus meiner alten Heimat, wieder rein ins Abenteuerleben, wieder zurück in unser Wanderdasein. Im vollen Bus zwischen Religiösen, Drusen, Russen und Arabern ging es zurück auf unsere Strecke.
Wir erreichten den Schwil in Nazareth und begaben uns damit in eine andere Welt, in das bunte arabische Leben. Es war gar nicht so einfach für meine kleine Seele, in diesem Weltenwechsel hinterherzukommen. Nun tauchten wir in den Basar und das orientalische Lebensgefühl ein. Die Sprache, die Gerüche und der Lärm waren andere als im jüdischen Israel.
Hier in Nazareth hatte Jesus gelebt, hier hatte Maria erfahren, dass sie den Erlöser zur Welt bringen würde. Wie sollte man sich das vorstellen in einer so verkehrsreichen Stadt und in einer so modernen Basilika mit so vielen Menschen? Draußen in den Hügeln und Feldern, zwischen den Viehherden und den uralten Ölbäumen, in der zeitlosen Landschaft Galiläas, fühlte ich mich diesen Geschichten sehr viel näher.
Ich war noch nicht richtig angekommen in Nazareth, wollte weiter und wollte dennoch bleiben. Und dabei war ich nicht eins mit mir, grundlos reizbar, weit weg davon, den Faden aufzunehmen und abenteuerlustig weiter zu stromern.
Doch die Landschaft lud ein, breitete sich lieblich vor uns aus und überredete uns ganz sanft, Milde walten zu lassen. Zwischen den Bäumen eines Olivenhaines erblickten wir schon den Berg Tavor.
Unwillkürlich und ohne Vorrede brach dieser aus der Ebene der Landschaft hervor. Steil und doch abgerundet, ein Hügel, der herausstach, erhaben über allem stand, zum Widerspruch anregte, zum Hinschauen einlud. Ein eigenwilliger Berg. Jesus sollte hier erschienen sein, sollte verklärt worden sein, sein göttliches Antlitz gezeigt haben. Ja, auf diesem Berg konnte ich mir das vorstellen.

Wir trafen unsere Schwil-Bekannte, Omri und Tal, die wir schon einige Male gesehen hatten. Sie schlugen uns eine Wette vor. Wer den Namen der anderen vergaß, musste etwas ausgeben. Einverstanden! Nun erfuhren sie aber nicht, wie sonst üblich, mit

„Dorit“ die hebräische Variante meines Namens, sondern die für Israelis unaussprechliche deutsche. Die Wette würden wir wohl gewinnen.
Wir wollten am Fuße des Berges Tavor schlafen, doch fanden wir in der untergehenden Sonne keinen geeigneten Rastplatz. Ein Einheimischer sprach uns auf Schweizerdeutsch an. Es war Suri Shibli, Sohn einer Schweizerin und eines Arabers aus Shibli, dem Dorf, in das wir inzwischen angelangt waren. Suri lud uns ein, bei ihm zu übernachten. Er habe jedoch noch etwas vor, wir sollten in der Zeit kurz in der Bar seines Freundes warten.
Die Bar lag außerhalb des Ortes. Das Wort Bar beschrieb diese Lokalität nicht so ganz genau. Im Prinzip war es eine Werkstatt mit Billardtisch und Fitnessgeräten und vor allem ein geheimer Männer-Zufluchtsort mit Alkoholausschank. Und dort saßen wir dann in der Garage auf alten Sesseln zwischen den Herren des Ortes. Immer wieder fuhren Autos vor, wurde Alkohol gekauft und unauffällig in Tüten verpackt, denn eigentlich ist Moslems Alkohol nicht erlaubt.
Als wir den Ort betreten hatten, war mir nicht klar, was hier für Menschen lebten. Der Baustil wirkte arabisch. Aber wohnten hier Moslems, Christen oder Drusen?
Es war noch ganz anders als gedacht: wir waren in einem Beduinendorf gelandet. Seit knapp einhundert Jahren war der Stamm Shibli am Tavor sesshaft. Nach ihrem Stamm tragen alle Einwohner den Familiennamen Shibli. Als während des Unabhängigkeitskrieges die meisten Beduinen in die arabischen Nachbarländer flohen, blieb dieser Stamm in Galiläa. Die Einwohner von Shibli hängten damals ihr Schicksal an das der Juden und kämpften Seite an Seite mit ihnen.
Lange unterhielt ich mich mit einem sehr ernsthaften und überlegten Mann in dieser Garagen-Bar. Wie sein Leben hier wäre. Er meinte, um das zu beurteilen, müsste man vergleichen. Es ginge ihm besser als seinen Verwandten in Jordanien.
Und doch wäre es schwer für ihn als Beduine. In der beduinischen Tradition lebten die Großfamilien eng zusammen. Er wünschte, auch seine Kinder könnten mit ihren Familien im Ort bleiben. Aber das Land war rar, gehörte der Regierung und nur

alle paar Jahre wurde neues Bauland freigegeben. Die Preise wären enorm hoch. Allein das Grundstück für ein Haus würde circa 100.000 Euro kosten.
In den arabischen Orten gab es keine Mietwohnungen. Inzwischen zogen deshalb immer mehr Araber in ursprünglich rein jüdische Städte wie Nazareth Illith oder Afula, da es dort Wohnraum zu mieten gab.
Vor der Bar sitzend schauten wir herab auf den reichen jüdischen Nachbarort Kfar Tavor. Man käme gut miteinander aus, es wäre friedlich, betonten unsere Gesprächspartner. Überhaupt würden die Juden den Beduinen noch eher als anderen Arabern trauen, denn schließlich dienten sie zusammen in der Armee. Ungefähr fünfundsiebzig Prozent der männlichen Beduinen waren in der Armee, die meisten als Fährtenleser. Aber sie hätten auch keine andere Chance, wurde uns erklärt. Wer nicht bei der Armee war, würde auch keine ordentliche Arbeit bekommen.
Die Einwohner von Shibli waren sogar mal Christen gewesen, allerdings nur ein Jahr lang: 1952, kurz nach dem Unabhängigkeitskrieg Israels, als die politische Lage unsicher war. Damals flohen die Beduinen Shiblis auf den Berg Tavor, suchten im dortigen Kloster Schutz und gaben an, Christen werden zu wollen. Der Mönch, so erzählte man uns, soll an den Beduinen verzweifelt sein. Auch nach einem Jahr unablässiger christlicher Lehre sprachen diese noch über Mohammed.

So spannend die Geschichten auch waren, ich war einfach müde. Und als auch nach einigen Runden Billard und dem Durchtesten aller Fitnessgeräte immer noch kein Suri erschienen war, brauchten wir eine andere Lösung. Diese bestand aus dem Gästehaus von Diab Shibli und seiner Frau Lulu.
Diab Shibli, ein milde schmunzelnder älterer Herr, empfing uns wohlwollend. Nichts ahnend waren wir an einen Kenner der beduinischen Kultur geraten. Schon als Junge hatte er begonnen, Alltagsgegenstände der Beduinen zu sammeln. Inzwischen war daraus ein ganzes Museum geworden. Als einer der ersten Beduinen hatte er studiert und wurde der erste Bürgermeister von Shibli.

Am nächsten Tag führte er uns durch sein Museum, das inzwischen ein ganzes Haus füllte. Eine Kaffeemühle in seiner Sammlung begeisterte mich. Es war eigentlich ein Holzfass mit Mörser, in dem der Kaffee zerrieben wurde. Dies geschah in einem tanzenden Rhythmus, den uns Diab vorführte. Früher, als die Beduinen noch in Zelten lebten, lud dieser Klang zum Kaffeetrinken ein.
Wir bekamen am Ende Kräutertee geschenkt, eine eigene beduinische Mischung. Diab meinte, die alten Beduinenfrauen wären wie Ärzte. Sie wüssten genau, welche Kräuter gegen welche Beschwerden helfen. Und dieser Tee war unglaublich. Wann auch immer wir uns auf der weiteren Reise schwach fühlten, dieser Tee klärte, stärkte und machte gesund.

Der Berg Tavor lag nun vor uns. Und eigentlich hatte ich gedacht, nach so langer Zeit der Wanderschaft müsste man jeden Berg mit Leichtigkeit erklimmen. Aber der Rucksack war nach all der Zeit immer noch schwer, der Pfad immer noch dornig und ich wohl immer noch nicht fit.
Während wir auf diesen einsam aus der Jesreel Ebene herausragenden Berg kletterten, blickte ich in alle Himmelsrichtungen. Was für ein Land! Am Fuße des Berges lag das Beduinendorf unweit des moslemisch arabischen Ortes, daneben der jüdische Moschav und am Horizont die christliche Stadt. So verschiedene Völker und Religionen lebten ohne große Berührungspunkte und mit vielen Vorurteilen nebeneinander. Und doch betonten alle, mit denen wir redeten, dass es ein gutes Miteinander wäre. Je mehr Facetten dieses Landes ich kennenlernte, je mehr ich begriff, desto so weniger verstand ich. Da half auch kein Berg Tavor, kein Berg der Erleuchtung.
Für uns wurde der Tavor jedoch ein Berg der Begegnung. Auf dessen Spitze trafen wir Nadar. Ihn hatten wir noch vor Beginn seiner Reise auf dem Berg Carmel getroffen. Er wollte den Schwil mit einem Pferd bereisen. Seitdem hatte ich oft überlegt, wie es ihm ergangen war, wie er das Tier überzeugte, diese Wege zu gehen.

Glücklich strahlte er uns aus seinem unrasierten Gesicht an. Er genoss die Zeit mit seinem tierischen Gefährten. Alle schwierigen Stellen umritt er, fand parallele Feldwege oder nahm die Straße.
Sein Gepäck war weitaus spärlicher als unseres. Er hatte zwar ein Zelt, aber sein Proviant bestand nur aus Fladenbrot und Nutella. Nicht einmal Geschirr hatte er mit. Und so luden wir ihn zu unserer Luxus-Pilgervariante ein. Wir kochten Kardamom-Kaffee mit Milchpulver und Beduinentee. Dazu breiteten wir Brot und Käse aus und bastelten ihm aus einer Colaflasche Tassen.
Und dann trafen wir unsere allererste Schwilisten-Gruppe wieder. Inzwischen war aus der Jungengruppe mit Mädchen eine reine Männerrunde geworden. Das Mädchen hatten sie „verloren", die reiste nun mit einer anderen Gruppe, aber man grüßte sich noch. So lange waren wir schon unterwegs. Unsere Wege hatten sich nun schon oft gekreuzt. Und auch wenn jeder in seinem eigenen Rhythmus lief, trafen wir uns doch immer wieder.

Am Abend dieses Tages stiegen wir vom Tavor herab. Wieder einmal wurden wir in diesem Land, in dem wir Fremde waren, von Freunden abgeholt. Was für ein Geschenk, empfangen und herzlich aufgenommen zu werden. Menschen, die wir eigentlich kaum kannten und uns doch durch die Wüste vertraut geworden waren, erwarteten uns: Tal und Itai, unsere guten, wohlerzogenen Jungs.
Vor Wochen hatten sie uns im Negev schüchtern gefragt, ob wir mit ihnen ein Stück wandern wollten. Sie waren dabei so höflich zurückhaltend und konnten doch ihren Schalk und Hinterwitz nicht verbergen.
Drei Jahre hatten sie gemeinsam auf einer Army Base verbracht. Während Itai da ihr „kleines Land verteidigte", vergnügte sich Tal mit seiner Armee-Freundin. Dafür kannte sich Tal jetzt mit gesunder Beziehungsführung aus und Itai holte sich nun täglich telefonischen Rat bei ihm. In einer Tour ergaben sich kleine Sticheleien, zur Schau gestellten Debatten und dazwischen wortloses Verstehen. Sie waren ein eingespieltes Team, in dem ich unser Wander-Duo wiedererkannte. Auch wir waren vertraut

miteinander. Unausgesprochen wussten wir, wie es der anderen geht, wussten, welche Bemerkungen erheitern und welche schmerzen würden.
Tal wohnte bei seinen Eltern in Kfar Tavor, einem kleinen Dorf am Fuße des Berges Tavor. Gestern hatte mir ein Beduine in der Bar erzählt, dass in diesem Dorf nur reiche aschkenasische Juden leben. Aschkenasen sind Juden, die aus Europa stammten und in Israel im Gegensatz zu anderen Bevölkerungsgruppen, ein höheres Ansehen genießen.
Auch Tal und seine Eltern sahen europäisch aus. Überraschenderweise stammten sie aus Marokko. Nach der Staatsgründung Israels hatten sich seine Eltern und ihre Familien nach Frankreich und Israel aufgemacht. Keiner ihrer Verwandten lebte mehr in der alten Heimat. Einmal mehr wurde ein Vorurteil widerlegt. Es wohnten also nicht nur Aschkenasen in Kfar Tavor.
Spät abends führten uns die beiden Jungs nach Kfar Kama in ein kleines Gartenrestaurant aus. Und nun kam ich nicht mehr hinterher. Nach dem jüdischen, dem beduinischen, dem arabischen und dem christlichen Ort waren wir nun in einem tscherkessischen Dorf gelandet.
Tscherkessen kamen eigentlich aus dem Kaukasus und gründeten bereits im 19. Jahrhundert dieses Dorf. Noch immer sprachen sie eine eigene Sprache, waren Moslems und heiraten unter sich. Sie gingen jedoch in jüdische Schulen und dienten im israelischen Militär. Eine weitere Facette dieses Landes, die das Bild noch bunter machte und mich noch mehr verwirrte.

Unser Weg führte am nächsten Tag hinab zum See Genezareth. Langsam schlängelte sich das Wadi Karneel, holte aus und führte uns umrandet von Oleander bis tief unter den Meeresspiegel. Der Blick weitete sich diesig über den See Genezareth, die Golanhöhen und das Jordantal. Doch die Sonne brannte, glühte und stach. Keine Pause brachte auf diesem schattenlosen Weg Erholung. Eine Zeit lang begleitete uns der Jordan, der als kleiner Bach unter Eukalyptusbäumen gemächlich dahinzog. Unglaublich, dass dieses Flüsschen, dem wir fast an seiner breitetesten

Stelle begegneten, der Jordan sein sollte! Unfassbar, dass dies der legendenumwobene Fluss war, der sowohl für Israel als auch Jordanien die wichtigste Trinkwasserquelle darstellte!
Hitzebenebelt suchten wir am Ufer des Jordan unter den Schilfdächern eines Bootsverleihs Schatten. Wir durften länger bleiben. Auf einem kleinen Feuer standen Kaffee und Tee bereit, Matratzen und Teppiche luden zum Ausruhen ein. Die glühende Hitze lähmte den Verstand, doch ein Bad im Jordan brachte für kurze Zeit Abhilfe. Die Luft kühlte auch bei aufkommendem Wind am Abend nicht ab. Selbst das nächtliche Gewitter samt ein paar Regentropfen war machtlos dagegen.
Es war die Nacht des Lag bar Omer, ein Fest bei dem in ganz Israel Lagerfeuer entfacht wurden. Das Ufer des Jordan schien dafür ein beliebter Platz zu sein.
Eine romantische Angelegenheit, dachte ich. Doch es kam anders. Es begann mit Musik aus einem Auto am nahen gegenüberliegenden Ufer. Dann erschien ein Scheinwerfer, der den Weg für einen Generator bot und schließlich betrieb dieser eine Musikanlage, die mühelos jedes Stadion hätte beschallen können. Dance Music in Diskolautstärke schepperte über den Jordan und wurde von Knallkörpern und Feuerwerk umrahmt. Was für eine Party in dieser schwülen Nacht, in der ich eigentlich nur schlafen wollte.
Wir ergaben uns, standen auf und verbrachten Stunden am Feuer mit Offer. Offer lebte auf dem Gelände des Bootsverleihs und bewachte es nachts. Er war kurz zuvor nach zehn Jahren aus Indien zurückgekehrt. Eine typisch israelische Geschichte: Israeli ging nach der Armee ins Ausland auf Reisen, vorzugsweise nach Indien oder Südamerika. Und dann blieb er, manchmal für immer.
Offer hatte schon zu studieren begonnen, doch dann wurden aus den Semesterferien in Indien Jahre. Er hatte sich in Indien verliebt, dort gefunden, was er in seinem Land vermisst hatte. In Indien brauchte man nichts zu sein. Wir wären auch nur Tiere und auch nicht mehr wert als jede Ameise. Das Heute zählte nicht, das Leben wäre nur kurz und unbedeutend im Angesicht zahlloser Wiedergeburten. Ihn befreite es, nichts sein oder

erreichen zu müssen. Er wäre glücklich und frei, er hätte nicht viel und das reichte ihm. Frei wirkte er, frei und ungebunden und doch auch ungeborgen und heimatlos. Offer plante, mit Freunden eine Farm zu kaufen und dort Unterkünfte im Tipi anzubieten.
Ungefragt erzählte er uns noch seinen Lieblings-Judenwitz: „Warum haben Juden so große Nasen? Die Luft ist umsonst." Er konnte sich kaum vor Lachen halten und amüsierte sich über unsere irritierten Gesichter.
Nach einer durchwachten Nacht brachte uns nichts richtig in Gang. Wir schleppten uns am See Genezareth entlang. Die nächsten Tage würde es heiß bleiben. Der Weg würde sich fern von Ortschaften ziehen und der Schabbat nahte. Auch im Norden war die Wasser- und Essensbeschaffung nicht so einfach wie gedacht. Noch einmal wollten wir uns eine ordentliche Unterkunft gönnen, noch mal Sachen waschen und duschen.

Wir landeten in einem ausgesprochen frommen Gästehaus. Schwierig für Wanderrabauken, wie wir es geworden waren. Einheitliche Essenszeiten, Rauchverbot, Gebetszeiten, Lächeln, Fragen nach unserem Glauben.... Nach Wochen in Freiheit, allein bestimmt von der Natur, empfanden wir das als ungewohnte Beschneidung.

Im nebelwogenden Morgen machten wir uns auf. Wir liefen durch Wiesen und Plantagen und begegneten dem noch stillen, unberührten Tag. Schon bald erreichten wir das Wadi Amud. Unfassbar, diese Farben, zusammengestellt wie für einen romantisch verklärten Film.
Das weiße Kiesbett wurde von rosa blühendem Oleander umrandet und war eingefasst von goldglänzendem Gras, das nur von violett leuchtenden Disteln durchbrochen wurde. Obwohl es noch Mai war, war das Gras schon ganz trocken. Es leuchtete gelb, aber vielmehr noch golden, glänzend. Ein tröstlicher Anblick, warum auch immer. Ich war nicht zum ersten Mal in diesem Tal, aber ich hatte seine Schönheit vergessen und nun nahm sie mich ganz ein.

Immer wieder kreuzten wir das Flussbett, das noch Wasser führte und dann auch wieder trocken vor uns lag. Bäume überdeckten den Weg und bald schon ragten von Höhlen durchzogene Felsen zu beiden Seiten des Wadis auf. Kleine Wasserlöcher und halb verfallene Mühlen, zu denen alte Steinbrücken führten, zierten den Weg. Es war allerliebst.
Mal wieder begegneten wir dem israelischen Massenphänomen. Der durchschnittliche Israeli schien nicht gern allein unterwegs zu sein. Drei große Gruppen trafen wir in diesem einsamen Tal. Rüstige Senioren wanderten auf den schmalen Klippenpfaden. Sie machten Pausen, berieten ausführlich, wie der nächste Fels zu besteigen wäre und kommentierten alles lauthals. Wir Stille-Sucher entgingen ihnen auch nicht, obwohl wir versuchten, rasch zu entkommen.
Der Abend kam schneller als gedacht. Wir hatten uns verplant, waren langsamer als geahnt und wollten einen Rastplatz außerhalb des Tals erreichen. Wir wurden hektischer. Immer schneller zog die liebliche Landschaft an uns vorbei. Keinen Blick würdigten wir ihr mehr. Nur weiter, schneller, raus aus dem Tal, ein Lager finden.
So lange waren wir schon unterwegs und wieder machten wir denselben Fehler. Wieder war es Abend und wir wussten nicht, wo wir schlafen sollten. Die Angst trieb uns voran und doch mussten wir uns ergeben.
Im Halbdunkel schlugen wir uns verzweifelt ins Gebüsch. Wir scharrten uns eine winzige Liegefläche frei, die kaum für unsere Matten reichte. Die Angst hatte den Hunger vertrieben, die Sprache verschlagen. Kein Wort wechselten wir, unausgesprochen wussten wir, es würde nur schlimmer. Wortlos rollten wir unsere Matratzen aus und legten uns hin.
Wieder waren wir ausgeliefert - der Natur, der undurchdringlichen Dunkelheit, den Tieren, den Menschen. Ich hatte genug, wollte nach Hause, wollte in meinem Bett schlafen, wo niemand vorbeikommen konnte und nichts mich gefährdete. Ich wollte wieder einmal sicher sein. Nachts wachte ich auf. Ein Tier hechelte an meinem rechten Ohr. Als ich mich umdrehte, um danach zu schauen, verschwand es. Ein Wolf? Einer der Schakale,

die wir von weitem hatten heulen hören? Keine Ahnung. Ich wollte weg. Genug des Schwils. Genug des Abenteuers!

Wir mussten weg von diesem unheimlichen Ort. Beim ersten Licht brachen wir auf und erklommen weiter den Berg. Am Vortag waren wir von 200 Meter unter dem Meeresspiegel auf 400 Meter über dem Meeresspiegel gestiegen. Nun sollte es weiter auf den höchsten Punkt des Schwils gehen - auf den Meron, auf 1200 Meter.

Schon bald hatten wir den dunklen Wald hinter uns gelassen und gelangten zu dem Picknickplatz, den wir abends nicht mehr erreicht hatten. Nun war alles gut.

Dort saß unser Freund Ariel. Vor Wochen hatten wir ihn im Forester House kennen gelernt und waren später bei seinen Eltern zu Gast gewesen. Er war allein weitergewandert und manchmal haben ihn Freunde begleitet. Er strahlte, als er von der Freiheit des Wanderns berichtete und erzählte, wie es war, irgendwo zu schlafen. Er hatte kaum Essen und Trinken dabei, aber sein Rucksack war dadurch leicht.

Wir luden ihn auf einen Kaffee ein. Er misslang, war zu dünn. Es wäre ein „Kaffee Chawerim", ein Freundeskaffee. Ein Kaffee, der so dünn wäre, dass man durch ihn hindurch seine Freunde sehen konnte.

Ariel wollte sich noch am selben Tag mit Freunden treffen. Diese reisten extra von zu Hause an, um mit ihm weiter zu wandern. Sie könnten auch für uns etwas mitbringen. Unser Kaffee ging zur Neige, Zucker und Zigaretten sowieso.

Noch immer wollte Christina nicht verstehen, dass wir ein Problem hatten, wenn ich keine Zigaretten hatte. Ariel aber verstand dies und teilte mit mir seine letzten Vorräte.

Der Picknickplatz hinter uns war vermüllt. Ariel meinte, es läge an Lag BaOmer, dem Feiertag, der vor zwei Tagen stattgefunden hatte. Hier am Meron, unweit der Stadt Safed, fanden die Hauptfeierlichkeiten dieses Festes, am Grab des Shimon Bar Jochai, statt. An diesem Tag bekommen die dreijährigen orthodoxen Jungen ihren ersten Haarschnitt und dann zum ersten Mal eine Kippa aufgesetzt. Dieses Jahr wären 60.000 bis 70.000

Orthodoxe angereist. Ariel meinte, in Wirklichkeit wäre es eine drogengeschwängerte Raver-Party unter frommen Mantel. Ob da was dran ist?

Abseits des Schwils kletterten wir zum Grab des Rabbi Schimon Bar Jochai, eines der Gründer der Kabbala, auf. Shimon Bar Jochai hatte sich in dieser Gegend zwölf Jahre lang versteckt und die Thora studiert. Danach war er heiliger als alle anderen Juden, so heilig, dass er allein durch seinen Blick verbrennen konnte. Wir erklommen den Hang zu seinem Grab, an dem noch zahllose Religiöse kampierten. Wir schoben uns durch die Massen, die herablassend auf uns blickten. Auch als ich eine lange Hose, Bluse und Kopftuch aus meinem Rucksack heraus kramte, wurde ich den frommen Erwartungen des orthodoxen Publikums nicht gerecht. So wollte man uns nicht an das Grab des heiligen Rabbis lassen. Verachtungsvolle Blicke streiften uns. Wir bogen ab. Dann sahen wir Ariel zwischen den Religiösen. Aufrecht, stolz und sanft stand er da in seinen kurzen Hosen und redete freundlich mit ihnen. Als wir zu ihm gingen, meinte er, er könnte nicht mehr. Er wäre fertig, müsste sich ablaufen, runterkommen. Fragend äußerte er, was dies für ein Land sei, was das für Menschen wären. Die Orthodoxen lebten von den Steuern der unreligiösen Israelis und respektierten nichts. Nicht das Land, nicht die normalen Israelis und keine anderen Lebensformen. Sie steckten ihr Geld lieber in ihre ‚abgefahrenen Pelzhüte', als in ihre Kinder, von denen sie mindestens zwölf hätten.

Als wir Ariel später wieder trafen, erzählte er von seiner religiösen Verwandtschaft. Seine Onkel mütterlicherseits waren berühmte Rabbiner und seine Mutter das schwarze Schaf der Familie. Seine Cousins waren fromme Siedler. Wenn er diese traf, berichteten sie stolz, in welches Araberdorf sie eingedrungen waren, was sie dort zerstört oder abgebrannt hatten. Sie hassten Araber und wollten diese vernichten. Einer hatte einen Imam den Schädel eingeschlagen. Sein Cousin wollte nun auch zur Armee. Warum? Weil es cool wäre, ein Maschinengewehr zu tragen. Unseren Freund Ariel hatte ich nun schon in so vielen

Situationen erlebt. Er war zu allen Menschen respektvoll und freundlich, egal, ob es Religiöse, Moslems oder Drusen waren. Allen begegnete er freundlich und menschlich.
Später an einem Rastplatz saß eine Drusen-Familie neben uns. Das Familienoberhaupt trug die traditionellen weiten Hosen und auf dem Kopf eine weiße gehäkelte Kappe. Ariel begrüßte ihn aufmerksam und fragte, woher sie kamen. Dann berichtete er, schon öfters in deren Dorf gewesen zu sein. Ein drusischer Freund hatte ihn eingeladen. Wenn man bei Drusen zum Kaffee eingeladen war, entstand daraus ein Festmahl, zu dem mindestens eine Ziege geschlachtet wurde. Bei ihnen wurde Gastfreundschaft groß geschrieben, so berichtete Ariel.
Wir erklommen den Meron, immer weiter hoch auf den höchsten Berg Galiläas. Hier hatte meine Geschichte mit dem Schwil begonnen. Vor Jahren war ich hier wandern und hatte die Markierungen des Nationalwanderwegs gesehen. Mein Wunsch, den Schwil einmal zu wandern, hatte hier seinen Anfang genommen. Trotz des mühsamen Weges tröstete der Ausblick. Ganz winzig, wie eine kleine Mulde, lag entfernt der See Genezareth, umhüllt von den Höhen des Golans. Zwei Tage zuvor waren wir noch dort unten gewesen und nun 1400 Meter höher. Über allem ragte schon der Hermon, der höchste Berg Israels und das Ziel unserer Reise. Das Ende kam näher.

Die Nacht wollten wir auf dem Gelände der Meron-Feldschule verbringen. Dort dürfte es zumindest Wasser geben. Gemeinsam mit einer Gruppe Jungs, die einen streunenden Hund ‚adoptiert‘ hatten, lagerten wir uns um eine Schwilisten-Unterkunft.
Diese war zwar verschlossen, aber es fanden sich weiche Matratzen, die wir vor das Häuschen legten. Einer unsere Wanderkumpane erklärte mir, da unweit eine Army Base war, müsste es hier einen Pizzaservice geben. So wäre es überall in Israel.
Und so war es. Da die Pizzeria in einem Drusen-Dorf war, wurden wir auch am Schabbat beliefert. Für die Drusen, eine Abspaltung des Islams, ist der Donnerstag heilig. Nur die gewünschte Wein- und Zigarettenlieferung konnten die traditionellen Drusen nicht umsetzen. Dennoch war es ein Fest. Pizza und

Cola - so gefiel mir das entbehrungsreiche Schwilisten-Leben! Schon halb im Schlaf begannen die Jungs plötzlich, laut zu schreien, rannten panisch zum nächsten Haus und retteten schnell noch ihr Notebook. Ein Wildschwein kämpfte sich laut grunzend durch Müllsäcke, die in unserer Nähe lagen. Ich drehte mich um und schlief weiter. Nach dem Wolf von letzter Nacht konnte mich kein noch so fettes Schwein mehr erschrecken.

Für die letzte Strecke wünschte ich mir mal wieder, auf einem geraden Weg ohne Steine, Dornen und das ewige Auf und Ab zu wandern. Aber nein, der Schwil blieb der Schwil und wieder ging es durch Dornen, Spinnweben, Steine und Felsen mühsam weiter.

Eigentlich wollten wir nur noch ankommen, aber anständig ankommen. Also weiterlaufen.

Der Schwil führte durch das Wadi Ziwon und das Wadi Dischon mit viel Wasser und Wasserdurchquerungen und zahllosen Kühen. Einmal rief es hinter uns. Es waren Ariel und seine Freunde und damit unsere Rettung. ‚Unser Problem‘ war gelöst. Wir hatten wieder Kaffee und Zigaretten.

Nachts wollten wir im privaten Campingplatz von Ruven Hirsch bleiben. Wir waren die einzigen. Es wäre richtig nett gewesen, wenn es nicht gestürmt oder wenn wir ein Zelt gehabt hätten. Und doch bot uns der Campingplatz den Luxus, an einem erlaubten Platz zu nächtigen und auf einem Sofa sitzend das Feuer zu schüren. Die Schakale heulten noch lange und ließen uns doch in Ruhe.

Wir umwanderten das Hule Tal. Einen halben Tag lang saßen wir am Aussichtspunkt Keren Naftli, unter dem sich das Tal ausweitete. In der Ferne sahen wir den Hermon, dessen streifenförmige Schneereste täglich kleiner wurden.

Wir kochten Kaffee, schauten auf die Landschaft und übten uns im Nichtstun. Gruppen kamen vorbei. Quad fahren schien im Trend zu liegen. Hier hießen diese Gefährte Traktoronim, was ja ganz gut zu dem gegebenen Lärmpegel passte. Wir trafen Teile der Schwilisten Gruppe mit Hund. Dieses Mal war ein Mädchen

inniglich mit einem der Jungs vereint. Noch vor zwei Tagen hatte ein anderer Kavalier ihre Gunst genossen. Ja sie wollten nur schnell den Weg beenden, dies wäre ‚Teil des Spiels'. Welches Spiel eigentlich?
Im nahen Moschav Ramat Navtali hatte ein Trail Angel einen alten Kindergarten angemietet. Es waren jedes Jahr mehr Schwilisten gekommen, so dass sein Haus nicht mehr ausgereicht hatte.
Ein Plakat hing da vom Gallilee Man, Carlos Goldberg, der mit seiner Familie in diesem Moschav lebte. Er war den Schwil Israel ganz allein in zwölf Tagen gewandert. Unglaublich! Er sei ein verrückter Typ, erklärte man uns. Auch den Appalachian Trail in Amerika wäre er in Rekordzeit gewandert. Gleich zu Beginn hatte er sich seine Rippen gebrochen und nachts vor Schmerzen und Einsamkeit geweint. Beeindruckt standen wir vor seinem Poster und kamen uns dagegen ganz schwach und langsam vor.
Der alte Kindergarten bot alles, was eine Schwilisten-Seele brauchte. Wasser, Dusche, Herd und sogar noch ein Klavier, vor das sich Christina auf einen Kinderstuhl setzte. Und dann ging es los, lauthals sangen wir unsere Lieder durch das Haus.
Bis die nächsten Wanderer eintrafen. Zwei Mädchen, die sich gleich verstohlen in einer Abstellkammer verkrochen und dort ihr Lager errichteten. Nach dem ersten Glas Wein tauten auch sie auf und erzählten ihre Geschichte.
Sie kannten sich, wie kann es auch anders sein, aus der Armee. Da hatten sie als Sport Coaches gearbeitet und gaben uns nun ihre Profitipps weiter. Wir hatten ja schon manches auf dieser Reise gelernt, aber Puder unter die Füße zur Verhinderung von Hornhaut, das kannte ich noch nicht. Sie hatten vor einem Jahr die Armee beendet, gejobbt und wollten nun nach Indien und dann irgendwas studieren. Der typisch israelische Weg.
Die Jungengruppe mit Hund traf ein, dieses Mal in neuer Konstellation. Nimrod hatte sich angeschlossen. Als wir ihn vor Wochen zusammen mit seiner Freundin kennengelernt hatten, war er ein freundlich schüchterner Sonnyboy gewesen. Noch vor ein paar Tagen war er schreiend vor den Wildschweinen weggerannt und hatte anschließend unter dem Vordach eines Hauses unter

einem Moskitonetz geschlafen. Jetzt, als Mitglied der coolen Männergruppe mit Hund, war auch er zum Mann geworden. Großspurige Machosprüche umgaben ihn, während er stolz seinen durchtrainierten Oberkörper einsalbte. Was der Weg so alles mit seinen Wanderern machte! Angesichts der Testosteron-geschwängerten Luft im kleinen alten Kindergarten fürchtete ich um meine Nachtruhe. Da musste ich die gestrenge Mutti geben und bat freundlich, aber entschieden, das Licht zu löschen. Das Signal wurde verstanden und die Nacht wurde friedlich.

Folgende, gesammelte Schwil-Erkenntnisse wurden uns an diesem alkoholgeschwängerten Abend noch zu teil:
Wenn du einen hohen Berg vor dir siehst, sei gewiss, auf diesen musst du hinauf.
Wenn du nicht sicher bist, ob der Weg hoch oder runter geht, dann wisse, er geht immer hoch.
Die Anzahl der Kühe, die du treffen wirst: 4583. Die Anzahl der Ruinen, die du sehen wirst: 435.
Die Anzahl der Ruinen, die dich interessieren: 0,3. Sei unbesorgt, jeder Tag endet mit einem Anstieg.
Der Hauptgrund für Mädels den Schwil zu gehen: Abnehmen.
Mir fielen gleich noch mehr wesentliche Erfahrungen ein:
Wenn Du nicht weißt, wo es lang geht und du denkst, dies kann kein Wanderweg sein, sei gewiss, du bist auf dem Schwil!
Immer wenn Du kein Gas mehr hast, wird im größten Supermarkt am Weg auch keines zu finden sein. Wenn Du aber genügend Vorräte hast, wird es auch in jeder noch so kleinen Klitsche Gas zu kaufen geben.
Das Wetter auf dem Schwil ist entweder zu kalt oder zu heiß.
Die Frage, die dir immer als erstes gestellt wird: Wie alt bist Du?
Alternativ bei Israelis: Wo hast Du gedient?
Das Tagesziel ist mindestens drei und eigentlich fünf Kilometer weiter, als du vorher berechnet hast.

Unser letzter ganzer Wandertag bot noch einmal das ganze Spektrum des Schwils. Flussdurchquerung, Dornweg, senkrechte Felswände, Ruinen, Grabmal, bergauf und bergab

klettern, auch eine feine asphaltierte Straße, eindrucksvolle Ausblicke und insgesamt 800 Höhenmeter Anstieg und 700 Meter Abstieg. Bis zum Schluss zeigte uns der Schwil sein unverfälschtes Antlitz und schenkte uns nichts.
Der Hund unserer coole Männergruppe wollte mit uns wandern und ließ sich nicht davon abbringen. Ich verstand ihn. Noch am Abend hatten sich die Jungs über ihn lustig gemacht, ihn eine Blondine genannt und statt Futter nur Wasser gegeben. Das würde ich denen auch krumm nehmen.
Wo aber sollten wir mit dem Hund hin? Wir mussten also warten, bis auch die coolen Männer aufstanden und uns einholten. Großspurig ermahnte uns Nimrod, wir sollten ihnen den Hund nicht wegnehmen. Als ob wir uns das ausgesucht hätten! Immer wieder hängte sich die Blondine an uns an und wollte wohl lieber in einer Mädchengruppe reisen.
Irgendwann überholte uns Danielle. Vor Wochen war sie noch mit Nimrod gereist, gestern mit einem anderen Typen und nun ganz allein. Sie hatte sich getrennt. Wir sollten das der Jungs-Truppe mitteilen. Gestern hätte sie etwas Falsches gegessen und nun ginge es ihr schlecht. Nun wollte sie schnell den Schwil beenden.
Die Erklärung ihres Begleiters, der kurz zuvor genervt an uns vorbeigerannt war, hatte anders geklungen. Der wollte seine Ruhe und allein sein. Sie versuchte uns aufzuklären: Es wäre eine Seifenoper. Sie war mit einer Gruppe aufgebrochen, ab Tel Aviv mit Nimrod gereist, der vorher auch in einer anderen Gruppe gewesen war. Ich kam nicht mehr hinterher, als sie mir die verschiedenen Gruppen, Aufspaltungen und Neuzusammenfügungen erklärte. Dies alles wäre ‚Teil des Spiels', Teil des Schwil-Erlebnisses. Ein Schwil-Aspekt, den ich bisher zu wenig beachtet hatte. Diese Erfahrung fehlte mir noch. Also schlug ich Christina vor, wir könnten uns doch schnell noch aufspalten und neu mit anderen formieren, damit auch wir diese ureigene Schwil-Erfahrung erleben könnten. Und so überlegte ich, welcher Gruppe ich mich noch gern anschließen könnte. Doch diese Debatten der Großgruppen über Essen, Aufstehzeiten, Übernachtungen - nein, das musste dann doch nicht sein.

Der Weg war unglaublich schön, führte auf halber Höhe entlang der Berge, die das Hula Tal umgaben. Weit fiel der Blick übers Tal bis hinauf zum Golan. Der Hermon nahte und wurde, je näher wir kamen, um so kleiner, um so weniger eindrucksvoll. Schon am nächsten Tag würden wir unser Ziel erreichen. Wie würde das sein?

Ein letztes Mal standen wir schmerzvoll auf und begannen langsam, unsere geschundenen Glieder zu bewegen. Ein letztes Mal einpacken, eincremen und in die schmutzigen Sachen steigen. Der Tag des Zieleinlaufes.
Ein Triumphzug hätte es sein sollen, fröhlich singend, Fahnen schwenkend, so hatte ich ankommen wollen. Allein die Wegstrecke eignete sich dafür wenig. Zunächst ging es entlang viel befahrener Straßen. Und dann war der Weg durch das Wadi Senir verschlossen.
Eine Gruppe junger Wanderer kam uns entgegen. Schon von weiten riefen sie fragend, ob wir in Eilat gestartet seien. „Kol ha kawod", alle Achtung, riefen sie voll Bewunderung.
Die Emotionen liefen über, Gefühle brachen sich Bahn, Tränen stiegen auf, dünnhäutig, wie ich geworden war. All die Zeit, die wir unterwegs gewesen waren, die Strecken, Anhöhen, Kilometer, die Nächte in der Natur, immer aufpassen, unterwegs sein und noch nicht ankommen. Und beim Ankommen schon das Weitergehen planen. Diese Rastlosigkeit. Und dieses Ausgeliefertsein, nie sicher und nie geschützt sein, und wenn, dann nur für einen kurzen Moment.
Ich wollte diesen Weg gehen und wollte ihn zu Ende bringen. Es war nicht um das Ziel gegangen und doch wollte ich am Ziel ankommen.
Und dann, ganz kurz vor Schluss, stieg auch ein leichtes Zögern auf. Der Weg hatte über Wochen unser Leben bestimmt. Er hatte uns seinen Rhythmus aufgedrängt. Wir waren diesem gefolgt. So schwer wie das war, so einfach war es auch. Ich sehnte mich danach, nicht mehr weiter zu müssen. Doch was würde dann den Rhythmus bestimmen?

Ein Empfangskomitee mit Fanfaren und dem Rosh haMemshalah, dem Premierminister also, hatten wir aberwitzigerweise erhofft. Aber nichts, überhaupt nichts, den Augenblick würdigendes, war zu finden. Dieser lange Weg endete einfach an einer verlassenen kleinen Schautafel im Kibbuz Dan. Unspektakulär, unemotional, unbesonders, einfach banal und enttäuschend. Eine Mädel-Gruppe war kurz zuvor angekommen. Sie wurden von ihren Eltern mit Medaillen empfangen. Ich wollte auch empfangen werden! Irgendjemand sollte sich jetzt auch mit uns freuen oder uns bewundern oder irgendetwas.
Es passierte nichts und so mussten wir uns selbst feiern. Ich lief zum Kibbuz-Laden, der grad zu einer langen Mittagspause schloss. Schnell schnappte ich eine Flasche Wodka und Cola.
So stießen wir miteinander an. Wir hatten es geschafft! Wir waren angekommen! Zusammen angekommen! Trotz mancher Auseinandersetzung hatten wir uns nicht getrennt und waren miteinander weitergelaufen.
Und nun endlich sah auch Christina ein: Es war das Abenteuer unseres Lebens. Aber noch einmal würden wir das nicht machen! Genug des Schwils!

Wir wollten noch ein paar Tage in Safed bleiben. Die Stadt lag zwar nahe des Schwils, aber als wir sie kreuzten, war gerade Schabbat. Nun wollten wir Safed in Ruhe entdecken und uns vom Wandern erholen.
Auf dem Notebook eines Wandergefährten hatten wir uns Tage zuvor eine Herberge herausgesucht. Schoschana, die Inhaberin eines Hostels, wollte uns vom Busbahnhof abholen.
Doch niemand kam. Es war kalt und stürmte. Frierend suchten wir nach jemanden, der aussah, als könnte er oder sie ein Hostel führen. Eine humpelnde alte Frau, die einen Kinderwagen zum Gehen und Flaschensammeln nutzte, quälte sich den Berg hinab. In löchrigen Sachen erklärte sie uns aus zahnlosem Mund, sie sei Schoschana. Ihr Hostel wäre voll, aber wir könnten bei ihrer Tochter übernachten.
Schon rief sie diese an und ließ Schimpftiraden ergießen. Quälend langsam wankte sie dann mit uns zum Haus ihrer Tochter.

An deren Haus lief ich vorbei. Unmöglich, dass da jemand wohnte. Schoschana stakste voran und begab sich in lautstarke Wortgefechte mit ihrer Nachkommenschaft.
Nein, hier konnten wir nicht bleiben. Ein Taxi sammelte uns auf und brachte uns in ein anderes Hostel. In einer schmalen Gasse lag es Tür an Tür mit Schoschana, deren Kinderwagen bereits wieder vor dem Haus stand.
Das Hostel wirkte merkwürdig verlassen und eingestaubt. Möbel aller Zeitalter paarten sich mit Plastikblumen. Zumindest waren wir aber allein.
Dachten wir. Doch dann stand Viktor in unserem Bad. Mit Handkuss und Verbeugung stellte er sich vor. Er war Russe aus Taschkent und lebte schon 12 Jahre in Israel. Hebräisch könnte er nicht, auch nicht Englisch. Aber auch als wir unser vergrabenes Russisch bemühten, gelang kein sinnvolles Gespräch.
Immer wieder erzählte er dasselbe und vergaß sofort das eben Gesagte. Er hatte einen großen Sohn, der bald heiratete. Aber alles würde gut werden. Er war im Krieg in Afghanistan, alle seine Kameraden waren gefallen. Er hatte nur eine Schädelverletzung erlitten. Alles würde gut werden. Rauchend erklärte er, er hätte Arteriosklerose und Thrombosen. Medikamente bräuchte er nicht, er wäre stark. Ihm reichten Zigaretten und Bier. Kol jihije beseder - Alles werde gut.
Immer wieder griff er sich schmerzverzerrt an seine Brust, während er eine nach der anderen rauchte. Wir Mediziner hielten es kaum aus. Seine Selbstzerstörung drohte jeden Moment in einem Herzinfarkt zu enden. Alle wohl gemeinten medizinischen Ratschläge wurden weggewischt, alles würde gut werden.
Um ihn von unserer professionellen Autorität als Ärzte zu überzeugen, packte ich in meiner Verzweiflung meinen mehrsprachigen Arztausweis heraus. Der Erfolg blieb aus. Stattdessen holte er nun all seine russischen Diplome und die Fotos seiner toten Kameraden hervor.
Trotz Hirnverletzung und Sprachbarriere verstanden wir ihn. Er wollte nicht mehr. Er war müde. Die Frauen waren ihm weggelaufen, die Kameraden tot, der Kopf funktionierte nicht mehr und er lebte in einem fremden Land, dessen Sprache er nicht

beherrschte. Er wollte nur nun noch seinen Sohn wiedersehen, der bald Hochzeit hätte. Alles würde gut werden. Er hatte abgeschlossen. Und wir waren ungewollt hilflose Zeugen dieses tragischen Lebens geworden.
Der Tag war voll, die Eindrücke zu viel und dann traf auch noch Joana ein. Joana lebte wie Viktor im Hostel. Offensichtlich männlichen Geschlechtes, schien sie das geflissentlich zu ignorieren. Im Körper eines älteren Mannes kleidete sie sich ähnlich eines pubertierenden Mädchens mit Minirock und geflochtenen blonden Zöpfen. Ungefragt teilte sie im breitesten Südstaatenakzent mit tiefer Stimme jedem die besten Insider Tipps der Transgenderszene mit. Wo waren wir hier nur gelandet?

„Ausschwilen“

- Ankommen und was bleibt -

Der Schwil war beendet und wir saßen im staubigen, verlassenen Hostel mit unserem Wunsch, irgendwo anzukommen. Wir wollten nur irgendwo sein, uns ausruhen und reinigen. Aber dies war nicht der richtige Ort dafür. Hier wollte ich mich nicht ausziehen, waschen, nichts benutzen. Lieber blieb ich in meiner vor Schmutz starren Kleidung, die sich nahezu schützend um mich legte.
In Safed schien es keine geeignete Herberge zu geben und auch die sonst von uns anvisierten Unterkünfte in Tel Aviv oder Jerusalem waren ausgebucht. Die Hast ging weiter, das Ankommen schien uns noch nicht vergönnt zu sein.

Auf der Suche nach einem Zimmer landeten wir in einer Touristeninformation. Auf Deutsch wurden wir von einer anmutig gekleideten jungen Frau begrüßt. Mitfühlend hörte sie unsere Geschichte an und schon waren wir eingeladen, bei ihr zu bleiben. Miriam war in Deutschland und Amerika aufgewachsen. Mit zwanzig kam sie das erste Mal nach Israel, hatte neun Jahre hier gelebt, war eingewandert und später wieder nach Amerika gezogen. Seit drei Monaten war sie zurück in Israel, um nun ganz zu bleiben.
Es erwies sich als schwieriger als gedacht, insbesondere für sie als alleinerziehende Mutter dreier Kinder. Eigentlich wollte sie im Kibbuz leben, aber sie fand keinen, der die Familie aufnehmen wollte. Sie war dann mit den Kindern durch das Land gereist und hatte schließlich in Safed eine kleine, bezahlbare Wohnung gefunden.
Miriam wirkt liebevoll herzlich und dabei fast unbedarft kindlich. Ein Hauch tiefer Melancholie umgab sie. So schnell waren wir wieder in ein anderes Leben eingetaucht und eingenommen von der Schwere, die auf dieser kleinen Familie lag.

Abends kam eine Freundin von Miriam vorbei und machte mit den Kindern Sushi. In ihrem Äußeren lag etwas Widersprüchliches. Lange, religiös anmutende Kleider und dazu ein Tattoo. Sie kam eigentlich aus Tel Aviv und lebte seit vier Jahren in Safed. Hier war sie religiös geworden, lebte nach der Lehre des Rabbi Nachman. Dies passte zu dem, was sie für ihr Leben wollte, auf einer Farm leben und Familie haben. Noch lebte sie in einer Wohngemeinschaft mit anderen Mädchen, die gemeinsam hier studierten.

Auch Miriam hatte sich in eine Klasse eingeschrieben, sie wollte lernen, war auf der Suche. Ursprünglich katholisch erzogen, war sie dem Judentum, der Religion ihrer Mutter, immer nähergekommen. Sie möchte, dass ihre Kinder religiös aufwachsen. Sie sollten die Sicherheit und Richtungsweisung erfahren, die sie so vermisst hatte. Deshalb war sie hierhergezogen.

Nach den ersten, irritierenden Eindrücken in dieser Stadt, zeigte uns Safed sein freundliches Gesicht. Wir liefen durch die vollen Künstlergassen. Sinnsucher aller jüdischen Richtungen sammelten sich hier - Orthodoxe, Hippies, Jeminiten, Siedler. Und dabei war eine freundliche Gelassenheit zu spüren.

Safed ist das Zentrum der Kabbala. Etwas Besonderes schien manche Kabbalisten zu bestimmen. Ein bescheiden in sich ruhendes Strahlen ging von einigen aus. Ihre Bilder nahmen mich ein. Ein Künstler fragte, ob ich denn jüdisch wäre. Und dann erklärte er mir, es gäbe auch für Nichtjuden in der Kabbala einen Weg. Juden müssten sich an die 613 Gebote der Thora halten.

Nicht so die Gois, die Nichtjuden. Für sie reichte es, sich an die sieben nohadidischen Gebote der Kabbala zu halten. Zu ihnen gehört beispielsweise, nicht zu stehlen, nicht zu töten oder keine Götzen anzubeten. Diese Regeln gelte es mit dem Herzen zu befolgen und dies für Gott zu tun. Dann bekämen auch Gois einen hohen Platz im Paradies. Es sei nicht nötig, Jude zu werden.

Und überhaupt brauche es letztlich ja nicht viel, um Jude zu sein. Eine Kippa gäbe es für 8 Shekel, der Bart wachse umsonst. Man könnte ganz leicht, wie ein religiöser Jude aussehen, ohne es im Inneren zu sein. Mancher müsste einen anderen Weg gehen, um seinen eigenen zu finden.

Warmherzig und gelassen betrachtete er Menschen, die anders lebten. Wie anders das war als die Verachtung, die uns, am nahe gelegenen Grab des Shimon Bar Jochai entgegengeschlagen war. Und dabei war Shimon Bar Jochai der Verfasser des „Zohar", der Basis der Kabbala.

Wir wollten noch einmal nach Tel Aviv und unsere Sachen aus dem Schließfach abholen. In der Wüste hatten wir im Kleinen Krater Sarah und Ran kennen gelernt. Es war nur eine ganz kurze Begegnung gewesen und doch hatten sie uns eindringlich gebeten, bei ihnen vorbeizukommen.

Ran holte uns ab. Fast hätten wir uns nicht erkannt, ohne Wandersachen und mitten in Tel Aviv. Herzlich wurden wir in seiner kleinen WG im Zentrum von Tel Aviv aufgenommen. Freunde wurden eingeladen, es wurde gekocht, geredet, gelacht. Espresso und Zigaretten auf dem Dach. Und dann zogen wir noch um die Häuser.

Dicht an dicht reihten sich die Eindrücke auf meine übervolle Seele. Mein Herz fand nicht die ersehnte Ruhe. Einen halben Tag lag ich im nahen Park und wollte nichts hören und sehen. Aber wo im lärmenden, nie ruhenden Tel Aviv war das schon möglich?

Ran war ein begnadeter Erzähler, schwarz humorig wusste er zu allem geschichtslastige Anekdoten. So manche unserer Erlebnisse fand nun ihre Erklärung.

Da war die Geschichte mit dem Zeppelin, den wir über Wochen am Wüstenhimmel gesehen hatten. Was hatte man uns für merkwürdige Erklärungen gegeben. Er wachte über eine Kleiderfabrik, alles sei hoch geheim und wir als Ausländer dürften dies nicht wissen. In Wirklichkeit war in Dimona ein Nuklear-Forschungszentrum. Der israelische Techniker Mordechai Vanunu, der dort gearbeitete hatte, machte Fotos vom Reaktor und veröffentlichte diese 1986 in England. Von da an wurde Israel weltweit als Atommacht gehandelt.

Vanunu wurde durch eine hübsche blonde Mossad-Spionin nach Italien gelockt und schließlich nach Israel entführt. Wegen Hochverrat wurde er zu 18 Jahren Gefängnis verurteilt und saß

11 Jahre in Einzelhaft. Nun lebte er in Tel Aviv, ein paar Häuser von Ran entfernt und saß täglich in dem Café, in dem wir auf unser Schwil Ende anstießen.
Mit den Legenden um die Textilfabrik hatte man versucht, die wahre Bedeutung der Atomanlage zu verbergen. Und der über ihr wachende Zeppelin, hatte uns durch die Wüste begleitet.

Die Zeit bis zum Rückflug verbrachten wir in Jerusalem. Nun endlich hatten wir ein Zimmer nur für uns, konnten auspacken, duschen, in einem sauberen Bett liegen. Wir atmeten auf, genossen den Luxus und harrten doch nur darauf, nach Hause zu können. Jerusalem wurde das nicht gerecht, aber so war es eben.

Ein letztes Mal noch kam der Schwil uns nahe. Es war am Jom Yerushalajim, dem Jerusalemtag. An diesem Tag wird der Wiedervereinigung Jerusalems oder eben der Eroberung von Ostjerusalem im Sechstagekrieg gedacht. Zahllose Gruppen religiöser Männer zogen singend und tanzend durch die Gassen der Altstadt.
Ein Siedlerjunge kam auf uns zu. Erst auf dem zweiten Blick erkannte ich ihn. Es war einer von Batjas Söhnen, welche uns in Bejt Jatir so liebevoll aufgenommen hatte. In der aufgeheizten Stimmung des Jom Jeruschalajim, in der spürbaren Spannung von Politik und Religionen, die die Stadt an diesem Abend vibrieren lies, erinnerte er uns an den Besuch bei seiner Familie.
Trotz aller Verschiedenheit, trotz allem Trennenden, hatten wir bei dieser Familie warmherzige Gastfreundschaft erfahren. Als Menschen, unabhängig von Politik und Religion.

Es war unsere letzte Schwil-Begegnung. Die Reise war vorbei. Täglich wurden die Schmerzen weniger, täglich konnte ich schneller die Treppen herabsteigen und jeden Tag tat mein Brustkorb weniger weh.
Mit zunehmendem Abstand wurde uns immer mehr bewusst, was hinter uns lag. Erst im Nachhinein spürte ich, wie extrem die körperlichen und emotionalen Anstrengungen gewesen waren. Im Unterwegssein war es normal gewesen, war Alltag,

gewohnter Bestandteil des Wanderlebens. Danach fragte ich mich, warum wir uns das angetan hatten. Eine Frage, die sich vorher nicht gestellt hatte.
Und dann sah ich Christina an, die am Anfang mehr mir zu liebe mitgekommen war. Als wäre etwas in ihr gewachsen, strahlte aus ihr nun eine Lebendigkeit und Kraft hervor. Frei und glücklich wirkte sie. Die Angst war vergessen und keine Höhe und kein noch so gefährlich knurrender Hund konnte sie mehr erschüttern.
Und ich? Es blieb das Gefühl, meine Seele gereinigt zu haben, geklärt worden zu sein. Im Angesicht der Natur hatte ich Schönheit und Stille erfahren. Und doch war ich die Gleiche geblieben. Es gab keine fundamentale Erkenntnis, keine Offenbarung. Ob ich etwas von dieser Stille und Leere mitnehmen konnte? Ob das überhaupt hineinpasste in mein lautes Leben?
Wohin damit? Wohin mit dem neuen Wissen, den Erfahrungen und neuen Fähigkeiten? Was wollte ich in der Großstadt mit meiner Meisterschaft des Feuermachens anfangen? Oder was nutzte Christina ihr Können, aus Unmengen Knoblauch auf dem Gaskocher die perfekten Gemüse-Ptitim zu kochen? Wer brauchte die Fähigkeit, ein super Nachtlager zu finden, das windgeschützt, eben und weich war und dieses gegebenenfalls noch mit einem Steinmäuerchen zu optimieren? Wer brauchte das in unserem Alltag? Unnütze Fähigkeiten? Wer weiß?

Da stehe ich nun am Ende der Reise - erfahrungsbeladen, erschöpft und reich beschenkt. Und trotzdem weiß ich noch nicht, wohin damit.
Dankbarkeit steigt auf. Dankbarkeit, so große Schönheit erfahren zu haben. Dankbarkeit für die liebevolle Aufnahme, für die Geschichten, der Menschen, die uns fraglos beherbergten und ihren Leben für einen Moment mit uns teilten.

So viel, so wenig, so gut.

Karte Schwil Israel

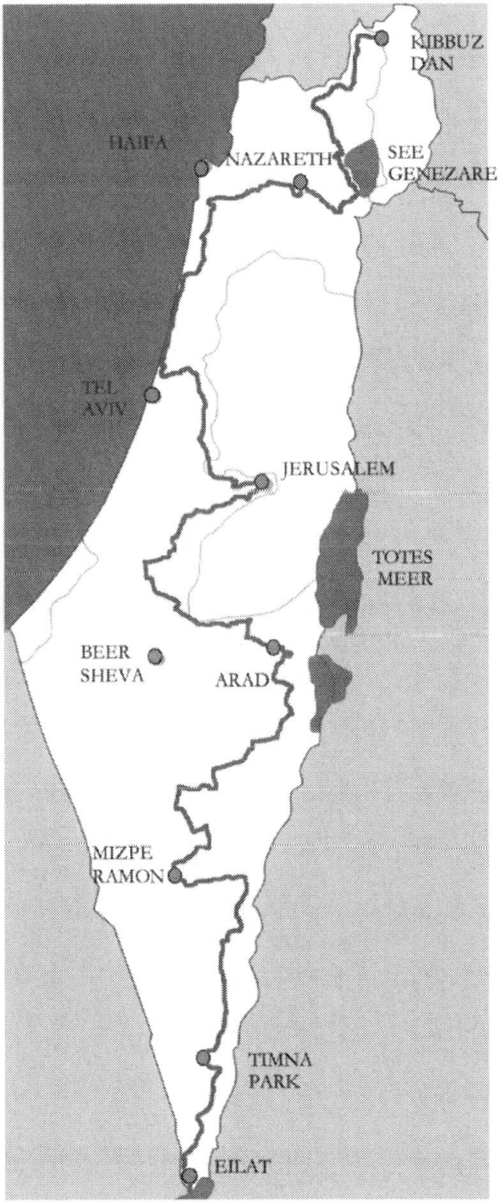

Unser Plan zum Vergraben der Vorräte in der Wüste

Tag	Start	über	Ziel	km	Cache point (cp) / Water refill / Supermarkt
1	Eilat		Yehoram night camp (n.c.)	13	cp 14
2	Yehoram n.c	Shehoret Canyon	Raham n.c.	22	cp 13 (Shehoret Canyon)
3	Raham n.c.	Beer Ora	Timna Park / Elifaz	15	Beer ora (water refill); Timna (restaurant, water refill)
4	Elifaz		Shaharut	26	Elifaz, 2 km off trail (water, food, B&B); Shaharut (water)
5	Shaharut		Shizafon	22	water (Shaharut); cp Shaharut Uvda Junc. N. 11 km Karte 56 Abzw 12 Neot Samadar, 2 km east Shizafon (water, food)
6	Shizafon	Shitim	Zihor	27	Shitim 1 km off nach 14,5 km (water, evtl. food); cp 11 (Zihor)
7	Zihor		Barak n.c.	28	cp 12 (Barak n.c.)
8	Barak n. c.		Zofar	24	Supermarkt Zofar
9	Zofar	Sapir (2 km entf.)	Gev Holit	26	Supermarkt Sapir (nach 7,6 km; 2 km detour); Gev Holit (nur 4x4, aber permanent water cache)
10	Gev Holit	Saharonim n.c.	Beerot Khan	21	cp 9 (Sharonim n.c.; km 17) / Beerot Khan (water, Unterkunft; 3 km off trail)
11	Saharonim		Mizpe Ramon	18	water, Supermarkt, B&B, gas
12	Mizpe Ramon	Mezad Mahmal	Hava n.c.	26	cp 6-8 (f 1,5d) Mezad Mahmal (km 17)
13	Hava n.c.		Midreshet Ben Gurion	27	water, gas, Supermarkt, B&B, 7 km off trail
14	Midreshet B.G.		Mador n. c.	17	cp im Mador (n.c. nur mit 4x4)
15	Mador n.c.		Oron	18	cp 4 (Oron; 24/7 water refill), no camping (Essen einschließen), map 42w
16	Oron		Makhtesh Katan	19	cp 3 (Makhtesh Katan)
17	Makhtesh Katan	gap of the crater	Mezad Tamar	22	cp 2 (Mezad Tamar; cp und nc im Krater)
18	Mezad Tamar		Beer Efe	17	cp 1; Achtung Diebstahl!
19	Beer Efe		Arad	23	Arad (Stadt, Einkaufen etc.), Diebstahl!

Glossar

Akkalul	Sieht aus wie ein Gitterbett mit Rädern. Damit können Kinder durch den Ort geschoben werden.
Arava	Ebene zwischen dem Toten Meer und dem Golf von Akaba /Eilat.
Aschkenasen	Auch: Aschkenasim (hebr.). Juden, die aus Ost-, Mittel- und Nordeuropa stammen und ihre Nachkommen.
Aschram	Klosterähnliches buddhistisches oder spirituelles Meditationszentrum, das von einem Guru geleitet wird.
Bar Mitzwa	Religionsmündigkeit eines Jungen, die mit 13 Jahren gefeiert wird.
Challot	Weißbrote aus Hefeteig, zumeist geflochten, die für den Schabbat und Feiertage gebacken werden.
Chamsin	Oder Sharav (hebr.). Ein heißer, trockener Wüstenwind, der in Israel zwischen März und Mai auftritt.
Chamez	Gesäuertes, meint letztlich alle Speisen, die während des Passahfestes verboten sind.
David Ben Gurion	Der erste Ministerpräsident von Israel, verkündigte 1948 seine Unabhängigkeit.

Drusen	Arabischsprachige Religionsgemeinschaft im Nahen Osten. Im Norden Israels leben ca. 120000 Drusen in eigenen Ortschaften.
Erev Schabbat	Der Abend und Beginn des Schabbats. Dieser wird traditionell mit dem Kiddusch begangen.
Golda Meir	War von 1969 bis 1974 israelische Ministerpräsidentin und von 1956 bis 1965 israelische Außenministerin.
Goi	Auch: Goj. Heiden, im jüdischen Verständnis: alle Nichtjuden.
Grüne Linie	Waffenstillstandslinie zwischen Israel und dem Westjordanland, dem Gazastreifen, den Golanhöhen und der Sinaihalbinsel. Wird von palästinensischer Seite als Grundlage für eine mögliche Grenze zwischen Israel und einem zukünftigen Staat Palästina gesehen.
Hühnergott	Auch bekannt als Lochstein. Stein mit einem natürlich entstandenen Loch, häufig am Meer zu finden.
Jom haAtzma'ut	Unabhängigkeitstag von Israel, erinnert an die israelische Unabhängigkeitserklärung vom 14.5.1948.
Jom haSchoa	Holcaustgedenktag. An diesem Tag heulen für zwei Minuten alle Sirenen im Land auf.

Jom haSikaron	Soldatengedenktag, erinnert an die gefallenen Soldaten und die Opfer des Terrorismus in Israel. Wird immer vor dem Unabhängigkeitstag begangen.
Kabbala	Eine mystische Tradition des Judentums.
Kaschrut	Beinhaltet die jüdischen Speisegesetzte. Zentrale Stellung hat dabei die Trennung von milchigen und fleischlichen Speisen.
Kibbuz	Genossenschaftliche landwirtschaftliche Siedlung, die ursprünglich kollektiv organisiert war und in der es kein Privateigentum gab.
Kibbuznik	Kibbuzbewohner.
Kiddusch	Segen über Brot und Wein, der jeden Freitagabend den Schabbat und auch manche Feiertage einläutet.
Kippa	Religiöse Kopfbedeckung männlicher Juden.
Koscher	Speisen, die den jüdischen Reinheitsgeboten entsprechen.
Lag bar Omer	Jüdisches Fest, das auf den Bar Kochba Aufstand und zusätzlich auf Rabbi Schimon Bar Jochai zurückgeht. An diesem Tag werden zahlreiche Lagerfeuer angezündet und häufig geheiratet.

Mechina	Vorbereitungsprogramm auf das Militär, das freiwillig nach Abschluss der Schule besucht wird.
Moschav	Ländliche Siedlungsform in Israel. Diese ähnelt dem Kibbuz, jedoch besteht im Moschav auch Privatbesitzt. Die Bewohner haben eigene Häuser und bewirtschaften auch eigene Parzellen.
Night Camp	Stellen, an denen in Israel auch in Naturschutzgebieten das Campen erlaubt ist. Eine Versorgung ist im Allgemeinen nicht vorhanden.
Osho	Spiritueller Lehrer aus Indien, Begründer der Osho-Bewegung. Nannte sich unter anderem auch Bhagwan.
Pessach	Das Passahfest, erinnert an den Auszug der Juden aus Ägypten im Alten Testament, 2. Buch Mose. In der Eile der Flucht konnten die Juden den Sauerteig für ihr Brot nicht fertig stellen. Deshalb ist während des Passahfestes das Verzehren von Gesäuertem verboten.
Ptitim	Auch: Israelisches Couscous. Besteht aus Weizen und ist Reis-ähnlich geformt.
Purim	Jüdisches Fest, das an die Errettung der Juden in der persischen Diaspora erinnert. Nachzulesen im Buch Ester des Alten Testamentes.

Rabbi Nachman	Rabbi Nachman von Breslov (1772 - 1810) prägte entscheidend die chassidische Bewegung und war einer der größten jüdischen Mystiker.
Schabbat	Ist der Sabbat, der Samstag, der letzte Tag der Woche, der Ruhetag. Er beginnt am Freitagabend mit dem Erev Schabbat.
Schaufäden	Auch: Zizit (hebr.). Tragen religiöse jüdische Männer an den vier Ecken ihres Schals oder Untergewandes (Talit katan). Diese schauen dann unter der Oberbekleidung heraus. Das Tragen der Zizit geht auf ein biblisches Gebot zurück (4.Mose 15, 37-41).
Schläfenlocken	Pejot (hebr.), Pejes (Jidd.). Tragen religiöse jüdische Männer. Geht zurück auf das biblische Gebot, das Haar nicht rundherum abzuschneiden zurück (3. Mose 19, 24).
Schofar	Horn (meist eines Widders), das zu feierlichen religiösen Anlässen geblasen wird.
Schwil	Hebräisch für: Weg. Wird umgangssprachlich oft als Kurzform für den Nationalwanderweg genutzt.
Siedlung	Jüdische Wohngebiete außerhalb der Grünen Linie. Befinden sich im Westjordanland, dem Golan und Ostjerusalem.

Talmud	Nach der Thora die wichtigste jüdische Schrift. Erläutert v.a. die Anwendung der jüdischen Gesetze für den Alltag.
Tel Avivi	Hebräisch für: Einwohner von Tel Aviv.
Thora	Enthält die fünf Bücher Mose des Alten Testamentes und ist die wichtigste jüdische Schrift.
Trail Angel	Auch: Malachei Schwil (hebr.) oder Schwil-Engel. Menschen die Wanderer auf dem Schwil unterstützen, ihnen z.B. Unterkunft oder Essen anbieten.
Tscherkessen	Volk, das ursprünglich aus dem Nordkaukasus stammt und jetzt weltweit verstreut ist. In Nordisrael gibt es zwei tscherkessische Dörfer, die ihre Sprache und Kultur leben.

Fotos

Cover: Blick vom Hatira Waterfall über das Nahal Hatira, Negev (auf dem Weg zwischen Har Karbolet und Kleinem Krater)

Weitere Fotos und ein Video sind auf meiner Autorenseite von Amazon zu finden.

Danksagung

Danken möchte ich all denen, die mich auf meinem Weg begleitet und unterstützt haben.

Ganz besonders danke ich Christina, meiner Reisegefährtin, mit der ich „das Abenteuer unseres Lebens“ erfahren habe. Auch wenn wir nicht alle unsere Ziele erreicht haben - der Weg bleibt unvergesslich!

Von Herzen danke ich den vielen Menschen in Israel, die uns Unterkunft, Essen… und Einblicke in ihr Leben und ihre Herzen gaben. Dazu gehören: Schlomo und Jigal, Seeko, Batja und Avi, Ran, Tal und Itaj, Eran, Gavriel und Tami, Elijahu und Gilah, Tamir und Odi, Golan und Dan, Boaz und Tali, Ariel, Revital und Avital, Dan und Ronit, Diab und Lulu Shibl. Und das sind nur die Menschen, mit denen wir ganz intensiven Kontakt hatten. Viele andere halfen mit Rat, Unterstützung, Witz und kleinen Liebenswürdigkeiten – Danke Euch allen!

Mit Traurigkeit denke ich dankbar an Heike, meine Freundin und ehemalige Kollegin, die uns liebevoll beherbergt und bewirtet hat. Unvergesslich bleibt das Strandpicknick zusammen mit Bärbel. R.I.P. Heike!

Danken möchte ich meiner Familie, die mir vertraut und mich immer hat losgehen lassen.

Dank an alle für ihre Probelesungen, Korrekturen und Anregungen - insbesondere Lilo, Astrid, Franca und Wenke.

Ein ganz besonderes Toda raba an Waltraud - für ihre Begeisterung, das aufmerksame Lesen und alles gemeinsame Entdecken, einst in Israel… .

Mein Dank gilt, auch unbekannter Weise, Monika aus dem Tirol – für ihr akribisches Lesen, die vielen Anregungen und Hinweise!

Für das Korrektorat: Iris Pilzer mit Dank für die Anstöße und erheiternden Bemerkungen.

Mein allergrößter Dank gilt F.D. – für alles und immer!

Empfehlung

Auch eine Reise, nicht durch Israel, jedoch durch das Leben der Lieselotte Hoffmann und damit durch 80 Jahre deutsche Geschichte. Wunderbar, heiter und ergreifend!

Printed in Poland
by Amazon Fulfillment
Poland Sp. z o.o., Wrocław

66293158R00096

Lucía Puenzo

Die man nicht sieht

Lucía Puenzo

Die man nicht sieht

Roman

Aus dem argentinischen Spanisch
von Anja Lutter

Verlag Klaus Wagenbach Berlin

Die spanische Originalausgabe erschien 2018 unter dem Titel *Los invisibles* bei Tusquets Editores in Buenos Aires, die deutsche Erstausgabe 2018 als Quart*buch* bei Wagenbach.

Die Veröffentlichung wurde unterstützt vom
Übersetzungsförderungsprogramm »Sur« des Außen-
und Bildungsministeriums der Republik Argentinien.

Obra editada en el marco del Programa »Sur« de Apoyo a las Traducciones del Ministerio de Relaciones Exteriores y Culto de la República Argentina.

FSC www.fsc.org
MIX
Papier aus verantwortungsvollen Quellen
FSC® C014889

Wagenbachs Taschenbuch 824

Verlag Klaus Wagenbach Emser Straße 40/41, 10719 Berlin
www.wagenbach.de
Satz und Umschlaggestaltung von Denise Sterr unter Verwendung einer Fotografie © Fernando Guerra | FG + SG. Vorsatzmaterial von peyer graphic, Leonberg. Gedruckt auf Schleipen und gebunden bei Pustet, Regensburg.Printed in Germany.

ISBN 978 3 8031 2824 9

1

Bevor sie in Once auftauchten, hatte es sich schon herumgesprochen: Sie waren dabei, Kinder anzuwerben, die den Sommer über in Uruguay arbeiten sollten. Als Enana sich umwandte, war die blonde Frau ihr bereits mehrere Blocks weit gefolgt. Was sie von ihr wolle, fragte Enana. Sie hatte die Frau in der Pizzeria gesehen, in der sie sich jeden Abend an den Resten satt essen durften. Ob sie Interesse habe, ein paar Monate in einem anderen Land zu arbeiten, fragte die Frau. Für Essen und Unterkunft würden sie sorgen. Enana blieb auf Abstand.

»Was ist der Deal?«, erkundigte sie sich knapp.

»Ihr macht dort genau das, was ihr hier auch macht, du, dein Bruder und dieser andere Junge.«

»Und was mach ich, he?«

»Die Sache mit den Häusern. Ihr seid die Besten, sagt man.«

»Sagt wer?«

»Guida.«

Bei den Mitarbeitern der privaten Sicherheitsdienste in der Zona Norte war diese Masche durchaus verbreitet: Sobald die Eigentümer, deren Häuser sie bewachen sollten, verreisten oder in ihr Wochenenddomizil fuhren, ließen sie die Kinder kommen. Verlässliche Kinder waren Gold wert, sie wussten, wie man in die Häuser eindrang, ohne Spuren zu hinterlassen, und sie hielten dicht.

Guida hatte es mit etlichen Kindern versucht, aber das Dreiergespann, das Enana, Ismael und Ajo bildeten, war unschlagbar, die drei waren mit Abstand die Besten. Kein Haus war vor ihnen sicher, ein Fenster, das nicht richtig geschlossen war, fand sich immer. Ajo war erst sechs Jahre alt, aber der wendigste und flinkste Kletterer von allen, pflanzenberankte Hauswände ging er hoch wie Spiderman. Er war auffallend klein für sein Alter, sein Blick jedoch war der eines erwachsenen Mannes. Als Enana ihn Guida eines Tages vorstellte, hatte er ihr gesagt, sie solle ihn wieder mitnehmen. Mit so kleinen Kindern zu arbeiten, sei zu riskant.

»Ich war auch klein, als ich angefangen hab.«

»Aber nicht sechs!«

»Er tut, was ich ihm sage.«

Enana ließ nicht locker.

Guida musterte Ajo von Kopf bis Fuß. Ismael war schon vor einer Weile ziemlich in die Höhe geschossen und Enana hatte in letzter Zeit weibliche Formen bekommen, mit den beiden wurde es immer schwieriger. Wenn er hingegen auf jemanden zählen konnte, der an den undenkbarsten Stellen einsteigen konnte, wäre er fein raus. Ajo hielt seinem prüfenden Blick weiter stand, unerschütterlich wie ein Soldat.

»Ich tue, was sie mir sagt«, echote er.

»Testen Sie ihn.«

»Wenn er's nicht bringt, kommt er nicht noch mal mit«, schlug Ismael schließlich vor.

Guida willigte ein. Er kannte die Schwachpunkte der einzelnen Häuser und die alltäglichen Gewohnheiten ihrer Bewohner in- und auswendig. Schließlich tat er nichts anderes, als sie zu beobachten. Hielten sich die Leute Wachhunde, gab er den Kindern ein Tütchen Hackfleisch mit, dem er ein starkes Schlafmittel untermischte. Hatten die Häuser eine Alarmanlage, bekamen die drei außer dem Hackfleisch noch ein weiteres Tütchen mit Katzenkot mit. Ajos erster Einsatzort war ein altes Herrenhaus im englischen Stil mit einem riesigen Garten gewesen, der sich entlang einer der Alleen von Acassuso über das Viertel eines besonders baumreichen Straßenblocks erstreckte. Eindringen sollte Ajo durch ein Loch, das Guida im Drahtzaun ausfindig gemacht hatte, der Größe nach zu urteilen vermutlich das Werk eines wohlgenährten Wiesels.

Wie ein Schlangenmensch streckte Ajo den linken Arm durch das Loch, schob den Kopf nach und zwängte schließlich den Oberkörper durch die enge Öffnung, und er ließ nicht einen Klagelaut hören, als der scharfe Draht ihm die Schulter aufschlitzte. Enana hatte ihm erklärt, dass er eine einzige Chance bekommen würde, Guida zu beeindrucken. Ajo rappelte sich auf, versuchte sich in dem Garten mit den hohen Bäumen zu orientieren und holte einmal tief Luft. Seine Hände waren feucht vom Schweiß, der Mund trocken.

Er öffnete das Hackfleischtütchen und wartete.

Einen Augenblick später tauchten die beiden Schäferhunde auf. Der größere gab einen sonderbaren Laut von sich, es klang wie eine Mischung aus Grunzen und Gähnen; der junge Hund wedelte mit dem Schwanz und kam neugierig angelaufen … Kurz darauf fraßen ihm die beiden aus der Hand. Ajo stieß einen kurzen Pfiff aus, wie Ismael es ihm beigebracht hatte.

Langsam bewegte er sich auf die großen Fenster zu.

Guida hatte ihm mit einem Stock einen vereinfachten Grundriss des Erdgeschosses auf den Boden gezeichnet.

Ajo hielt nun Ausschau nach dem Fenster der Gästetoilette, einer runden Öffnung von etwa 40 Zentimetern Durchmesser; es war das einzige unvergitterte Fenster, die Bewohner ließen es zum Lüften meist einen Spalt offen. Die Hunde folgten Ajo dicht auf den Fersen und leckten seine Hand. Bald hatte er das Fenster gefunden: Es befand sich in einer Höhe von etwa drei Metern, kaum zu sehen zwischen den wuchernden Kletterpflanzen.

Ajo pfiff zweimal kurz, bevor er flink die Wand hinaufkletterte.

Mit einer Hand stieß er das Fenster auf. Im Halbdunkel entdeckte er ein Paar gelbe Augen, die ihn von der Toilettentür her beobachteten. Dort saß ein fetter, pelziger Kater.

Er hielt den Kopf leicht zur Seite geneigt, als versuche er zu verstehen, was hier vor sich ging. Der Teppichboden im Flur hinter dem Tier hatte nahezu den gleichen Farbton wie sein Fell.

»Scheißviech«, murmelte Ajo. »Zisch ab.«

Dazu gab er einen Laut von sich, mit dem er den furchterregendsten Kater seines Viertels zu imitieren versuchte; einer von der Sorte, die selbst Hunde in die Flucht schlagen.

Der Kater schoss wie ein geölter Blitz die Treppe hinauf. Bevor er auf den Teppich trat, zog Ajo die Turnschuhe aus. Die Strümpfe, die er seit Wochen nicht gewechselt hatte, klebten ihm förmlich an der Haut. Er rümpfte die Nase wegen des muffigen Geruchs, den er gleich darauf als seinen eigenen erkannte. Fünf Minuten später öffnete er seiner Schwester mit triumphierendem Lächeln die Tür. Er machte seine Sache so gut, dass Guida eine Woche später erklärte, er wolle ihn dabeihaben.

»Unter einer Bedingung: Er muss sich waschen.«

»Den Geruch kriegt man nicht weg, nicht mal, wenn man ihn in die Waschmaschine steckt.«

»Ist mir egal, Mädchen, lass dir was einfallen.«

Ihr kleiner Bruder lutschte Knoblauchzehen wie andere Kinder Bonbons. Dass Knoblauch gegen alles helfe, hatte ihm seine Großmutter eingebläut. Sie hatte ihn zum Einschlafen jeden Abend, wenn sie mit ihrem Finger sanfte Kreise auf die kleine Stelle zwischen den Augenbrauen malte, eine Knoblauchzehe lutschen lassen. Wenn er sich darauf konzentrierte, konnte er den kreisenden Finger seiner Großmutter heute noch spüren. Nach dem Gespräch mit Guida jedoch hatte Enana ihm verboten, sich abends eine Knoblauchzehe in den Mund zu stecken.

»Sonst darfst du nicht mit uns arbeiten.«

»Aber …«

»Was hatten wir ausgemacht?«

»Entweder ich arbeite, oder ich muss zurück ins Haus.«

»Entscheid dich.«

Ihr Bruder sah sie mit angstgeweiteten Pupillen an. So nannten sie es: *das Haus*. Das Haus fürchteten sie mehr als die Hölle. Ajo übergab Enana die Handvoll Knoblauchzehen, die er im Rucksack versteckt hatte, und stürzte sich mit der Entschlossenheit eines Fundamentalisten in sein neues enthaltsames Leben.

Niemand würde ihn von der Straße oder von seiner Schwester und Ismael wegholen. Prompt suchte er sich ein neues Laster: In der folgenden Woche tat er nichts anderes, als von früh bis spät am Bahnhof Once umherzuklettern. Wie ein Affe turnte er auf den Waggons herum und ging an den Wänden hoch, um jenen würzigen Geschmack zu vergessen, das Einzige, was ihn beruhigen konnte.

Als sie das nächste Mal in der wohlhabenden Zona Norte unterwegs waren, kletterte er zur Überraschung aller eine Backsteinmauer bis zu einer in zwölf Metern Höhe befindlichen Luke hinauf. Guida verfolgte die gewagte Aktion mit offenem Mund von seinem Wachhäuschen aus und überlegte, was er mit der Leiche machen sollte, wenn Ajo sich das Genick bräche. Doch Ajo erklomm die Wand mit dem Geschick eines Hochgebirgskletterers und verschwand mit dem Kopf in der Luke.

Innerhalb weniger Wochen entwickelte er sich zum Meister seines Fachs.

Wenn er sich in ein Haus einschlich, wünschte er sich immer, dass der Alarm ausgelöst würde: Dann ging er in die Knie, nahm eine Ninja-Pose ein, bewegte sich in langsam gleitenden Bewegungen vorwärts und malte sich dabei in jedem Winkel lauernde Feinde aus. Er riss ein Fenster sperrangelweit auf, verstreute den Katzenkot auf dem Teppich und suchte sich ein Versteck, vorzugsweise das Zimmer eines anderen kleinen Jungen. Dort griff er sich irgendein Spielzeug und vertrieb sich die Zeit, bis er hörte, wie die Haustür geöffnet wurde, dann Schritte auf der Treppe und Stimmen.

Enana hatte ihm beigebracht, auf dieses Signal hin stillzuhalten wie eine Statue. Guida überprüfte das Haus stets gemeinsam mit den Angestellten der privaten Sicherheitsfirma. Er sorgte dafür, dass es ein anderer war, der das offene Fenster und die Spuren der Katze entdeckte, die ins Haus eingedrungen war und dadurch den Alarm ausgelöst hatte. Er selbst übernahm es, den Kot zu beseitigen und das Fenster zu schließen. Bevor er das Haus verließ, rief er im Beisein der Wachleute den Hausbesitzer an, um ihn wegen des falschen Alarms zu beruhigen. Zehn, fünfzehn

Minuten später war im Haus wieder Ruhe eingekehrt. Ajo zählte bis hundert, bevor er sein Versteck verließ, um Ismael und Enana ins Haus zu lassen.

Die folgende Choreografie war genau festgelegt und immer die gleiche: Die Schuhe ließen sie vorne am Eingang stehen. In der Küche schnappte sich Enana ein Messer, inspizierte den Kühlschrank, nahm alle Leckerbissen, von denen sie essen durften, heraus und machte sich daran, von allem feine Scheiben abzusäbeln. Immer nur genau so viel, dass nicht nachzuvollziehen war, wo sie genascht hatten, aber genug, um sich satt zu essen. Ismael und Ajo saßen da und warteten, den Blick starr auf kaltes Hühnchen, Pastareste, Frischhalteboxen mit rohem Schinken, Käse und Süßkartoffelgelee gerichtet. Sobald Enana die Sachen vor sie auf den Tisch gestellt hatte, stopften sie die Beute mit den Händen in sich hinein. Mehrere Minuten lang hörte man nichts als gieriges Kauen und genüssliches Schmatzen. In den Speisekammern bedienten sie sich nur an dem, was schon angebrochen war. Wenn sie sich den Bauch vollgeschlagen hatten, beseitigten sie die Spuren und stellten alles wieder an seinen Platz.

Dann teilten sie sich auf, um das Haus zu durchsuchen.

Die drei hatten mit Guida eine klare Abmachung: Sie ließen immer nur kleine Mengen mitgehen. Wenn sie Silberbesteck fanden, suchten sie nicht mehr als vier, fünf Teile aus. Schmuckstücke höchstens eines.

Von allem immer nur unsichtbare Mengen.

Der Diebstahl sollte unbemerkt bleiben.

In den Tagen nach ihrer Rückkehr würden die Leute nach und nach feststellen, dass Gegenstände fehlten. Aber sie würden Wochen (oder sogar Monate) brauchen, um dahinterzukommen, was tatsächlich alles verschwunden war. Nie führten sie die verschiedenen Verluste auf ein und denselben Diebstahl zurück. In der Regel mussten die Hausangestellten die Geschichte ausbaden, es gab Verdächtigungen, Anschuldigungen und Kündigungen. Wenn sie sich zu lange in den Räumen aufhielten, ließ Guida das Telefon im Haus einmal kurz klingeln, das Zeichen, dass es Zeit war, abzuhauen. Guida schaute ihnen draußen nach, wie sie, getrennt voneinander, die Straße entlangschlenderten.

Nach dem Einbruch hatte er eine Woche lang keinen Kontakt zu den dreien. Erst dann las er Ismael ein paar Blocks entfernt von der Plaza Once mit seinem Peugeot auf der Straße auf, und sie teilten die Beute direkt im Auto auf.

Guida wusste, dass sie mehr einsteckten, als sie behaupteten, also verlangte er immer die gleiche Menge, fünfzehn Wertgegenstände pro Einbruch. Ismael und Enana würden nicht auf die Idee kommen, ihn zu hintergehen, dafür hatte er gesorgt: Sie wussten, dass er ein Ex-Bulle war und Freunde in den Polizeirevieren von Once und Martínez hatte. Sie hatten gehört, was mit Kindern passierte, die den Mund nicht halten konnten. Bevor er sie für die Arbeit in Uruguay empfahl, hatte Guida sie noch einem etwas härteren Test unterzogen: Eine Polizeistreife griff Enana zwei Blocks von dem Haus entfernt auf, in das sie gerade eingebrochen waren, Ajo an einem Zeitungskiosk, wo er auf seine Schwester warten sollte, und Ismael auf dem Bahnsteig der Station Acassuso.

Die Polizisten verlangten ihre Papiere (die keiner von ihnen hatte), durchsuchten ihre Rucksäcke und breiteten die eben gestohlenen Gegenstände auf der Motorhaube des Streifenwagens aus. Weder erwähnten die drei

Guidas Namen, noch gaben sie preis, wo sie das Silberbesteck, die Uhr, die Weißgoldkette und die ausländischen Marken-Sneakers hatten mitgehen lassen. Ajo starrte sie schweigend an, als sie ihn fragten, woher das ganze Spielzeug in seinem Rucksack stamme. Er kannte das Drehbuch für solche Fälle auswendig ... Ismael und Enana waren zur Erfassung ihrer Personalien und Feststellung von Vorstrafen schon etliche Male in entsprechenden Einrichtungen gelandet. Für Ajo war es die erste Festnahme, aber die Abende, an denen Enana mit ihm geübt hatte, hatten sich gelohnt: Er antwortete mit der richtigen Mischung aus Respekt und genauer Kenntnis seiner Rechte. Nach fünfzehn Minuten hieß es, sie könnten gehen. Als sie im Zug zurück nach Once saßen, ließ Ismael keinen Zweifel daran:

»Sie haben uns getestet.«

Enana nickte. Ihr war klar, dass man die Festnahme sonst sofort gemeldet hätte und sie längst auf dem Weg in eine Einrichtung wären.

Ajo schaute die beiden unsicher an.

»Was ist los? Was haben sie getestet?«

»Ach nichts, Ajo.«

»Aber ich war gut, oder?«

»Richtig gut.«

»Un-glaub-lich war ich«, setzte er strahlend nach.

»Halt die Klappe und schlaf.«

Ajo schloss die Augen, doch einschlafen konnte er während der ganzen Rückfahrt nicht. Was nicht allein daran lag, dass er gerade zum ersten Mal einem Polizisten gegenübergestanden hatte. Er spürte, dass noch etwas anderes im Gange war. Als er in der Nacht aufwachte, hörte er, wie Ismael und Enana auf der Matratze, die sie sich teilten, miteinander flüsterten. Als er verschlafen bei ihnen angetapst kam, schickten sie ihn wieder schlafen.

Am nächsten Tag meldete Guida den Auftraggebern, die drei seien geeignet. Schon einige Tage zuvor hatte er den Leuten vom Auto aus die Ecke gezeigt, an der die Kinder oft zu finden waren, und ihnen Enana beschrieben. Sie hatten vereinbart, wie viel er dafür bekam, dass er den ganzen Sommer auf seine drei besten Kinder verzichtete. Er musste nicht groß nachrechnen: Er würde Gewinn machen.

Noch am selben Nachmittag hatte sich die blonde Frau Enana vorgenommen.

»Ich lade dich zum Essen ein und erzähle dir, worum es geht.«

»Ich hab jetzt keine Zeit.«

»Komm schon, auf einen Burger.«

Enana lief das Wasser im Mund zusammen.

Als sie aufsah, stand die blonde Frau direkt vor ihr.

In einem Imbiss an der Plaza Once erklärte die Frau Enana, dass sie sich – falls sie zustimmten – am nächsten Morgen um sechs Uhr früh an einem bestimmten Pier am Puerto de Frutos in Tigre einfinden sollten. Sie würden in einem Boot bis nach Carmelo übergesetzt werden und von dort dann über Land weiter. Die Frau beendete den Satz nicht. Bestellte einen Hamburger zum Verzehr im Lokal und zwei zum Mitnehmen. Enana saß da und wartete darauf, dass die Frau sie über das Wo, Wieviel und Wie aufklären würde. Die Frau aber sah auf ihre Uhr. Sie würde zu spät zur Taufe ihres Patenkindes kommen, dachte sie, und winkte den Kellner heran, während sie Enana mütterlich zulächelte.

»Hast du schon mal das Meer gesehen?«

Sie erhob sich, ohne Enana Zeit für irgendwelche Fragen zu lassen.

»Wenn ihr mitmacht, werdet ihr das Meer sehen.«

Sie legte einen 100-Peso-Schein auf den Tisch.

»Es ist fast wie in die Ferien fahren«, sagte sie.

Und verschwand.

Ismael hörte sich den Vorschlag schweigend an.

Als Ajo fragte, was Uruguay sei und wie das Meer denn aussehe, zündete er sich eine Zigarette an und trat an die Tür des verlassenen Eisenbahnwaggons, der ihnen seit mehr als einem Jahr als Schlafplatz diente. Ihre Rollen waren klar verteilt: Enana war die Waghalsige, sagte beinahe zu allem sofort Ja. Ismael hingegen war der Misstrauische. Er witterte die Gefahr auf tausend Meter gegen den Wind.

»Das Meer sieht so ähnlich aus wie der Fluss, nur ... blau.«

»Und auch so groß?«

»Noch größer ... Und da drin gibt es Haie«, antwortete Enana. »Und Quallen.«

»Kann man die essen?«

»Man kann alles essen. Die haben bloß so kleine Härchen, die brennen.«

»Oma hat immer diese leckeren Krapfen gemacht, weißt du noch? Aus allem hat sie die gemacht.«

»Du sollst nicht mehr von Oma reden, Ajo.«

»Wieso?«

»Weil's für'n Arsch ist, deswegen.«

Das Gleiche und nichts weiter hatte Ismael gesagt, nachdem er die Geschichte von der blonden Frau gehört hatte. Den Hamburger hatte er nicht angerührt, Enana hielt ihn immer noch auf dem Schoß. Ajo machte ein gekränktes

Gesicht und suchte fieberhaft nach etwas, womit er Ismael wehtun konnte. Mit triumphierendem Lächeln verkündete er schließlich:

»Theaterspielen ist auch für'n Arsch.«

Er wich erschrocken zurück, als Ismael mit drohend erhobener Hand auf ihn zukam.

»Sag das noch mal, und du kriegst den Arsch voll.«

»Theaterspielen ist ...«

Ajo verstummte. Es gefiel ihm, Ismael wütend zu sehen, aber nur wenn sich die Wut gegen andere richtete. Er hatte direkt ins Schwarze getroffen: Ismael redete nicht darüber, aber er nahm tatsächlich Schauspielunterricht in einem Kulturzentrum in San Telmo. Als er neun Jahre alt war, hatte er einen Putzjob in einem Kino im Microcentro von Buenos Aires ergattert. Zuerst hatte er den Platzanweiser überredet, ihn die Fenster putzen zu lassen, später kamen das Foyer und die Toiletten hinzu. Es war schließlich im eigenen Interesse des Alten, der Junge nahm ihm lästige Arbeit ab und verlangte dafür nichts weiter, als dass er es sich hinten im Saal auf den Kinosesseln bequem machen durfte. Dort konnte Ismael bis zwei oder drei Uhr morgens schlafen, dort hatte er es warm und trocken. Und es fand sich immer ein Abendessen, wenn das Menü auch nicht unbedingt abwechslungsreich war: Der Boden war übersät mit Popcorn, unter den Sitzen klebten Kaugummis, die, wenn man sie kräftig kaute, noch ein wenig Geschmack abgaben. Manchmal fand er Tabletts mit Resten von Pizza, Hotdogs und getrocknetem Schmelzkäse, der sich im Mund anfühlte wie Plastikfolie.

Der Platzanweiser weckte ihn, wenn die letzte Vorstellung zu Ende war. Dann blieben nur noch wenige Stunden, bis es hell wurde, er war satt und gut durchgewärmt.

Am Ende der ersten Woche hatte ihn der markerschütternde Schrei einer der Protagonistinnen von *Alien – Das unheimliche Wesen aus einer fremden Welt* aus dem Tiefschlaf gerissen. Ismael bekam gerade noch mit, wie ein widerliches Biest einer rothaarigen Frau Arme und Beine ausriss, bevor es den Rest ihres Körpers verschlang. Noch nie hatte er einen Film gesehen, und schon gar nicht auf einer Kinoleinwand. Erschrocken klammerte er sich an den untersetzten lockigen Mann auf dem Sitz vor ihm, der sich den Film in dieser Nacht bereits zum zweiten Mal ansah. Wo das da sei, flüsterte er, und der Dicke erwiderte, ohne ihn anzusehen: »So etwa vierhundert Kilometer von der Erde entfernt.«

»Du verarschst mich doch«, sagte Ismael.

Wenngleich die Entfernung ihm nichts sagte. Der Dicke beugte sich vor und schüttelte ihn ab. Ismael ließ sich in den Sessel sinken, aber die Augen machte er nicht mehr zu, weder in dieser Nacht noch in den folgenden. Mit offenem Mund verfolgte er, wie die Bestie die Knochen seiner Beute ausspie. Er applaudierte begeistert, als das Tier schließlich den blanken Schädel ausspuckte. Von vorne wurde er angemeckert. Der Platzanweiser holte ihn aus dem Saal, schob ihn vor sich her bis zur Herrentoilette und schloss die Tür hinter ihnen.

»Hey, Junge, du willst mich doch nicht in Schwierigkeiten bringen, oder?«

Noch ganz benommen von den Bildern, schüttelte Ismael den Kopf.

»Aber dieses Ungeheuer da …«, stotterte er, »gibt es das wirklich?«

Verblüfft, geradezu betroffen, sah der Platzanweiser ihn an, dann überkam ihn ein Gefühl der Zärtlichkeit, wie er es seit Jahrzehnten nicht mehr gespürt hatte. In diesem Moment erkannte er in Ismael den Erben, an den er sein unerschöpfliches Wissen über die Kultur des Kinos weitergeben würde. Die Antwort auf Ismaels unschuldige Frage sollte sich denn auch über drei Jahre erstrecken, und sie umfasste sowohl die technischen Aspekte als auch hochphilosophische Überlegungen zum Verhältnis von Realität und Fiktion.

Zum Ende der Unterweisung war Ismael vierzehn Jahre alt und ein Horrorfilm-Fanatiker. Schon Monate vorher hatte er heimlich angefangen, einen Theaterworkshop in San Telmo zu besuchen, den eine Nichte des Platzanweisers veranstaltete. Dort hatte er – auf der Toilette – Enana kennengelernt. Ihr Gesicht war voller Striemen gewesen, der Körper übersät mit blauen Flecken, verkrustetes Blut klebte ihr am Mund und nasse Kleidung am Körper, und aus ihren Augen sprühte rasende Wut. Ismael brachte sie zu dem Platzanweiser, der zwei Straßen weiter wohnte und ihn ab und zu bei sich duschen ließ, weil er allerhand kleinere Arbeiten für ihn verrichtete. Enana hatte ihm nie erzählt, woher sie kam oder was sie erlebt hatte. Sie fragte auch nicht, ob sie bei ihm bleiben könne. Als der Platzanweiser ihn eines Tages aufforderte, Enana wieder mitzunehmen, folgte sie ihm bis auf die Plaza Once, wo er damals wohnte, sie aß, was er übrig ließ, und sagte nichts, als er den anderen Kindern erklärte, sie gehöre zu ihm.

Ismael war auf dieser Plaza aufgewachsen.

Als er nach Once kam, war er noch kleiner gewesen als Ajo, und er kam zusammen mit einer Fünfzehnjährigen, die seine Schwester gewesen war, bis sich plötzlich herausstellte, dass sie seine Mutter war. Nach zwei Monaten hatte sie ihn dort zurückgelassen. Manchmal schloss er die

Augen und versuchte sie sich vorzustellen: Er erinnerte sich an den Kapuzenpullover, den sie immer getragen hatte, mehr an den Geruch des Pullovers als an den Pullover selbst, und an ihr Lachen, das er nicht gemocht hatte. An nichts weiter. Als er Enana damals in der Toilette sah, hatte er im ersten Moment geglaubt, sie sei es. Er war derart benebelt von all dem Zeug, das er genommen hatte, dass er eine Weile brauchte, um seine Verwechslung zu begreifen: Die, die zuerst seine Schwester und dann seine Mutter gewesen war, musste inzwischen Anfang zwanzig sein und nicht mehr fünfzehn, wie damals, als sie nach Once gekommen waren. Er stand vor Enana und hielt sich am Türrahmen fest, um sich aufrecht zu halten.

»Auch wenn du heulst, ich komm nicht mit dir mit.«

Enana trocknete sich Rotz und Tränen und sah ihn verwirrt an. So viel Liebe und so viel Wut funkelten ihr da aus fremden Augen entgegen.

»Hast du gehört, ich komm nicht mit!«

Ismael hockte sich neben Enana und fasste sie am Kinn.

»Und wenn du mich noch so bittest … Ich bleibe hier.«

Enana stieß ihn weg.

»Lass mich in Ruhe, Mann.«

Es war nicht das einzige Mal, dass er die beiden verwechselte. Etwas in Enanas Augen und auch ihr Geruch ließen dieses andere Mädchen für ihn wieder auferstehen. Das stellte er in der ersten Nacht fest, die sie zusammen verbrachten, all die wilden, gemischten Gefühle, die er spürte, während sie wieder und wieder miteinander schliefen … Als er zur Ruhe kam, sein Kopf auf Enanas kleinen Brüsten ruhte und er auf ihrer beider Atem lauschte, der sich immer weiter beruhigte, hätte er nicht mit Sicherheit sagen können, ob er drei Jahre alt war oder zwölf, ob die,

die ihn da nackt umschlungen hielt, seine Schwester war, seine Mutter oder die, die von nun an seine Freundin sein würde. Aber wenn sie ihn in den Armen hielt, konnte er schlafen. Und er hatte seit Jahren keine Nacht mehr durchgeschlafen.

»Wir fahren nicht nach Uruguay«, entschied er, nachdem er sie angehört hatte.

Er mochte die Plaza Once und auch die Ecke, in der sie wohnten. Die Lokale der Plaza versorgten sie mit Essen. Die Polizei ließ sie in Ruhe.

Niemand legte sich mit ihnen an.

»Ich will aber da hin«, sagte Ajo.

»Dich hat keiner gefragt.«

»Wenn du nicht mitkommst, fahren wir alleine«, warf Enana schnell dazwischen.

Das war gelogen. So eine Riesensache würde sie ohne Ismael nicht wagen.

Alle hatten sie irgendwelche Geschichten gehört … Der Arzt, der durch die Straßen von Once streifte und Kinder auflas, die er sich dann mit nach Hause nahm. Er bot ihnen Unterkunft und Essen an, wenn sie eine Nacht mit ihm verbrachten. Die Mädchen, die in den Norden von Gran Buenos Aires verschleppt und niemals wieder gesehen wurden. Die Polizisten, die die Kinder von der Straße schlicht als Kanonenfutter benutzten.

In der Nacht wachte Enana auf und merkte, wie Ajos kleiner Körper zwischen sie gerobbt kam. Er zitterte. Sie ließ ihn sich an sie kuscheln und schlief bald wieder ein. Am nächsten Morgen weckte er sie in aller Frühe, den Rucksack geschultert.

»Gehn wir.«

»Nicht ohne Ismael.«

Am Sonntag bekamen sie Besuch von Guida. Er war ein paarmal um die Plaza gekurvt, da sah er Ajo an einer Ecke stehen und Taxitüren öffnen. Guida fuhr im Schritttempo an ihm vorbei, hielt ein paar Meter weiter an und machte ihm ein Zeichen. Ajo nickte und rannte los, um seiner Schwester Bescheid zu sagen. Zehn Minuten später betraten die drei die Bar, in der Guida immer auf sie wartete, eine große Pizza und drei Limonaden standen auf dem Tisch. Er ließ sie kurz den ärgsten Hunger stillen, bevor er das Feuer eröffnete.

»Ihr habt mich ganz schön blöd dastehen lassen.«

»Bei wem?«

»Bei meinen Freunden.«

Er winkte dem Kellner und bestellte sich noch ein Bier.

»Ich hab euch für den Job in Uruguay empfohlen.«

Eigentlich hatte er diese Karte nicht gleich zu Beginn ausspielen wollen. Es war immer besser, die Kinder wussten so wenig wie möglich darüber Bescheid, wer mit wem bekannt war. Aber hier musste man ein wenig nachhelfen.

»Warum wart ihr nicht da?«

Enana sah Ismael an, der zuckte die Schultern.

Guida hatte auf einen Blick erfasst, dass Enana den Job machen wollte und Ismael derjenige war, der Zweifel hatte.

»Die Leute da sind absolut vertrauenswürdig. Die setzen euch an der Küste ein, an verschiedenen Orten, da kommt ihr ein bisschen rum, und ihr macht genau das, was ihr hier auch macht. Nichts Neues, keine Überraschungen. Es sind bloß drei Monate. Ihr könnt nicht wirklich so bescheuert sein, euch das durch die Lappen gehen zu lassen … Hast du eine Ahnung, wie viele von euch für so ein Angebot töten würden?«

Guida wartete ab. Ismael kaute weiter, schaute nicht auf. Dieser Junge war vorsichtiger als jeder andere, den er kannte, und er kannte eine ganze Menge.

»Diesen Sommer werde ich nicht hier in der Stadt sein«, setzte er nach.

»Wo fahren Sie denn hin?«

»Das spielt keine Rolle. Ich bin nicht da, darum geht es. Ihr werdet keine Arbeit haben. Deshalb habe ich euch empfohlen. Ihr vertraut mir doch?«

Ismael nickte, ohne ihn anzusehen.

»Sicher?«

»Ja.«

»Dann schau mich an.«

Er wartete ein paar Sekunden, starrte ihn an.

»Ein Tausender pro Monat, für jeden von euch. Ich kann es so einrichten, dass sie das Geld mir geben, ihr könnt es euch dann abholen, wenn ihr zurück seid … Und wenn ihr zurück seid, habt ihr zu dritt neuntausend Pesos in der Tasche.«

Ismael aß schweigend sein Stück Pizza auf. Guida trank sein Bier aus. Enana war fertig mit ihrem Essen und legte ihre ganze Kraft in ihren Blick. *Neuntausend Pesos,* dachte sie. Was sie mit diesem Geld alles machen könnten. Sie hielt den Atem an. Endlich hörte sie Ismael fragen:

»Wie kommen wir rüber?«

Bingo, dachte Guida triumphierend, ließ sich aber nichts anmerken, zuckte nicht einmal mit der Wimper.

»Ich bringe euch bis nach Tigre.«

»Wann?«

»Jetzt gleich.«

»Wie, jetzt gleich?«, fragte Enana.

»Denkst du, es ist leicht, minderjährige Kinder ohne

Papiere nach Uruguay rüberzuschaffen? So gut wie unmöglich ist das. Aber wir sind natürlich keine Anfänger. Die großen Schiffe haben wir schon von der Liste gestrichen, die nach Colonia oder Montevideo, auf dem Landweg über die Grenze haut nicht hin, fliegen kommt erst recht nicht infrage ... Aber Gott sei Dank gibt es das Delta.«

»Was ist das Delta?«, wollte Ajo wissen.

Guida antwortete ihm nicht, sah ihn nicht einmal an.

»Wenn ihr tut, was ich euch sage, kommt ihr rüber«, erklärte er zu Ismael gewandt.

Er zog einen Kugelschreiber aus der Hemdtasche, griff sich eine Serviette und malte darauf etwas, das einen Landesteg darstellen sollte, dazu mehrere Boote als kleine Ovale.

»Im Hafen von Tigre an Bord zu gehen ist unmöglich. Ihr könnt euch auch nicht einfach unter die Passagiere mischen. Deshalb werdet ihr euch hier oben verstecken ...«

Er rammte die Spitze des Kugelschreibers in eins der ovalen Gebilde. Er tat es mit einer solchen Wucht, dass Ajo fast von seinem Stuhl aufgesprungen wäre. Auch wenn er sich alle Mühe gab, wie ein Profi zu wirken, ergriff seinen Körper plötzlich ein Schwindelgefühl.

»Oben auf dem Dach. Zwischen den ganzen Koffern und Taschen.«

Guida merkte, dass eine Frau am Nebentisch zu ihnen herübersah, und senkte die Stimme.

»Auch dahin zu kommen ist nicht leicht. Da ist zum einen die Küstenwache im Hafen. Zum anderen sind die Boote ziemlich niedrig. Das Dach ist leicht einsehbar. Dafür liegen die Boote an dem Steg dicht an dicht. Und genau das ist für uns der entscheidende Punkt. Was hab ich euch beigebracht?«

»Es gibt immer eine Schwachstelle«, sagte Enana.

Guida nickte.

»So ist es, und hier ist es das Dach. Die Boote liegen wie gesagt eins direkt am anderen, parallel zum Ufer. Die Besatzung springt beim Manövrieren zwischen den Booten hin und her. Verstecken werdet ihr euch also hier, und zwar schon in der Nacht, bevor das Boot ablegt, also heute Nacht. Der Bootsführer ist ein Freund von mir, er erwartet uns heute Abend um acht ein paar Kilometer vor dem Hafen. Ihr klettert aufs Dach des Boots, er fährt mit euch zum Puerto de Frutos und wird sein Boot dort neben einem anderen festmachen, das morgen in aller Frühe nach Nueva Palmira geht. Wenn es hell wird, merkt ihr, wie langsam Betrieb aufkommt. Das Boot direkt links neben eurem füllt sich langsam ... der untere Teil mit Passagieren, das Dach mit allem möglichen Gepäck, Koffer, Taschen und so weiter. Ihr liegt mucksmäuschenstill da, auf dem Bauch, rührt euch nicht und wartet. Wenn alle an Bord sind, wirft der Bootsführer den Motor an. Das ist für euch das Signal zum Überwechseln. Ihr macht, dass ihr rüberkommt, auf den anderen Kahn, das macht ihr mit links, alles zackzack und keinen Mucks, wie immer. Auf dem anderen Dach legt ihr euch sofort wieder flach auf den Boden und verhaltet euch still.

»Wie lange dauert die Fahrt?«, fragte Ismael.

»Drei Stunden. Wenn ihr in Nueva Palmira ankommt, macht ihr erst mal gar nichts. Der Mann, der das Gepäck runterholt, weiß Bescheid, dass ihr da oben seid. Er wird euch sehen, aber ihr sagt keinen Ton. Ihr bleibt da oben, bis es dunkel wird. Wenn alles stockfinster ist um euch herum, hört ihr den Motor eines kleinen Pick-ups. Der Wagen bleibt in einer Entfernung von etwa hundert Metern stehen und blendet die Scheinwerfer auf. Das ist euer Signal zum Runterklettern.«

Ismael nickte.

»Und dann?«

»Wie es dann weitergeht, erklären euch die Leute dort.«

Guida stand vom Tisch auf und streckte sich.

»Ich gehe jetzt bezahlen. Ihr überlegt es euch. Wenn ich wiederkomme, sagt ihr mir, ob ihr dabei seid oder nicht.«

Er steuerte die Toilette an und ließ sich das Geschäft, das er gerade gemacht hatte, auf der Zunge zergehen: Sein Anteil dafür, dass er die drei auf das Boot brachte, war zehnmal so hoch wie der der Kinder.

»Wieso muss das alles so schnell gehen?«, fragte Enana.

»Damit wir mit niemandem sprechen können.«

Ismael starrte auf den Rest der Pizza, der vor seinen Augen kalt wurde. Es war immer das Gleiche: Er konnte die Gefahr förmlich riechen, stellte sich vor, was auf sic zukam, wollte auf dem Absatz kehrtmachen … und marschierte geradewegs auf die Katastrophe zu.

2

Nichts war so einfach wie in der Geschichte, die Guida ihnen erzählt hatte.

Als der Bootsführer die drei an dem Landesteg zehn Kilometer vor dem Hafen von Tigre auftauchen sah, war ihm klar, dass es den dreien übel ergehen würde. Sie trugen leichte Stoffturnschuhe – der Kleinste ohne Socken – und dünne Jacken, nichts davon wasserdicht. Wind kam auf. Die Luft war feucht; das Wasser unruhig. Der Mann holte ein paar feste Stricke aus der Kabine und hielt sie Ismael hin.

»Wenn es schwierig wird, bindest du erst die anderen beiden fest und dann dich selber.«

»Wenn was schwierig wird?«

Fassungslos angesichts der Naivität der Frage sah der Mann zu Enana hinüber. Dass sein Cousin ein Verbrecher war, war nichts Neues. Aber dass die Kinder, die er ihm hier anschleppte, derart unbedarft sein würden, hatte er nicht erwartet. Dass sie hier waren, bedeutete allerdings, dass sie sich bewährt hatten. Der kleine Knirps, der das Boot bestaunte und aufgeregt herumhopste, als ginge es in den Vergnügungspark, rührte ihn geradezu. Er brachte zwei weitere Planen und eine Decke. Dann kletterte er mit ihnen auf das Dach, sorgte dafür, dass Ajo sich bäuchlings auf den Boden legte, und zeigte Ismael, wie man einen Seemannsknoten knüpfte. Er gab ihnen Anweisungen für Regen, Wind und Sonne. Und er war kurz davor, seinem Cousin zu sagen, dass diese Kinder nicht lebend in Nueva Palmira ankommen würden. Aber er kannte ihn, er schuldete ihm mehr als einen Gefallen und wusste, es war besser, sich nicht einzumischen. Außerdem wäre es nicht das erste Mal, dass er sich täuschte: Alle Kinder, die er ihm im letzten Monat gebracht hatte, waren ihm zarter und schwächer vorgekommen, als sie waren.

Von den zehn, die er übergesetzt hatte, war nur ein Mädchen in den Paraná gefallen, sie hatten Uruguay schon fast erreicht, als sie im letzten Moment ein Unwetter erwischte. Die beiden anderen Mädchen, die mit ihr unterwegs waren, hatten sie untergehen lassen wie einen Stein, ohne einen Mucks, so wie man es ihnen eingeschärft hatte. Eine Woche später hatte ein Junge sich während der Fahrt ständig übergeben, die Passagiere hatten es bemerkt, einer war aufs Dach geklettert und hatte vier Kinder bäuchlings auf dem Boden liegend vorgefunden. Die Küstenwache wurde benachrichtigt, das Boot machte kehrt. Am Landungssteg von Tigre erwartete man sie bereits. Aber obwohl die Beamten keinerlei Rücksicht darauf nahmen, dass es sich um Kinder handelte, und sie gehörig in die Enge trieben, hatte keiner von ihnen den Mund aufgemacht. Und selbst wenn, hätten sie den richtigen Namen seines Cousins nicht gekannt. Er verwendete für jede Gruppe einen anderen Namen.

Guida stand am Ufer und sah ihnen nach. Er feierte seine Glückssträhne, indem er leise vor sich hin pfiff. Sein Part war hiermit erledigt: Dreißigtausend für jedes Kind, das er nach Uruguay schickte. Fast ein Dutzend hatte er in einem Monat übers Wasser geschafft. Es war ein guter Augenblick, um abzutauchen und sich etwas Urlaub zu gönnen. Dann würde er wie jedes Jahr einen Versetzungsantrag stellen, eine Strategie, die sich bewährt hatte. Er zahlte seiner Vorgesetzten eine Stange Geld dafür, dass sie ihn in ein anderes Viertel versetzte, ohne Fragen zu stellen. Abgesehen davon, dass er ein kleines Vermögen in ein Stundenhotel in Quilmes investiert hatte, wohin er sie zweimal wöchentlich ausführte.

Er war nicht der Einzige, der in Bewegung blieb: Die Kinder ließ er normalerweise ebenfalls rotieren. Nachdem er sie ein paar Monate an einem Ort eingesetzt hatte, suchte er ihnen einen anderen Job in einem anderen Viertel, damit sie für eine Weile von der Bildfläche verschwanden. Auch deshalb hatte er ein Interesse daran, dass die drei die Reise antraten: Es war ausgeschlossen, dass sie nicht doch irgendwann plauderten. Selbst die allerdiszipliniertesten fingen an, vor anderen Kindern und Jugendlichen herumzuprahlen, wenn sie sich irgendwas reingezogen hatten. Die drei hatte er bereits häufiger und länger eingesetzt, als er es üblicherweise tat. Und er hatte eine seiner Regeln gebrochen: nicht so kleine Kinder einzusetzen.

Ajo war eine Zeitbombe. Guida lächelte, als er ihn oben auf dem Bootsdach sitzen und fasziniert das Delta betrachten sah, das sich vor seinen Augen ausbreitete. Wenn er Glück hatte, würde er die drei nie wiedersehen.

Es nieselte, als der Fahrer das Boot schließlich im Hafen von Tigre festmachte, direkt neben dem Schiff, das am nächsten Tag nach Nueva Palmira ablegen sollte. Die Windrichtung und das kabbelige Flusswasser kündigten ein Unwetter an. Die Farbe des Wassers deutete darauf hin, dass es heftig ausfallen würde. Vom Dach aus beobachtete Ismael, wie der Bootsführer langsam den Steg entlang davonschlenderte und den wenigen Leuten zunickte, die gerade noch schnell ihre Tickets für die Überfahrt gekauft hatten, damit sie vor dem Gewitter wegkamen. Der einzig Verbleibende war ein Typ der Küstenwache, der sich bereits in seinem Wachhäuschen verschanzt hatte und nicht so aussah, als habe er die Absicht, sein bescheidenes Refugium an diesem Tag noch einmal zu verlassen. Nachdem Ismael eine Weile mit angesehen hatte, wie Ajo bei jedem Heben und Senken des Bootes auf dem glitschigen Dach hin und her rutschte, setzte er die Anweisungen des Bootsführers kurz entschlossen in die Tat um: Sie sollten sich an der Dachumrandung festhalten, sagte er, und schnürte zuerst Ajo, dann Enana die Hände an der Stange fest. Danach kamen die Füße dran, die er an der gegenüberliegenden Stange festzurrte. Er wickelte die beiden, so gut es ging, in die Decke und breitete schließlich noch die eine Plane darüber. Ajo ließ alles mit sich geschehen. Da lag er, nass bis auf die Knochen, benommen durch das rhythmische Klatschen der Wellen gegen das Boot, dazu das Knirschen seiner Zähne, die rechte Wange auf das Dach gepresst, die Sicht verengt durch die Plane, die ihn und Enana vollständig bedeckte, der wie außer Rand und Band geratene Horizont, der vor seinen Augen mit immer größerer Wucht auf und ab tanzte (Himmel, Wasser, Himmel, Wasser), die panikartige Beklemmung wegen der Fesseln an Händen und Füßen, er konnte sich nicht rühren … Er spürte einen Knoten im Hals, sein Kinn fing an zu zittern. Er reckte den Hals und spähte zu seiner Schwester hinüber, die die Brauen zusammengezogen hatte und einfach aushielt, die Augen trocken, starr auf einen imaginären Punkt in der Vergangenheit gerichtet, wie sie es immer tat, wenn es eng wurde.

»Ich will hier weg«, flüsterte er.

Aber Enana hörte ihn nicht, es war zu laut. Da tat auch er, was er immer tat … er schloss die Augen und dachte an seine Großmutter. Es fiel ihm schwerer als sonst, er kämpfte mit einem Kloß aus Übelkeit und Angst in seinem Magen, aber schließlich spürte er den Finger seiner Großmutter, der ihm über die Stirn strich und sanfte Kreise malte.

Als er wach wurde, hatte es aufgehört zu regnen.

Er fühlte ein Gewicht auf seiner Schulter und brauchte eine Weile, bis er begriff, dass es die Plane war, auf der sich das Wasser gesammelt hatte und die ihn jetzt umschlang wie eine dieser Riesenquallen, die er bestimmt bald zu Gesicht bekommen würde. Wenn sie da waren. Er hatte von diesen Ungeheuern geträumt, seit Enana sie ihm beschrieben hatte. In seiner Vorstellung waren sie riesenhaft groß, hatten weder Gesicht noch Gestalt, dafür aber meterlange Krakententakel, die ihn auf den Grund des Meeres zerren wollten. Vor ihnen hatte er mehr Angst als vor den Haien. Er wandte den Kopf zu Enana, die genauso eingequetscht dalag wie er. Seine Schwester bedeutete ihm, dass er weiter still sein sollte.

Von unten waren Bewegung und Stimmen zu vernehmen.

Der Fluss lag ruhig da.

Es dämmerte.

Die ersten Passagiere stiegen in das Boot zu ihrer Linken ein, das unmittelbar neben ihrem lag, so wie Guida es ihnen vorhergesagt hatte. Wegen des Unwetters waren mehrere Boote miteinander vertäut worden. Eine Reisetasche, die auf das Dach des Nebenschiffes verladen werden sollte, flog zu weit und landete auf der Plane, unter der Enana lag. Das Wasser spritzte in alle Richtungen.

Enana unterdrückte einen Schmerzensschrei. Gleich darauf erschien ein Mann auf ihrem Dach. Er griff sich die Tasche und beförderte sie an ihren Platz. Enana, Ismael und Ajo lagen regungslos unter ihren Planen und hielten die Luft an. Der Mann stand jetzt mit dem Rücken zu ihnen und verstaute die Gepäckstücke, die ihm von unten zugeworfen wurden. Dann verschnürte er alles mit ein paar Stricken zu einem großen, festen Packen und kletterte wieder hinunter. Der Bootsführer ließ den Motor an. Das war das Signal. Ismael robbte unter den Planen zwischen die beiden Geschwister. Er versuchte die Knoten zu lösen, doch seine durch die stundenlange starre Haltung taub und steif gewordenen Hände zitterten. Rasch zog er ein Messer aus der Tasche, um die Seile zu durchtrennen.

Der Motor des anderen Bootes war warm gelaufen. Als Erste sprang Enana. Ajo hechtete kopfüber hinterher, Kamikaze wie immer. Er sagte gerne von sich, dass er flinker sei als eine Maus. Kaum hatte er Boden unter den Füßen, hatte er sich schon in eine Lücke zwischen den Gepäckstücken gequetscht. Ismael sprang im letzten Moment, das Boot legte bereits ab. Als es die anderen Boote hinter sich ließ und langsam auf den Fluss hinaustuckerte, hätte man außen nichts Ungewöhnliches bemerkt.

Wenig später nahmen sie Kurs auf Uruguay.

Ajo reckte die Nase, er wollte die Sonne im Gesicht spüren. Als sie das Delta erreichten, verließen Ismael und Enana ihr Versteck. Während der Fahrt würde niemand auf das Dach geklettert kommen. Sie zogen sich die nassen Sachen aus und breiteten sie zum Trocknen auf dem Bootsdach aus. Ajo tat es ihnen nach, erleichtert, die unangenehm an der Haut klebenden Stoffschichten los zu sein. Schon lagen sie in Unterwäsche da und ließen sich von der

Sonne aufwärmen. Noch nie hatten sie die Stadt verlassen.

Von dem, was Ajo und Enana kannten, war das, was dem Tigre-Delta am nächsten kam, das Ufer des Riachuelo, nur wenige Meter von der Hütte, in der sie aufgewachsen waren. Diese Müllkippe von Fluss war Ajos Spielplatz gewesen: Dort hatte er schwimmen und Schätze finden gelernt, und zwischen einer Vergiftung und der nächsten hatte er sich zum Meister in der Kunst des Tötens von Ratten und Opossums entwickelt. Diese Landschaft hier war anders. Der Fluss war schmal, und die waldigen Ufer wirkten ganz und gar nicht vermüllt. Das kakaofarbene Wasser war sauber. Ajo versuchte, die auf Pfählen gebauten kleinen Häuschen zu zählen, die durch die Bäume hindurch zu erkennen waren. Beinahe jedes hatte einen eigenen Steg. Auf einem standen zwei kleine Mädchen und machten Anstalten, in den Fluss zu springen. Zwei andere planschten bereits im Wasser herum und stürzten sich kreischend in die Wellen, die das Boot aufwarf, als es an ihnen vorbeischipperte. Eins der Mädchen entdeckte die drei, wie sie halb nackt auf dem Dach saßen; *Seht mal, da oben!*, rief sie und zeigte mit dem Finger auf das Boot. Die drei zuckten zusammen. Ismael und Enana tauchten in Sekundenschnelle wieder ab. Ajo dagegen winkte freudig zurück, sprang auf und kam der Aufforderung der vier Mädchen nach, die, begleitet von rhythmischem Händeklatschen, skandierten: *Que muevan el culito! Si no no lo mueven ...!* Er drehte ihnen den Rücken zu und wackelte übertrieben mit dem Hintern, wie es die Mädchen im Fernsehen machten. Entsetzt packte Ismael ihn im Nacken, zog ihn hinunter und zurück zwischen die Koffer.

»Geht's noch, du kleiner Idiot?«

»Die haben uns gewunken!«

Der Motor und die Wellen, die gegen das Boot klatschten, machten einen solchen Lärm, sie mussten kaum fürchten, dass jemand sie sprechen hörte.

»Du denkst wohl, wir machen hier Ferien, oder was?!«

»Lass mich los!«

Bei dem Gerangel zwischen den beiden hatte sich ein Gepäckstück gelöst und drohte vom Dach zu rutschen, Enana warf sich bäuchlings hinterher und bekam es im letzten Moment zu fassen, und hätte Ismael sie nicht bei den Haaren gepackt, wäre sie mitsamt der Tasche ins Wasser gestürzt. Auf den Schreck zogen sich die drei wieder in ihr Versteck zurück und kauerten sich still aneinander. Nach einer Weile merkten sie, wie hungrig sie waren, und begannen mit professionellem Geschick das Gepäck zu durchforsten. Zuerst nahmen sie sich die Gepäckstücke vor, die keine Schlösser hatten, deren Reißverschlüsse und Vordertaschen ohne Weiteres zu öffnen waren.

Enana zerrte ein grünes T-Shirt aus einer Reisetasche, zog es sich über und schlüpfte in ein paar nagelneue Turnschuhe. Ajo fand einen roten Anorak, eine San-Lorenzo-Kappe, eine Schachtel Zigaretten, zwei Feuerzeuge und ein Päckchen Mate, das er wieder zurücksteckte, es war zu viel Beute für eine Tasche. Ismael zog sein Messer heraus und schlitzte einen Karton, der nur dürftig mit Klebeband verschlossen war, vorsichtig auf. Ein Schnitt von wenigen Zentimetern, sodass Ajos Hand gerade noch hindurchpasste. Der fing auf Ismaels Geheiß auch gleich an, das Innere des Kartons abzutasten, und wirkte dabei wie ein äußerst erfahrener Chirurg, der sich vor dem Eingriff ein Bild von dem Körper macht, den er gleich operieren wird.

»Das ist irgendwas zu essen«, entschied er. »Verschiedene Packungen und Dosen.«

Er trat seinen Platz an Enana ab, die als Einzige lange Fingernägel hatte. Behutsam löste seine Schwester das Klebeband um den Schlitz herum so weit ab, dass man den Deckel ein wenig aufklappen und Ajo drei Konservendosen (Palmitos in Salzlake, weiße Bohnen und Thunfisch) und zwei Packungen Kekse herausfischen konnte. Dann klappten sie den Deckel wieder zu und drückten das Klebeband fest. Niemand würde den Eingriff bemerken, sofern er die Stelle nicht besonders genau unter die Lupe nahm. Ismael öffnete die Dosen, während Enana die Kekse aufteilte. Sie aßen schnell, ohne ein Wort. In einer anderen Reisetasche hatte Ajo zwei Flaschen Rotwein entdeckt, aber Ismael befahl ihm, sie in eine ihrer Taschen zu stecken und für eine andere Gelegenheit aufzubewahren. Sie mussten hellwach sein, wenn sie in Uruguay ankamen. Er selbst vertrug eine ganze Menge. Aber Enana und Ajo wären mit zwei Litern Alkohol für etliche Stunden ausgeschaltet. Weil er ohnehin schon dabei war, begann er, an einem winzigen Schloss herumzuspielen, das er ohne Probleme mit den Zähnen aufbekommen hätte. In der Tasche entdeckte er zwischen Fußballzeitschriften und Sportsachen einen kleinen Fotoapparat. Nach den Regeln war das mehr als der erlaubte Kleinkram. Guida hätte es nicht gutgeheißen. Doch hier und jetzt waren sie nicht mehr auf seine Zustimmung angewiesen. Er stopfte die Kamera in die Tasche einer Jacke, die er aus einem anderen Koffer gefischt hatte. Als er sich umwandte, sah er Enana und Ajo, von Kopf bis Fuß in fremde Sachen gehüllt, wie sie weiter munter Schlösser aufbrachen und Gepäckstücke durchwühlten, einfach nur so zum Spaß, sie fühlten sich ganz in ihrem Element.

»Schluss jetzt«, bestimmte er. »Das reicht.«

Der Befehl riss sie jäh aus ihrem Plünderrausch. Ismael

hatte sie darauf trainiert zu gehorchen. Enana pulte die Zigarettenschachtel auf, steckte sich drei in den Mund, zündete sie an und verteilte sie. So kamen sie häufiger zur Ruhe. Für Ajo hatte das Nikotin eine ähnliche Schnullerfunktion wie die Knoblauchzehen. Er verzog sich in eine andere kleine Gepäcknische, in die nur er allein hineinpasste. Zwischen alle möglichen Reisetaschen und Bündel gekauert, nahm er einen langen Zug und spähte neugierig in die Ferne, so weit er aus seinem Schlupfwinkel sehen konnte. Der Fluss war jetzt breit, das Ufer nicht mehr so nah. Noch niemals hatten seine Augen so weit geschaut. In der Distanz sah er mehrere gigantische Schiffe. Das, was noch dahinter lag, musste das andere Ufer sein. Die monotone Geräuschkulisse (das Tuckern des Motors, das Klatschen der Wellen und das Geschrei der Vögel) machte ihn immer schläfriger, der Rauch liebkoste ihn von innen und ließ seine Lider schwer werden, bald hörte er auf, dagegen anzukämpfen.

Als sie Nueva Palmira erreichten, war es Mittag. Die Sonne stand im Zenit. Enana erwachte von einem dreifachen lauten Tuten. Ein anderes Schiff kam ihnen entgegen und zog dicht an ihnen vorbei.

Die beiden Schiffsführer grüßten sich und tauschten inhaltsleere, dafür aber mit Inbrunst gebrüllte Floskeln aus, die den Motorenlärm übertönten. Am Ufer kamen die Silhouetten mehrerer Fabriken in Sicht, Berge von Containern, eine still daliegende betonierte Uferpromenade, ein Strandstreifen mit bunten Sonnenschirmen … Ajos Blick verharrte auf der Landebrücke, die sie ansteuerten. Jetzt kam der gefährlichste Teil ihrer Überfahrt.

Er krabbelte zu den beiden anderen, und sie versteckten sich, wie es ihnen Guidas Freund erklärt hatte: Sie legten sich bäuchlings auf den Boden zwischen das Gepäck. Während das Boot den Hafen ansteuerte und die Geschwindigkeit drosselte, legte Enana ihren Arm um Ajos Schultern und ging mit ihm flüsternd noch einmal durch, was als Nächstes passieren würde: Der Mann, der gleich aufs Dach hochkomme, um das Gepäck abzuladen, werde sie sehen, aber nichts sagen … Er brauche keine Angst zu haben und solle sich nicht rühren, selbst wenn der Mann ihnen direkt in die Augen sehe. Ajo nickte und tat abgeklärt.

»Ich bin vielleicht klein, Schwesterchen, aber nicht dumm.«

Doch als der Schiffsführer das Dröhnen des alten Motors stoppte, das sie die letzten Stunden nahezu betäubt hatte, zitterten ihm die Knie. Mit einem Mal waren die Stimmen der Passagiere deutlich zu hören. Voller Vorfreude auf den beginnenden Urlaub schnatterten sie aufgeregt durcheinander, wodurch die Gruppe größer schien, als sie es war. Sie hatten es eilig auszusteigen, konnten sich kaum beherrschen, nicht zu drängeln und zu schieben. Nach wenigen Minuten waren alle von Bord. Ein Bootsangestellter kam aufs Dach geklettert und begann einem anderen, der unten stand, die Gepäckstücke zuzuwerfen. Der fing sie auf und stapelte sie auf einem Wagen. Hinter seine Schwester geduckt, verfolgte Ajo, wie die Stimme des Mannes, der langsam den Gepäckberg abtrug, immer näher kam. Noch eine Reisetasche und er stand direkt vor Enana.

»Hast du neulich Abend eigentlich noch was klargemacht, Gringo?«

Die Rufe kamen von unten.

Der Mann starrte Enana unverwandt an.

»Und wie, Mann! So 'ne kleine Dunkle war das, höllisch heiß!«

Er bückte sich und zog die Tasche hervor, die zwischen Enanas Beinen lag. Enana rührte sich nicht, lag ganz still da und hielt Ajo im Arm, der sich mit angewinkelten Beinen an sie schmiegte. Das Spielchen schien ihm Spaß zu machen, denn der Mann grinste ihr zu, während er nach unten hin klarstellte:

»Älter als fünfzehn war die nicht!«

Er beförderte ein paar weitere Kartons zum Rand des Daches hin, sodass Ismael zum Vorschein kam, ein Messer in der Hand. Der Mann hielt inne, beugte sich über die Umrandung und brüllte nach unten:

»So 'ne kleine Dunkle, wie ich sie mag!«

Ajo versuchte den Kopf zu drehen, er wollte sehen, was los war, aber Enana presste ihn fest an sich, sodass er ihr nicht ins Gesicht nicht sehen konnte. Der Mann warf die letzten Gepäckstücke zu dem anderen Angestellten hinunter. Damit hatte er die drei endgültig ihrer letzten Deckung beraubt, schutzlos hockten sie da.

»Ein richtiges Kindergesicht hatte die noch!«

Von unten hätte nichts auf etwas Ungewöhnliches hingedeutet. Das Verhalten des Gepäckabladers wirkte vollkommen unverdächtig. Er deckte das Dach mit einer Plane ab, die er wie selbstverständlich über die drei Kinderkörper breitete und an mehreren Stellen befestigte, und kletterte pfeifend die Leiter hinunter. Sie hörten noch, wie die Männer sich mit dem Gepäckwagen entfernten und sich für den Abend verabredeten. Enana atmete erleichtert auf: Der Blick dieses Mannes hatte ihr das Blut in den Adern gefrieren lassen. Sie kannte es nicht anders, als dass die Männer sich früher oder später von ihr nahmen, was sie wollten.

Der Rest des Tages zog sich endlos hin. Vierzehn Stunden hatten sie inzwischen mit Warten verbracht, ihre

Glieder fühlten sich steif und taub an. Jetzt noch stillzuhalten war schlimmer als die ganze Unwetternacht zuvor; schlimmer als die Kälte, der Hunger und die Müdigkeit. Die knapp über ihren Köpfen gespannte Plane ließ ihnen kaum zehn Zentimeter Sicht. Ajo bettelte, sie sollten ihn zum Strand hinunterlassen, er müsse dringend pinkeln. Jede Ausrede war ihm recht, um diesem ekelhaften Schaukeln zu entkommen. Er hörte auf zu betteln, als er sah, wie seine Schwester sich direkt an Ort und Stelle erleichterte, auf dem Bauch liegend, den Kopf gegen den Boden gepresst, und dabei mit dem geheimen Vergnügen, ihre unsichtbare Spur zu hinterlassen, die Fenster an der Vorderseite des Schiffes besudelte.

Ajo tat es ihr nach.

Anschließend konzentrierte er sich darauf, durch den knappen Spalt unter der Plane den Hafen im Blick zu behalten, das lenkte ihn immerhin ein wenig von seiner Übelkeit ab. Mal sah er ein Schiff ankommen, dann wieder eins abfahren, die Abstände wurden größer, bis abends um sechs der Schiffsverkehr zum Erliegen kam. Diese letzten Stunden waren die schlimmsten, es war nicht leicht einzusehen, warum sie noch länger auf dem Boot ausharren sollten. Aber Ismael wusste, dass man sie beobachtete. Ihren Gehorsam auf die Probe stellte. Zwei Jahre Training bei Guida hatten ihn gelehrt, dass der erste Eindruck entscheidend war. Er war kurz davor, Ajo, der seit einer Stunde mantraartig ein und dieselben Worte wiederholte *(Ich will hier weg, ich will hier weg)*, mit Gewalt zum Schweigen zu bringen, da fiel ihm die Flasche Wein ein, die sie vorher wieder in die Tasche zurückgesteckt hatten. Er rammte das Messer in den Korken, zog ihn heraus und hielt ihm die Flasche hin. Der Alkohol auf leeren Magen, dazu die unbewegliche Körperhaltung und das monotone Schaukeln des Bootes, das alles lullte sie allmählich ein. Enana schlief ein mit dem Gedanken an die lüsternen Blicke des Mannes auf dem Bootsdach und der Gewissheit, dass es ein Fehler gewesen war, sich auf diese Reise einzulassen.

3

Enana erwachte von grellem Scheinwerferlicht. Sie hob die Plane an, um sich zu vergewissern, dass es der Pick-up war. Aus dem Wagen, der etwa hundert Meter vor dem Landesteg parkte, stieg ein Mann aus. Ein kurzer Pfiff, scharf und gebieterisch, ein eindeutiger Befehl. Alles war so, wie Guida es vorhergesagt hatte. Sie schlugen die Plane zurück, und Enana half Ajo, sich aufzusetzen, machte ihm den Reißverschluss seiner Jacke zu und setzte ihm die Schirmmütze auf. In seinen Augen las sie komplette Verwirrung, alles war dort durcheinandergeraten – Tag und Nacht, das Bootsdach, der Fluss … Es kam nicht oft vor, dass sie sich daran erinnerte, wie klein er noch war. Doch Ajo, an Chaos und Entwurzelung ebenso gewöhnt wie sie selbst, jammerte nicht. Über die kleine Bootsleiter kletterten sie auf den Steg hinunter. Ismael ging ein paar Schritte voraus. Im Hafen war es stockfinster, nur in der Ferne waren ein paar Straßenlaternen zu erkennen, die die Kurve der Uferpromenade beleuchteten.

»Los jetzt! Bewegt eure kleinen Ärsche, wir haben nicht ewig Zeit!«

Enana erkannte die Stimme: Es war der Mann, der bei der Ankunft das Gepäck abgeladen hatte. Den Blick auf den Boden geheftet und die Hand ihres Bruders fest umklammernd, folgte sie Ismael bis zu dem Pick-up, von der Ladefläche starrten ihnen zwei Schäferhunde entgegen.

Der Mann gab ihnen knapp zu verstehen, dass sie hinaufklettern sollten, weiter sagte er kein Wort, nicht einmal seinen Namen.

In der Finsternis hörte Ajo die Hunde hecheln, er drückte sich ganz in die Ecke und verschanzte sich hinter seiner Schwester, wie er es immer tat, wenn er Gefahr witterte. Ein zweiter Mann, der am Steuer saß, wandte kaum merklich das Gesicht zu dem kleinen offenen Fenster zwischen Fahrerkabine und Ladefläche und herrschte die Hunde (oder alle) an, sie sollten bloß still sein. Er hatte eine Narbe, die direkt über dem Adamsapfel quer von einer Seite des Halses zur anderen verlief. Die Hunde waren still, die Kinder ebenso. Der Mann mit der Narbe schloss das Fenster, sah wieder nach vorne, ließ den Motor an und fuhr los. Er beschleunigte und bog nach kurzer Zeit von der Küstenstraße auf einen Feldweg ein. Ismael war es gewöhnt, dass solche Transporte in der Nacht abgewickelt wurden, wo man weder die Gesichter noch den Weg erkannte, Fahrzeug und Nummernschild nicht zu identifizieren waren, man stellte keine Fragen, hörte kaum eine Stimme. Als der Pick-up nach einer ganzen Weile mitten auf offenem Feld bei einem verfallenen Haus anhielt, hatten die drei keine Ahnung, wohin sie geraten waren. Dazu waren sie derart hungrig und entkräftet, dass sie sich kaum auf den Beinen halten konnten.

Die Ladefläche wurde geöffnet.

Die Hunde drängten sich schon an der Klappe und waren mit einem Satz unten, sie kannten sich offenbar aus. Enana fühlte Ajos kleine Hand in ihrer und drückte sie fest, während sie dem Mann folgten, der auf den einzig erkennbaren Lichtpunkt zusteuerte: ein winziges erleuchtetes Fenster, das etwa hundert Meter vor ihnen in der

Luft zu hängen schien. Mehrere andere Hunde stürmten ihnen laut bellend entgegen. Ein scharfer Ruf des Mannes brachte die Meute zum Schweigen. Wie ein geübter Chor verstummten die Tiere auf einen Schlag und begannen die Neuankömmlinge wild zu beschnuppern.

Eine große, korpulente Frau, die in Körperbau und Gang frappierende Ähnlichkeit mit dem Mann aufwies, trat aus dem Haus.

»Ich dachte schon, ihr kommt heute nicht mehr.«

»Wir waren spät dran, Tante.«

»Wie viele sind es?«

»Drei.«

»Tag oder Nacht?«

»Nacht. Bleiben auch nicht länger als eine.«

Er zog ein Bündel Geldscheine aus der Tasche und drückte sie der Frau in die Hand.

»Um fünf komme ich sie abholen.«

»Alles klar, mein Junge, keine Sorge.«

Als der Pick-up den Motor anließ und das Fernlicht einschaltete, konnte Ismael erkennen, wie es um sie herum aussah. Sie waren umgeben von sanft geschwungenen Feldern, eine ganz andere Landschaft als die, die er in Argentinien zu Gesicht bekommen hatte, das einzige Mal, als er außerhalb der Stadt gewesen war. Im Umkreis von mehreren Kilometern war kein anderes Haus zu erkennen. Verschiedene Gehege, ein paar Pferde, magere Hunde, ein Auto ohne Räder, eine Hängematte, die zwischen den kahlen Ästen eines Baumes gespannt war, ein Dreirad. Ein einfaches kleines Haus mit einem Werkzeugschuppen dahinter. Enana hätte es nicht gleichgültiger sein können, wo sie waren: Sie hatte nur erleichtert aufgeatmet, als der Mann sich offenbar verabschiedete.

Plötzlich spürte sie zwischen ihren Beinen die Schnauze eines Hundes, der aufgeregt an ihr schnupperte. Der Mann riss ihn mit derartiger Wucht am Hals zurück (*Was mir gehört, rührst du nicht an, Negro,* zischte er leise), dass der Hund wie ein Irrer auf den Pick-up zuschoss. Der Mann küsste die Frau zum Abschied auf die Wange und stapfte davon, nicht ohne Enana noch einen anzüglichen Blick zuzuwerfen.

Wir zwei sehen uns bald wieder, schien er zu sagen.

Enana wich einen Schritt zurück, auch wenn ihr klar war, dass es hier keine Fluchtmöglichkeit gab.

Im Haus roch es nach Eintopf und Ammoniak.

Zwei Mädchen von etwa zwölf oder dreizehn Jahren saßen am Tisch und aßen. Sie schauten auf, als sie eintraten, unterbrachen ihre Mahlzeit jedoch nicht. Ihre Haut war von der Sonne verbrannt, ihre Haare blond, die Augen hell; sie saßen still da und sagten nichts, doch sie sahen furchterregend aus. Der beißende Geruch kam von ihren frischgefärbten Haaren.

Ismael warf einen Blick in das Nebenzimmer, das durch einen Vorhang aus roten Bändern abgetrennt war, dort saßen ein Mann und zwei Teenager und schauten sich einen Tanzwettbewerb im Fernsehen an.

»Eure Namen«, sagte die Frau.

Ismael antwortete für alle drei.

Die Frau schmunzelte, als sie die Spitznamen hörte.

»Ich bin die Tante. So werdet ihr mich von jetzt an nennen. Wenn euch jemand fragt, wo ihr wohnt, sagt ihr, ihr verbringt den Sommer bei eurer Tante, in der Nähe von Maldonado.«

Sie schaute Ajo an:

»Wo wohnt ihr?«

Ajo begriff nicht gleich, dass es sich um einen Test handelte.

Der Eintopfgeruch setzte ihm zu.

»Bei der Tante.«

»Bei *meiner* Tante.«

»Bei *meiner* Tante. In der Nähe von Maldonado.«

»Okay. Also, in diesem Haus gibt es folgende Regeln: Meine Familie isst zuerst. Mit meinen Kindern und meinem Mann sprecht ihr nicht, ihr tut, als wären sie nicht da. Wir schlafen hier im Haus und ihr im Schuppen. Jede Gruppe hat ihren Rhythmus.«

Sie deutete auf die Mädchen.

»Die beiden arbeiten tagsüber. Ihr werdet nachts arbeiten, sofern ihr überhaupt länger als eine Nacht bleibt. Ihr werdet euch also kaum sehen. Und keine Fragen. Kapiert?«

Die drei nickten und ließen die Löffel mit Eintopf, die von den Tellern der beiden Mädchen in die Münder wanderten, nicht aus den Augen.

Die Frau stellte drei weitere Suppenteller auf den Tisch.

Mehrere Minuten lang aßen die fünf Kinder schweigend, dabei lieferten sie sich stumme Blickduelle. Durch den bohrenden Blick des einen Mädchens, es war die Kleinere der beiden, fühlte sich Ajo derart in die Enge getrieben, dass er seine Nase beinahe ganz in den Teller versenkte. Das Mädchen löffelte weiter, schwenkte dann abrupt auf Enana um. Sie hatte aber nicht damit gerechnet, auf eine Widersacherin zu treffen, die gelassen, ja geradezu herausfordernd und ohne auch nur mit der Wimper zu zucken, in ihrem eigenen Rhythmus weiteraß. Ismael übernahm es, dem größeren Mädchen klarzumachen, wer das Sagen hatte. Er setzte ihr so sehr zu, dass sie den Blick ab- und sich der Frau zuwandte.

»Das war lecker, Tante«, sagte sie, erhob sich und ging ihren Teller abwaschen.

»Freut mich.«

Die Frau trat an den Stuhl der anderen heran, um die Wirkung des Färbemittels zu prüfen. Mit der Kuppe des Zeigefingers schob sie eine Strähne zurück.

»Das reicht. Ihr könnt jetzt ausspülen gehen.«

Die beiden blonden Mädchen wuschen ihre Teller fertig ab, sagten Gute Nacht und verließen den Raum. Aus dem Nebenzimmer drang in Abständen das wiehernde Gelächter, das mit dem Fanatismus eines Fußballultras jeden Kommentar des Moderators feierte.

Die Frau zündete sich eine Zigarette an und lehnte sich gegen den Türrahmen, um die Punktzahl zu sehen, die eine Teilnehmerin in diesem Moment von der Jury erhielt. Ajo machte Anstalten aufzustehen, er wollte ebenfalls verfolgen, wie die Griechin abschnitt. Die Griechin war eine stark geschminkte und so stark operierte Fernsehdiva, dass sie aussah wie eine aufblasbare Puppe, und sie war Ajos unglückliche Liebe. Jeden Abend hatte er sie auf dem Bildschirm in der Pizzeria bewundert, wo er den schlüpfrigen Kommentaren der Köche und Kellner begeistert lauschte. Enana legte ihm beschwichtigend die Hand auf den Arm.

Nachdem alle fertig gegessen hatten, händigte ihnen die Frau einen Stapel Laken, Decken und Handtücher aus (die so alt und verschlissen waren, dass alle drei zusammen kaum ein ganzes ergaben). Mit einer knappen Kopfbewegung von der Art, mit der sie normalerweise ihre Hunde zum Schweigen brachte, bedeutete sie ihnen, ihr zu folgen. Sie gingen am Haus entlang, dann durch Gelände mit hohem Gras. Vor Übermüdung vollkommen überdreht, hatte Ajo bereits beim Abendessen begonnen, ohne erkennbaren Anlass herumzukichern. Er trug als Einziger kurze Hosen, und über das Kitzeln der Grashalme an der nackten Haut wollte er sich jetzt schier kaputtlachen. Die Frau blieb stehen, wandte sich um und leuchtete ihm besorgt mit der Taschenlampe ins Gesicht. Dann leuchtete sie die beiden Größeren an.

»Ist der Kleine betrunken?«

»Der ist nur müde«, erklärte Enana entschuldigend.

Doch das Kichern und Prusten hörte nicht auf, im Gegenteil, es steigerte sich mehr und mehr zu einem wilden Geheul, das wie eine Art Lamento in einer fremden Sprache klang. Die Frau drehte sich erneut zu ihm um und starrte Ajo ungläubig an. Der hielt sich mit der Hand den Mund zu und versuchte sich zu beherrschen, doch das Geheul wurde immer lauter und wilder.

»Entschuldigung«, stammelte er und verschluckte sich an seinem Lachen.

»Ist dem Zwerg klar, wozu ihr hier seid?«

Ismael wollte Ajo mit Gewalt zum Schweigen bringen und verpasste ihm einen Schlag in den Nacken, sodass er mit dem Gesicht gegen den Bauch seiner Schwester gedrückt wurde.

»Ja, Señora, er weiß Bescheid.«

»Tante … Hast du nicht gehört, was ich drinnen gesagt habe?«

»Ja, Tante.«

Die Frau zielte den dreien mit der Taschenlampe ins Gesicht und musterte sie, ohne mit der Wimper zu zucken. Für einen Moment schien in ihren Augen derselbe furchterregende Glanz auf wie bei dem Mann, der sie hergebracht hatte.

Irgendetwas kam ihr verdächtig vor.

Es hatte sie schon stutzig gemacht, dass sie einen solch kleinen Knirps zu ihnen herüberschickten, die Kinder waren selten jünger als zehn. Enana tauschte einen Blick mit Ismael: Ein falscher Schritt und alles konnte von einer Sekunde auf die andere vorbei sein. Sie bohrte ihre Fingernägel so heftig in Ajos linke Hand, dass der Schmerz ihn jäh verstummen ließ. Die Frau war kurz davor, das Telefon herauszuholen, ihren Neffen anzurufen und ihm zu sagen, dass die Kinder nichts taugten. Sie hatte einen unfehlbaren Riecher, ihr Wort war Gesetz.

Doch etwas an dem Blick dieses kleinen Kerlchens rührte sie.

Ruckartig drehte sie sich wieder um und marschierte weiter in Richtung Schuppen, für einen Moment verwirrt durch die ungewohnte Gefühlsregung. Doch die kurze Anwandlung von Sanftheit verflog ebenso plötzlich, wie sie gekommen war; als sie, keine fünfzig Meter weiter, vor der Tür des Schuppens stehen blieb, waren die drei für sie das, was die Kinder hier immer waren: nicht mehr als eine Nummer. Sie schloss die Tür auf und richtete das Licht ihrer Taschenlampe auf die an der Wand stehenden Doppelstockbetten.

»Da schlaft ihr.«

Ein plötzliches Prusten und Kichern in ihrem Rücken ließ sie die Taschenlampe wieder nach draußen schwenken: Wenige Meter hinter dem Schuppen standen die beiden blonden Mädchen in BH und Jeans barfuß auf der Erde, die Kleine vornübergebeugt, den Kopf voller Schaum. Die Große, eine Zigarette im Mundwinkel, goss der Kleinen aus einem Plastikeimer Wasser über den Kopf.

»Beeilt euch, ich mache gleich zu«, mahnte die Frau.

Ihre Stimme ließ weder Ärger noch sonst eine Emotion erkennen. Sie erfüllte ihre Rolle wieder wie mechanisch, als ob sie an nichts Anteil nähme.

Die fünf Kinder traten in den Schuppen, und die Frau schloss die Tür hinter ihnen. Von drinnen konnte Ajo hören, wie sie mit Kette, Schloss und Schlüssel hantierte.

»Kann ich bei dir schlafen?«, bat er Enana flüsternd, während sie ihm die feuchten Stoffturnschuhe auszog.

»Nein, Ajo. Du schläfst oben.«

Enana nahm ihn auf den Rücken, um ihn auf die obere Matratze hinaufzuheben. Ajo schlang seine kleinen Arme fest um seine Schwester und vergrub die Nase zwischen ihrem Hals und ihrer Schulter.

»Komm, lass mich jetzt los«, raunte Enana sanft.

Ajo fügte sich, drehte ihr den Rücken zu und schlief auf der Stelle ein. In der unteren Koje hatte sich inzwischen Ismael ausgestreckt, er rauchte und ließ die beiden Mädchen, die sich in der gegenüberliegenden Ecke eine Pritsche teilten, nicht aus den Augen. Schwach durch das Licht eines Mobiltelefons beleuchtet, hörten sie Cumbia und rasierten sich die Beine. Die eine reichte der anderen den Rasierer.

Ismael wartete, bis eine aufsah.

»Seid ihr aus Buenos Aires?«

Das Mädchen legte den Zeigefinger an die Lippen und deutete mit dem Kinn auf eine kleine, an der Wand befestigte Kamera. Ohne ein weiteres Wort schaltete sie das Telefon aus.

In der Stille waren leise Pinkelgeräusche zu hören. Enana hockte im hinteren Teil des Schuppens, in der etwa einen Quadratmeter großen Zelle mit Betonwänden und gefliestem Boden, in dem ein Loch als Toilette fungierte. Gerade wollte sie sich wieder anziehen, da hörte sie neben sich jemanden atmen. Die Person musste sich im Innern der Zelle befinden, doch Enana hatte sie nicht kommen hören.

»Was willst du?«

»Woher seid ihr? Auch aus Buenos Aires?«, flüsterte das Mädchen.

Enana gab keine Antwort und zog sich die Hose hoch. Es war ihr nicht wohl dabei, gleich am ersten Abend die Regeln zu verletzen. Doch das Mädchen ließ nicht locker.

»Komm schon, keine Panik, hier drin können sie uns nicht sehen und außerdem ...«

Das Mädchen zeigte auf die Kamera, die genau über ihren Köpfen hing, und Enana vergewisserte sich, dass sie sich außerhalb ihres Sichtfeldes befanden.

»Once«, erwiderte sie knapp.

Nachdem ihre Augen sich an die Dunkelheit gewöhnt hatten, zeichneten sich gegen das Licht, das durch einen Spalt in der Schuppenwand drang, allmählich die Konturen des Mädchens ab.

»Und ihr?«, flüsterte Enana.

»González Catán.«

»Wie lange seid ihr schon hier?«

»Drei Wochen.«

»Und?«

»Was?«

»Wie ist es?«

»Easy«, erklärte das Mädchen großspurig.

Sie streifte sich die Jeans herunter und hockte sich über das Loch. Das Geräusch des kräftigen Strahls übertönte das Flüstern.

»Morgens fahren sie uns an den Strand und lassen uns den ganzen Tag da. Wir nehmen mit, was wir können, und abends holen sie uns wieder ab. Jeden Tag das Gleiche, bloß an unterschiedlichen Stränden. Wir haben richtig gute Klamotten bekommen, Markensachen. Und die Haare gefärbt … so richtig blond. Ist wie in die Ferien fahren.«

»Sind noch mehr Kinder hier?«

»Jede Menge.«

»Und wo bringen sie die hin?«

»Keine Ahnung … Morgen erklären sie euch ja alles. Gib mir 'ne Kippe.«

Enana zog die Schachtel aus der Tasche und gab sie ihr. Wenn ihr etwas vertraut war, dann waren es die Regeln der Straße: Freunde konnte man immer gebrauchen. Das blonde Mädchen zog sich die Hose hoch, lachte und ließ dabei ihre kaputten Zähne sehen.

»Na gut«, meinte sie abschließend.

Und verschwand.

Es war noch stockfinster, als sie die bekannte Geräuschabfolge vernahmen, diesmal in umgekehrter Reihenfolge: Schlüssel, Schloss, Kette; der Lichtstrahl der Taschenlampe in ihren Gesichtern, die Stimme der Frau, die sie zur Eile antrieb; der vor dem Tor mit laufendem Motor wartende Pick-up, darin die beiden Männer … Diesmal ließen sie sie nicht hinten auf die Ladefläche klettern, sondern auf die Rückbank, während der Fahrt würden sie ihnen die nötigen Instruktionen erteilen. Die drei sahen nichts von der ärmlichen Ranch, nicht den Feldweg und nicht das Viertel, das sie durchquerten; der Nebel, der sie umgab, war so dicht, dass man kaum einen Meter weit sah. Dass sie die Ruta Interbalnearia erreicht hatten, merkten sie daran, dass der Pick-up aufhörte zu ruckeln und stark beschleunigte, und in einer Kurve – in der Ferne war das noch nachtschwarze Meer zu erahnen – verließ der Wagen mit einem Mal die Nebelbank, und sie sahen die zweispurige Fahrbahn der Ruta und das ein oder andere Fahrzeug, das von Montevideo Richtung Osten unterwegs war.

Jetzt erst wandte sich der Mann vom Hafen zu ihnen um.

»Gut geschlafen?«, erkundigte er sich mit einer unerwarteten Freundlichkeit, die die drei mehr beunruhigte als alles andere zuvor.

Kaum drei Stunden Erholung hatten sie ihnen gegönnt, sie hatten nicht einmal Zeit gehabt, sich das Gesicht zu waschen, und etwas Warmes zum Frühstück hatte es auch nicht gegeben. Ajo und Enana warteten darauf, dass Ismael antwortete. Doch der sagte nichts, ihm war klar, dass die Antwort niemanden interessierte. Stumm sah er dem Mann in die Augen, bis dieser auf zwei Rucksäcke aus festem Leinen zu seinen Füßen zeigte, dazu drei Paar Gummistiefel und drei Regenjacken.

»Da habt ihr alles, was ihr braucht.«

»Wo bringen Sie uns hin?«

Der Mann öffnete das Handschuhfach und nahm eine Karte heraus, faltete sie auf und strich sie glatt. Dann reichte er sie Ismael nach hinten. Das Erste, was sie sahen, waren die roten Kreuze; sie waren von eins bis neun durchnummeriert.

»Weißt du, was ein Hektar ist?«

Ismael nickte. Er hatte keine Ahnung.

»Das Gelände, auf dem wir euch gleich absetzen, ist sechzig Hektar groß. Es gibt neun Häuser, und zu jedem gehört ein Grundstück von etwa fünf Hektar. Auf jedem Grundstück gibt es einen Verwalter und Wachhunde. Die Ziffern hier markieren die Reihenfolge, in der wir vorgehen würden. Die Häuser Nummer eins, zwei und drei liegen unten zum Meer hin und sind am wenigsten gesichert. Nummer fünf hat Überwachungskameras. Nummer sieben einen Elektrozaun. Nummer neun ist eine Art Festung, es gehört einem Russen, der hat einen Schäferhund und zwei Pitbulls. Das Haupttor ist rund um die Uhr bewacht, da sitzt ein bewaffneter Wachmann. Der Rest ist alles Wildgelände, das gehört zu keinem der Grundstücke; dort werdet ihr euch aufhalten. In den Rucksäcken habt ihr Proviant; wenn ihr euch den gut einteilt, habt ihr ausreichend zu essen. Wasser ist auch da: Auf dieser Anhöhe im Wald ist ein Steinbruch mit einem kleinen See. Ihr haltet euch fern von den Wegen. Ihr schlaft tagsüber, nachts wird gearbeitet.«

Er sah von der Karte auf und blickte die Kinder an.

»Kann einer von euch lesen?«

»Ich«, antwortete Ismael.

Sie waren ein eingespieltes Team, Ismael war der Einzige, der den Mund aufmachte. Der Mann vom Hafen wies mit dem Finger auf eine Reihe von Anweisungen, die unter den einzelnen Ziffern handschriftlich vermerkt waren. Dabei hörte er nicht auf, Enana mit dem gleichen gierigen Blick anzugaffen wie schon am Abend zuvor.

»Was ich eben zu den Häusern gesagt habe, steht hier noch mal. Ihr entscheidet selbst, ob ihr die Reihenfolge einhaltet, wenn euch eine andere besser erscheint, macht ihr es anders. Wenn euch irgendwo auf dem Weg jemand anhält, sagt ihr, ihr seid die Neffen und die Nichte vom Verwalter der Familie Beccar Varela. Ihr seid aus Rocha und hier zu Besuch. Wolltet ein bisschen das Gelände erkunden. Ihr lasst euch nicht mit dem Auto mitnehmen. Sagt, ihr seid auf dem Weg zum Strand und wollt lieber zu Fuß gehen …«

Er hielt inne und sah Ajo scharf an.

»Wie war der Name?«

»Beccar Varela«, parierte Ajo, ganz bei der Sache.

Der Mann lächelte zufrieden. Die Sicherheit dieser Kinder gefiel ihm.

»Guida meinte, mit den Hunden kommt ihr klar.«

»Wenn wir das nötige Werkzeug haben, schon«, gab Ismael zurück.

»Da drin findet ihr alles. Das Hackfleisch fasst ihr nicht an, wenn ihr das probiert, schlaft ihr ein paar Tage durch oder wacht überhaupt nie wieder auf. Wenn ihr das benutzt, zieht ihr die Gummihandschuhe an.«

»Was ist mit Spray?«

»Ist auch da. Für jeden eins.«

Er zog ein Mobiltelefon aus der Tasche und hielt es Ismael hin.

»Da ist eine einzige Nummer gespeichert. Du lässt das Telefon ausgeschaltet und machst es erst an, wenn ihr mit einem Haus fertig seid. Schickst mir eine SMS mit der Nummer des Hauses. Dann geht ihr zum Strand, versteckt euch und wartet. Jemand wird kommen und die Sachen abholen.«

»Wisst ihr, wie man Vieh treibt?«

Zum ersten Mal ergriff der Mann mit der Narbe das Wort. Aber sein Ton ließ keinen Zweifel daran, dass er der Boss war.

Er stieß einen markanten Pfiff aus.

»Ihr lasst euch nicht blicken, bevor ihr von der Person am Strand nicht genau so einen Pfiff gehört habt. Ihr gebt dieser Person die Sachen. Dann schaltet ihr das Handy aus, bis ihr das nächste Haus erledigt habt. Wenn ihr das genau so macht, wird der Akku reichen.«

Nach einer weiteren Kurve war der Nebel vollständig verschwunden, dem Blick eröffneten sich zu beiden Seiten der Strecke die sanft geschwungenen uruguayischen Felder. Sie fuhren an einem Golfplatz vorbei, dann an einem Eukalyptuswald, passierten ein weißes Flughafengebäude und eine mit gigantischen Luxusvillen zugebaute Bucht. Schließlich deutete der Mann am Steuer auf ein eingezäuntes Gelände auf der anderen Straßenseite, ein himmelblau gestrichenes Tor und darüber ein Schild, auf dem Ismael mit Mühe den Schriftzug *La Carolina* entzifferte.

»Das da ist es.«

Nach ein paar Metern wendete er. Mit einem Kopfnicken bedeutete er dem Mann vom Hafen, mit seinen Instruktionen fortzufahren:

»Wenn irgendwas schiefgeht, lauft ihr zum Strand runter und dann immer rechts am Wasser lang. Wenn ihr euch ranhaltet, lauft ihr zwei oder drei Stunden. Etwa fünfzehn Kilometer sind's bis Piriápolis. Da fragt ihr nach dem Busbahnhof. Ihr ruft von dem Handy aus an, das wir euch gegeben haben. Die Tante wird euch abholen kommen. Wenn sie euch drinnen erwischen, sagt ihr, ihr seid alleine nach Uruguay gekommen. Ihr habt euch auf einem Boot versteckt und seid über Carmelo rübergekommen. Man wird euch auf die Wache bringen, und von da kommt ihr in eine Einrichtung für Jugendliche in Maldonado. Da werden sie euch wieder verhören. Es wird ziemlich unangenehm werden. Aber ihr bleibt dabei: Ihr seid alleine gekommen, habt alles alleine gemacht. Ihr macht alles wie besprochen, sagt nichts weiter, und wir holen euch da wieder raus. Wenn ihr den Mund aufmacht, bleibt ihr drin, verstanden?«

Eine Antwort erübrigte sich, die Männer hatten ihnen bereits wieder den Rücken zugekehrt. Der Wagen fuhr von der Straße auf einen Feldweg, der direkt am Zaun entlangführte. Der Fahrer drosselte die Geschwindigkeit und ließ das Fenster hinunter, das von Staub und Dreck derart trübe war, dass die Scheibe wie getönt wirkte. Sie fuhren schweigend weiter, bis der Mann vom Hafen ein Zeichen gab. Der Fahrer brachte den Pick-up am Rand des Feldwegs zum Stehen.

»Zieht euch die Gummistiefel an«, befahl er.

Sie gehorchten. Ajo waren seine viel zu groß und Ismaels drückten, aber keiner beklagte sich. Enana verstaute die drei Paar Turnschuhe in einem Rucksack und erhaschte bei der Gelegenheit einen Blick auf dessen Inhalt: diverse Konservendosen, eine Plastiktüte mit Hackfleisch, Gummihandschuhe, mehrere mit einem Haargummi zusammengehaltene Tablettenblister; außerdem eine Taschenlampe, ein Schraubenzieher und ein Taschenmesser … Sie schlug einen Lappen zurück, der um ein scharfes Metallblatt gewickelt war: eine Machete. Erschrocken sah sie zu dem Mann vom Hafen auf. Der starrte sie an und lächelte.

»Der Wald da hat es in sich«, sagte er. »Und ich meine nicht nur das Unterholz.«

»Was denn noch?«

»Wildhunde, Wildschweine, Urutus …«

All diese Worte hörte Ajo zum ersten Mal. Er hatte keine Vorstellung, wie sie aussahen, aber da sie eine Machete zu ihrer Verteidigung bekamen, erschienen sie ihm als schreckliche Bestien.

»Die Stiefel zieht ihr immer an, wenn ihr euch im waldigen Gelände bewegt. Die Urutus seht ihr nicht kommen, und wenn ihr den Biss spürt, ist es zu spät. Im Rucksack findet ihr eine Spritze und eine Ampulle mit einem Schlangenserum. Wenn euch eine beißt, müsst ihr sofort das Gegengift spritzen, sonst habt ihr keine Chance.«

Endlich stellte der Mann mit der Narbe den Motor ab, die Stille dröhnte ihnen in den Ohren. Sie waren ganz benommen von dem durchdringenden Lärm des alten Motors, dazu die Menge an Informationen und die schwindelerregende Aussicht auf das, was ihnen bevorstand. Ihnen schwirrte der Kopf, aber nicht umsonst hatte Guida sie jahrelang hartem Training unterzogen – mit der gleichen Geduld und Grausamkeit, mit der er sonntags Windhunde trainierte. Für ihn war es meist nach dem allerersten Versuch klar, ob Kinder etwas taugten: Er erkannte es daran, wie sie seine Anweisungen aufnahmen, was sie sich einfallen ließen, wenn es darum ging, in ein Haus hinein- und wieder herauszukommen, zu improvisieren, wenn sie plötzlich mit Haustieren, Alarmanlagen oder Versuchungen verschiedener Art konfrontiert waren; bestätigt wurde er durch das, was sie jeweils mitgehen ließen. Als er gebeten wurde, die Besten zu empfehlen, wusste er sofort, dass es die drei sein würden.

»In sechs Tagen, morgens in aller Frühe, wenn es hell wird, werden wir hier auf euch warten. Wenn ihr nicht da seid, fahren wir wieder.«

»In sechs Tagen, wieso denn sechs …«

Ismael brachte Ajo mit einem Blick zum Schweigen. So wie Guida witterte, ob Kinder etwas taugten, hatten auch sie ein sicheres Gespür dafür, ob eine Arbeit leicht, riskant oder aber geradezu selbstmörderisch war. Dass es ein Fehler gewesen war, sich auf diese Reise einzulassen, hatten die beiden Großen seit der Überfahrt geahnt, und nun bestätigte sich dieser Eindruck. Aber es hatte keinen

Sinn, sich zu weigern oder darum zu bitten, sie nicht ganz so lange dort drinnen zu lassen, oder irgendwelche Bedingungen zu stellen. Den Mund aufzumachen war gefährlich, besser, man nahm die Anweisungen still entgegen.

»Seht ihr da drüben das Loch im Zaun? Da geht ihr durch.«

»Dann einen Kilometer in Richtung Meer …«

»… dann kommt ihr beim Steinbruch raus.«

»Von da oben seht ihr die neun Häuser und …«

»Sieben.«

»Stimmt, sieben …«

»Zwei stehen mitten im Wald. Das vom Russen und das von den Mitres.«

»Die beiden hebt ihr euch für den Schluss auf.«

»Nutzt den Tag. Macht euch mit dem Gelände vertraut.«

»Und jetzt raus mit euch, los.«

Die letzten Anweisungen waren ungeordnet, hektisch und konfus, einer unterbrach den anderen, weil in der Ferne ein rotes Auto zu sehen war, das in einer gigantischen Staubwolke auf sie zukam.

»Los jetzt, raus«, drängte der Fahrer.

Die drei stolperten auf den staubigen Feldweg. Ismael schulterte den einen Rucksack, dann war er Enana mit dem anderen behilflich. Ajo schaute unsicher von einem zum anderen: Irgendetwas war nicht in Ordnung, aber was genau, begriff er nicht. Er beschloss sich ein Beispiel an seiner Schwester zu nehmen und so zu tun, als sei er die Ruhe selbst. Er beschleunigte seinen Schritt, um Ismael einzuholen. Als der Motor des Pick-ups angelassen wurde, wollte er sich umdrehen, doch sofort spürte er Enanas Hand im Nacken.

»Geh weiter. Nur nach vorne schaun.«

Ismael hockte bereits vor dem Loch in dem Drahtzaun. Es war auf Bodenhöhe und hatte kaum vierzig Zentimeter Durchmesser. Er tastete den Boden ab, um sicherzugehen, dass nicht irgendwelche rostigen Drahtstücke in der Erde steckten, dann legte er sich flach auf den Boden, streckte zuerst den Kopf durch das Loch, dann die Arme und zog vorsichtig den Körper nach. Enana nickte Ajo zu, er war als Nächster an der Reihe.

Sie sprachen kein Wort, bewegten sich mit der Sicherheit von Einbruchsexperten. Die beiden Männer warteten, bis die drei durch das Loch verschwunden waren, dann fuhr der Wagen an. Als das rote Auto, ein Cabrio, an ihnen vorbeibrauste, saßen sie bereits geduckt im hohen Gras hinterm Zaun.

Durch die Staubwolke drangen ein Song von Luis Miguel und der süßliche Geruch von Marihuana zu ihnen, und als sie den Kopf hoben, sahen sie zwischen den jungen Leuten, die lauthals sangen, lachten und rauchten, zwei Surfbretter, die schräg am Rücksitz lehnten, über das Heck des Cabrios hinausragen; ein Mädchen hielt einen lächerlich kleinen Hund auf dem Schoß, der wie verrückt in ihre Richtung kläffte, und Ajo hatte das Gefühl, er blicke ihm direkt in die Augen; ein anderes Mädchen im Bikini ließ die nackten Beine aus dem Wagen hängen … Der Anblick erinnerte sie schlagartig daran, dass alle Leute hier einfach Urlaub machten. Enana linste zu Ismael hinüber: Bewegungslos verharrte er in seiner Position und taxierte das Gelände.

»Lass uns abhauen«, flüsterte sie.

Ismael schüttelte den Kopf. Er wusste, dass die Männer noch dort draußen waren und sie von Weitem beobachteten. Sie würden sie die ganzen sechs Tage überwachen.

Ihre einzige Chance, dieses Gelände gemeinsam, frei und lebendig wieder zu verlassen, bestand darin, den Auftrag zu erledigen, den Job gut zu machen, die Anweisungen genauestens zu befolgen, abzuliefern, was sie verlangten, und mit etwas Glück würden sie sie gehen lassen, wenn auch nur deshalb, weil sie sie dann noch einmal einsetzen könnten. Regungslos warteten sie ab, bis die Staubwolke sich verflüchtigt hatte und wieder vollkommene Stille eingetreten war. Nichts regte sich, die Landschaft wirkte ganz und gar unbewegt, als aus heiterem Himmel mehrere Kiebitze angeschossen kamen und sich mit wildem Kreischen auf sie stürzten, da sie ihre Nester in Gefahr sahen.

»Los, lauft! Schnell!«, rief Ismael.

Als er aufsprang, stellte Ajo fest, dass ihm Reste von Eierschalen und eine merkwürdig glibbrige Masse am Bauch klebten. Laut aufschreiend konnte er einen weiteren Angriff abwehren. Das war der entscheidende Kick, der gefehlt hatte, um ihre Angst vor der drohenden Gefahr in Euphorie zu verwandeln … Sie rannten nicht mehr, um sich vor den Kiebitzen in Sicherheit zu bringen. Sie rannten, um die Angst, die Kälte, den Hunger, das Eingesperrtsein abzuschütteln. Sie rannten, weil die Extraportion Sauerstoff sie munter machte und weil von allem, was sie kannten, Adrenalin das war, was Glücksgefühlen am nächsten kam.

4

Je weiter sie vordrangen, desto waldiger wurde das Gelände: Kiefern, Eukalyptus und Akazien standen anfangs in größeren Abständen, dann immer enger beieinander, bis sie schließlich über ihren Köpfen ein geschlossenes Dach bildeten und der Wald so dicht wurde, dass die drei nur noch schwer vorankamen. Plötzlich blieb Enana stehen und stieß eine Art wilden Amazonenpfiff aus. Die beiden Jungen hielten auf der Stelle inne und schauten sie fragend an. Enana öffnete den Rucksack, holte die Machete heraus und streckte sie Ismael hin. Sie selbst bewaffnete sich mit dem Taschenmesser.

»Und ich?!«

Ajo machte seine großen Manga-Augen.

»Mir nach!«, rief seine Schwester und bahnte sich schon weiter den Weg.

Mit Messer und Machete arbeiteten sie sich Schritt für Schritt vorwärts, schlugen einen tunnelartigen Gang in das dichte Geflecht aus Bäumen und Efeu, mit jedem Meter wurde es dunkler und feuchter, bis der Himmel über ihnen vollständig verschwand und an seine Stelle ein Licht trat, das von jenseits der Zeit herzukommen schien, denn es war weder Tages- noch Nachtlicht, dazu mischten sich alle möglichen ihnen unbekannten Laute: eine Art kurzes Bellen … ein heiseres Schnurren … das vielstimmige Konzert aller Kreaturen und Arten, die den Wald bevölkerten.

Als wieder feine Sonnenfäden das Halbdunkel durchzogen, waren sie so in Schwung, dass sie um ein Haar den dicht bewachsenen Abhang übersehen hätten, der sich zu ihren Füßen erstreckte. Im letzten Moment wurden sie gewahr, dass es unmittelbar vor ihnen etwa fünfzehn Meter steil bergab ging, über den Felsabhang des Steinbruchs hinunter bis zu einem Wasserarm, der das ganze Gelände durchtrennte und in einer Zickzacklinie bis zum Meer führte.

Der Anblick verschlug ihnen die Sprache.

Langsam bekamen sie eine Ahnung davon, was sechzig Hektar bedeuteten.

Von hier oben konnten sie die Karte, die die Männer ihnen mitgegeben hatten, perfekt nachvollziehen. Noch niemals hatten sie eine solche Weite gesehen. Ganz hinten, hinter einer Kette von Sanddünen, waren ein breiter Strand und das aufgewühlte Meer zu erkennen; davor Akazienwälder, die die drei über den Dünen errichteten Häuser und die übrigen strohgedeckten Villen umringten: Eine von ihnen sah aus wie ein aus Beton gegossener griechischer Tempel, eine andere ahmte kalifornischen Stil nach, alle wirkten, als seien sie einem Architekturmagazin entsprungen; zwei Häuser waren inmitten von Kiefernwäldern versteckt, ihre Dächer kaum zu erahnen. Die übrigen, auf dem Gelände verstreuten hatten Stege an dem Wasserarm, der nahezu alle Grundstücke durchzog, dort lagen kleine Boote und Jetskis.

Eigentlich waren es keine Häuser, es waren riesige Anwesen … Sie unterschieden sich zwar in Bauweise und Lage, allen gemeinsam aber waren die großzügigen, unvergitterten Fensterfronten zum Wald und zum Meer hin, die vor dem Tor geparkten teuren Geländewagen, die zahlreichen Rassehunde und der blondhaarige Nachwuchs aller Altersgruppen, der in Pools mit kristallklarem Wasser planschte.

Bei ihrem stundenlangen Durchforsten von *La Carolina* sahen die drei Tennisplätze, private Landebahnen, künstliche Lagunen, Polopferde.

Es war eine Welt ohne Gitter und ohne Zäune, und mit einem Mal begriffen sie, warum man bei dieser Arbeit an sie gedacht hatte. Und sie begriffen jetzt auch, warum sie sechs Tage hier bleiben sollten. Mehr als zwölf Stunden brauchten sie für den Weg bis zu Haus eins: ein großer Holzbau direkt vor den Dünen, dort, hatten sie entschieden, wollten sie als Erstes einsteigen. Sie bewegten sich langsam durch den Korridor aus Kiefern, der zu keinem Anwesen gehörte, hinunter Richtung Meer. Die Vegetation war hier immer noch dicht, wenngleich die Nähe zu den bewohnten Grundstücken sich immer stärker bemerkbar machte.

Abgehärtet und anpassungsfähig, wie sie waren, bewegten sie sich in der Landschaft bereits gegen Mittag, als wäre sie ihnen von jeher vertraut, sie hatten sich an die Geräusche und sogar an die Temperatur gewöhnt, die wohl bei rund vierzig Grad lag. Nicht umsonst hatten sie jahrelang auf der Straße geschlafen, ob bei Hitze oder Eiseskälte.

Einmal führte der Lärm eines Bulldozers sie zu einer Lichtung, wo sie, gut getarnt, ein halbes Dutzend Bauarbeiter mit ihren Maschinen beobachteten, die das Fundament dessen errichteten, was in Kürze die zehnte Luxusvilla auf dem Gelände werden sollte. Das Wasser lief ihnen im Munde zusammen, als sie das Lammfleisch rochen, das zwei Arbeiter wenige Meter von ihnen entfernt auf einem senkrecht stehenden, kreuzförmigen Eisenrost brieten.

Die Thunfischdosen, über die sie sich kurz darauf hermachten, waren alles andere als befriedigend, als sie sich das Festmahl ausmalten, das die Bauarbeiter vermutlich gerade genossen. Nach dem Essen nahmen sie den Inhalt der beiden Rucksäcke genauer unter die Lupe. Ismael zog sich die Gummihandschuhe über und bohrte die Finger in den feuchten Hackfleischklumpen: Er formte kleine Bällchen, umwickelte sie jeweils mit einem Stück Frischhaltefolie und teilte sie unter den dreien auf. Außerdem händigte er Enana für alle Fälle eine Dose Schlafspray aus.

Sie kannten sich bereits bestens damit aus. Zum ersten Mal war dieses Spray im Rahmen eines eher untypischen Plans zum Einsatz gekommen, damals hatten Ismael und Enana die ganze Nacht in einem Haus englischen Stils in Las Lomas verbracht. An dem Abend hatte Guida ihnen präzise vorhergesagt, wie sich alles abspielen würde, genau wie hier die beiden Männer mit dem Pick-up: Die Leute würden mit fünfzehn Bündeln à zehntausend Dollar von der Bank nach Hause kommen, das Geld war für eine Transaktion bestimmt, die am nächsten Tag abgewickelt werden sollte. Das Dienstmädchen hatte die Geschichte ausgeplaudert, und Guida hatte schon länger vorgehabt, Ismael und Enana in einer Situation zu testen, die riskanter und stressiger war als üblich. Schon damals entwarfen Guida und die anderen Coups wie den in Uruguay oder sogar solche von noch größerem Kaliber, für die sie wirklich kaltblütige Jugendliche brauchten.

»Diesmal ist der Kleine nicht dabei«, hatte er verfügt.

Sie waren durch das Fenster der Waschküche eingestiegen und hatten sich in dem großen Kleiderschrank versteckt, in dem die Hausbesitzer in penibler Ordnung ihre Wintersachen aufbewahrten.

Dort hockten sie und warteten.

Das Dienstmädchen wechselte die Bettwäsche; die Zwillinge schauten im Bett einen Zeichentrickfilm; der größere Sohn, bereits im Teenageralter, wühlte in den Schubladen seines Vaters nach ein paar Marihuanablüten ... Aber außer der Siamkatze, die an der Tür des Einbauschranks schnupperte, laut maunzend Alarm schlug (und Enana sogar direkt vor die Füße machte, bevor die Hausangestellte sie mit einem Fußtritt aus dem Zimmer beförderte), schöpfte keiner Verdacht. Etwa gegen vier Uhr nachmittags waren die Leute nach Hause gekommen und hatten sich im Schlafzimmer eingeschlossen. Hektisch kramten sie Dollarbündel aus Hand-, Hosen- und Brieftaschen und warfen alles auf das große Ehebett.

Fast eine Stunde waren sie damit beschäftigt, die Geldscheine zu zählen.

Sie waren nervös; sie stritten, der Mann weinte; sie zischten einander mit gepresster Stimme an, es war die Rede von einer Erbschaft, dann folgte eine lange Reihe von ebenso verworrenen wie uninteressanten Vorwürfen, die Ismael – nachdem er sich vergewissert hatte, dass auch nicht die geringste Gefahr bestand – dazu nutzte, ein wenig vor sich hin zu dösen. Als er die Augen aufschlug, war es dunkel im Zimmer. Enana berichtete, die beiden hätten nach ihrem hastigen Versöhnungsquickie inmitten der Dollarscheine das Geld in ihrer Handtasche verstaut, die Tasche in das obere Fach des Toilettentisches gestopft und seien dann zum Abendessen hinuntergegangen. Zwei Stunden später, als die gesamte Familie endlich schlief und das Haus still und ruhig dalag, stieß Enana die Tür auf und pirschte sich barfuß an den mit offenem Mund schnarchenden Mann heran. Sie hielt die Spraydose etwa zwanzig Meter vor seine Nase und sprühte ihm direkt ins Gesicht.

Der Mann blinzelte nicht einmal. Dann ging sie um das Bett herum und betäubte auch die Frau, während Ismael, ebenfalls barfuß, die Kinder, die Hausangestellte und die Katze übernahm. An jenem Abend schlief die Familie in ihrer englischen Villa so tief wie nie zuvor. Ismael und Enana nahmen lediglich drei der fünfzehn Dollarbündel an sich. Das war Guidas ausdrückliche Anweisung gewesen: nicht einen Dollar mehr.

Drei von fünfzehn waren (bei abgezählten und verpackten Scheinen) eine Menge, deren Verlust weder bei einem flüchtigen Blick noch vom Gewicht her auffallen würde. Der Diebstahl würde erst am nächsten Tag bei der geplanten Transaktion auffliegen. Sie ließen sich Zeit, gingen auf die Toilette, aßen sich in Ruhe satt und liefen im Haus herum, um sich nach dem langen Stillhalten ein wenig Bewegung zu verschaffen, bevor sie wieder in ihr Versteck zurückkehrten. Der nächste Morgen, das hatte Guida ihnen eingeschärft, war der heikelste Moment ihrer Arbeit. Nichts war ganz und gar berechenbar: Falls die beiden auf die Idee kamen, das Geld noch einmal nachzuzählen, ehe sie das Haus verließen, würde sich der geplante Handlungsablauf drastisch verändern. Der erste Verdacht würde auf die Hausangestellte fallen. Wer weiß, ob bei der Frau nicht ein gewisser Argwohn geweckt würde, gegen den großen Sohn ihres Ehemannes oder vielleicht auch gegen seine kleine Teenager-Freundin, die beinahe jede Nacht mit ihm verbrachte. Da sie am Abend so übergründlich das Geld gezählt hatten und weder Türen noch Fenster gewaltsam geöffnet worden waren, würde aber wohl zumindest kein Zweifel daran bestehen, dass der Diebstahl in den Nachtstunden verübt worden sein musste.

Sie würden umgehend die Polizei benachrichtigen.

Guida war für den Fall, dass etwas schieflaufen sollte, alle Optionen mit ihnen durchgegangen: Im besten Fall würden sie selbst den Augenblick bestimmen, in dem sie ihr Versteck verließen. Er hatte ihnen einen Grundriss des Hauses gezeichnet und die genaue Position einer Tür markiert, die auf den Dachboden führte. Dort würden sie ein unvergittertes Brandschutzfenster vorfinden, durch das sie dann auf die Terrasse hinausklettern und auf das Dach des Nebenhauses springen sollten. Guida hatte diesen Fluchtweg Monate zuvor entdeckt, als eines Nachts die Alarmanlage angesprungen war und der Hausbesitzer ihn vom Ausland aus angerufen und gebeten hatte, er möge in dem Haus, in dem sich zu dem Zeitpunkt nur der zu Tode erschrockene Teenager aufhielt, nach dem Rechten sehen. So etwas war eine ideale Gelegenheit, in aller Ruhe die Schwachpunkte eines Hauses zu erkunden.

In der Dollarnacht war jedoch nichts schiefgelaufen. Im Gegenteil, am nächsten Morgen wachten die Leute auf, bevor der Wecker klingelte. Seit langer Zeit (seit der Geburt der Zwillinge, genauer gesagt, seit sechs Jahren) hatten sie nicht so gut geschlafen. Der Sex am Abend, die ausführliche Nachtruhe und die Vorfreude auf das Grundstück in La Cumbre, das sie sich seit Jahren kaufen wollten und nun wirklich kaufen würden, veranlasste sie, beim Duschen eine zweistimmige *Turandot*-Arie zu trällern. Ismael und Enana mussten sich zusammenreißen, um nicht laut loszuprusten, da er die obere und sie die untere Stimme übernahm. Eine halbe Stunde später hörten sie das Hupen des Schulbusses, Rufe, eiliges Hin- und Hergerenne, und der SUV, in dem die andere Hälfte der Familie saß, kam schwungvoll aus der Garage gefahren.

Schlagartig kehrte Ruhe in dem Haus ein.

Enana öffnete die Schranktür und schlich bis zur Treppe, ihre Stoffschuhe immer noch in der Hand. Das Dienstmädchen war dabei, den Küchenfußboden zu schrubben, und trällerte ein Wiegenlied auf Guaraní. Enana gab Ismael ein Zeichen, und kurz darauf verließen sie das Haus durch das Fenster der Waschküche. An diesem Abend lud Guida die drei in einen Imbiss an der Uferpromenade zum Essen ein. Sie durften in sich hineinfuttern, so viel sie konnten. Zum Nachtisch gab es außer Eis einen Hundertdollarschein für jeden und einen kleinen Schluck Wein zum Anstoßen.

»Auf das, was die Zukunft bringt«, sagte er und hob das Glas.

Seine Augen glänzten, es war bereits die zweite Flasche Rotwein, die er geöffnet hatte, und die Gier nach all dem, was er sich für die Zukunft ausmalte, tat das Ihre.

»Was bringt denn die Zukunft?«

»Mehr, als ihr euch vorstellen könnt.«

Und es stimmte: Uruguay, das riesige Gelände, ein Job, der sechs Tage dauerte … Das überstieg ihre Vorstellungskraft bei Weitem.

Nach dem Essen waren sie müde und beschlossen, abwechselnd Wache zu halten, damit sich alle ein wenig ausruhen konnten. Während Ismael und Ajo schliefen, übte Enana mit der Machete umzugehen. Wild die Waffe schwingend, schlug sie um sich und säbelte den einen oder anderen Akazienzweig ab. Plötzlich entdeckte sie nur ein paar Meter entfernt, kaum zu sehen hinter einem ausgehöhlten Baumstamm, einen ausgewachsenen Wildhund.

Regungslos stand er da und starrte sie an. Er sah furchterregend aus, mickrig und verhungert, dabei aber sehnig, mit getigertem Fell, einer Hyäne ähnlicher als einem Hund. Enana, jeden Muskel angespannt und die Machete erhoben, sah ihm fest in die Augen. Mit einem Schnalzen weckte sie die beiden Jungen. Ismael legte Ajo schnell die Hand auf den Bauch.

»Nicht bewegen«, flüsterte er.

Der Wildhund war nicht wilder als die streunenden Hunde, zwischen denen Ajo aufgewachsen war, damals am Riachuelo. Er war vermutlich weniger wild als die Opossums, mit denen er sich manchen Kampf geliefert hatte. Aus jedem einzelnen hatte er Narben davongetragen. Ismael zog zwei zermanschte Hackfleischbällchen aus dem Rucksack. Mit der Rechten tastete er nach dem Messer, das er am Gürtel trug. Mit einer behutsamen Bewegung warf er dem Wildhund die Fleischbällchen hin. Als würde er den Betrug ahnen, schaute der das Fleisch argwöhnisch an und rührte sich nicht, doch dann trieb der Hunger ihn an: Er machte ein paar Schritte, schnüffelte kurz an den Bällchen und verschlang sie gierig. Er blickte zu Ismael auf und fuhr sich mit der Zunge über das Maul. Ismael warf ihm ein weiteres Fleischbällchen hin, der Hund fing es im Flug auf. Als er erneut aufblickte und nach mehr zu betteln schien, wirkte sein Blick ein bisschen weniger feindselig.

Das Beruhigungsmittel konnte es noch nicht sein; die Wirkung würde erst nach einer Minute einsetzen, nach fünf Minuten wäre er komplett betäubt. Eher war es die unerwartet freundliche Geste, die die eigentliche Bestie des Hungers besänftigt hatte. Das Tier ließ sich langsam auf die Hinterbeine nieder, ein seltsames Stöhnen war zu hören. Als es schließlich zur Seite kippte, die Augen noch halb geöffnet, aber bereits vollkommen kraftlos, erhob sich Ismael.

»Gib mir die Machete«, sagte er leise zu Enana.

In dem eisigen Ton, den sie so gut an ihm kannte.

»Du brauchst ihn doch nicht …«

»Gib sie mir. Er wird uns folgen.«

»Er wird einen ganzen Tag lang schlafen.«

»Wenn er aufwacht, wird er uns folgen. Gib das Ding her.«

Enana gehorchte, sie wusste, dass er Recht hatte. Und man diskutierte nicht mit Ismael, wenn er in diesem Ton sprach, den er immer anschlug, wenn Gefahr drohte. Sie drehte sich zu ihrem Bruder um, dem die Tränen über die Wangen liefen. Er biss sich auf die Unterlippe, dass es blutete, wütend kämpfte er mit aller Kraft dagegen an, dass ihm dieser elende Hund so leidtat. Enana half ihm, die Gummistiefel anzuziehen, und wischte ihm das Blut aus dem Mundwinkel. Die beiden stapften los, einen schmalen, in dem dichten Gestrüpp kaum erkennbaren Pfad entlang, offenbar hatte sich vor ihnen schon einmal jemand hier durchgeschlagen. Ajo, der ein Stück vorausging, drehte sich immer wieder um und warf einen Blick zurück, bis Enana ihm von hinten einen leichten Schubs gab. Er sah gerade noch, wie Ismael vor dem Wildhund stand, die Machete in der linken Hand, den Arm schlaff nach unten hängend, bevor er sich nach vorne wandte und den Schritt beschleunigte.

Nach einer Weile überholte Ismael sie und nahm wieder seinen Platz an der Spitze ein.

Die Machete war sauber, ebenso wie seine Kleidung und Stiefel. Ajo bemerkte es sofort, und er wusste genau, was das bedeutete. Obwohl Ismael sich jedes Mal, wenn er etwas aus dem Weg räumte, was ihnen gefährlich werden konnte, alle Mühe gab, die Sauerei zu vertuschen.

Der Weg führte jetzt immer stärker bergab, auf der Erde waren Spuren von Sand zu erkennen, und man konnte das Meer riechen. Als sie den Hauptweg erreichten, machte Ismael ihnen Zeichen, sie sollten sich in das hohe Gras ducken. Sie hatten die Grenze zwischen dem Niemandsland und den fünf Hektar erreicht, die zu Haus Nummer eins gehörten. Vom Steinbruch aus hatten sie mehrere vor der Eingangsrotunde geparkte SUVs gesehen, Bewegung in allen Räumen des Hauses, ein paar Leute am Strand, mehrere Kinder im Pool und eine Vierergruppe auf dem Tennisplatz … Es war nicht zu unterscheiden, wie viele Männer und wie viele Frauen es waren, auch Alter und Körperbau waren schwer auszumachen: Von dort oben gesehen waren sie gerade so groß wie die Zinnsoldaten, die Ajo zu Hause in Once in einer Toilette versteckt hatte und wie einen Schatz hütete. Es war noch nicht klar, worin genau bei diesem Haus die Schwierigkeit lag. Auch ob sie die Aktion gleich in dieser Nacht durchziehen würden oder sich besser erst noch einen Tag mit den Abläufen im Haus vertraut machen sollten. Sie waren es nicht gewöhnt, über so viele Variablen selbst zu bestimmen: Für gewöhnlich bekamen sie ihre Instruktionen von Guida, der nichts dem Zufall überließ.

Also warteten sie ab.

Die Landschaft lag in so vollkommener Ruhe da, dass ein Hase aus seinem Versteck gehoppelt kam und wenige Meter vor ihnen innehielt. Seine Nase zuckte, und plötzlich, als hätte er gefühlt, dass drei Paar hungrige Augen auf ihm ruhten, schoss er los und verschwand im Unterholz. Die

Abenddämmerung brach an, sie zogen die Gummistiefel aus und schlüpften in ihre Turnschuhe, so waren sie wendiger. Die Rucksäcke verstauten sie in einem Erdloch, das Enana im Gestrüpp entdeckt hatte. Auch die Machete und das Messer ließen sie dort; das Einzige, was sie mitnahmen, waren die beiden Spraydosen und das Hackfleisch … Für den Fall, dass sie aufgegriffen wurden, kam es darauf an, dass sie drei unbewaffnete Kinder waren, denn sie verbargen sich jetzt nicht länger, sondern spazierten ganz offen den Weg entlang. Die Instruktionen hatten sie vollkommen verinnerlicht.

»Be-ccar-va-re-la«, sang Ajo leise vor sich hin.

Erst als sie das Tor passiert hatten, verfielen sie wieder in Laufschritt, nahmen die Beine in die Hand und rannten auf den Kiefernwald zu. Vom Steinbruch aus hatten sie das Gelände genau studiert: Wenn sie sichergehen wollten, dass sie nicht gesehen wurden, konnten sie sich dem Haus erst nach Einbruch der Dunkelheit nähern. Bis dahin würden sie sich in dem Wald aufhalten, der das Hauptgebäude umgab, ein imposanter, am Rande der Dünen errichteter Holzbau mit einer großen Fensterfront zum Meer und mehreren, über eine geräumige Holzterrasse verbundenen Wohntrakten. Wenn sie sich im äußersten Westen des Grundstücks hielten, direkt am Zaun zum Nachbargrundstück, wären sie so weit wie möglich entfernt vom Haus des Verwalters, sodass die Hunde sie mit etwas Glück nicht wittern würden.

Mit einem Mal hörten sie Gelächter.

Ein Junge von etwa fünf Jahren stürmte an ihnen vorbei in den Wald, ein anderer, ein paar Jahre älter, folgte ihm auf den Fersen. Ismael, Ajo und Enana gingen in Deckung.

»Ihr wartet hier«, befahl Ismael.

Er folgte dem Kinderlachen, etwa hundert Meter weiter in den Wald hinein.

Er hatte gewusst, dass die Arbeit, für die man sie hier engagiert hatte, unzählige Unwägbarkeiten mit sich bringen würde, weit mehr, als sie es gewohnt waren ... Schon bevor sie oben an dem Feldweg durch das Loch im Zaun geschlüpft und auf das Gelände getreten waren, hatte Ismael geahnt, dass die Chance, ungesehen in neun Häuser einzubrechen, verschwindend gering war. Inzwischen bezweifelte er, dass sie auch nur das erste Abenteuer heil überstehen würden. Die Hauptsache war, dass er Enana und Ajo hier wieder herausbekam, bevor ihnen jemand einen Kopfschuss verpasste. In derartige Überlegungen versunken, folgte er den beiden Jungen weiter durch den Wald, bis sie ihn auf eine Lichtung führten, nicht weit entfernt vom Hauptgebäude.

Eine Gruppe von Kindern spielte bei einem Baumhaus, Ismael zählte vier Jungen und drei Mädchen, keins von ihnen war älter als zehn.

Der Kleinste baumelte an einem Seil und weinte, er wollte weder herunter- noch weiter hinaufklettern und klammerte sich ängstlich fest. Die Mädchen klebten im Licht einer Taschenlampe kleine Bildchen in ein Album ein; die Jungen flitzten zwischen den Bäumen umher und spielten Fangen. Plötzlich wurde ihr Lachen und Kreischen von einem Ruf übertönt:

»Kinder, Essen kommen!«

Der älteste Junge schrie zurück:

»Noch ein bisschen, Tantchen, bitte!«

»Nein, Felipe, ich meine jetzt sofort! Und bring die anderen mit!«

Ismael stand regungslos auf seinem Beobachterposten und wartete, dass sie der Aufforderung nachkamen. Keins der Kinder hörte auf zu spielen. Als er sah, dass sich vom Haus her ein Mann in ihre Richtung bewegte, ließ er sich wieder in die Hocke nieder. Und als er den riesigen schwarzen Hund sah, der dem Mann folgte, öffnete er den Rucksack und tastete nach dem Hackfleisch. Es war eine Mischung aus Labrador und Deutscher Dogge, die offenbar Rambo gerufen wurde.

»Wie oft habe ich euch gesagt, dass ihr im Dunkeln nicht im Wald spielen sollt?«

»Aber Papa ...«

»Nichts aber! Rein mit euch!«

Während der Mann die Kinder zum Haus scheuchte, beobachtete Ismael, wie der Hund an mehreren Bäumen sein Bein hob und so sein Revier markierte. Er wartete darauf, dass der Hund ihn jeden Moment erschnuppern würde. Der hob auch bereits witternd die Schnauze ... Doch in dem Augenblick stürmten zwei von den Jungen heran, sprangen ihm mit einem Satz auf den Rücken, als wäre er ein Pony, während die Kleinste dem Hund die Arme um den Hals schlang, sich an ihn hängte und ihm dabei sogar noch eine Hand ins Maul steckte. Der Hund fügte sich resigniert in sein Schicksal und trottete dem Mann hinterher, die drei Kinder an und auf ihm zappelnd und jauchzend. Ismael erhob sich, schmunzelte noch über die arme gezähmte Bestie – und sah sich mit einem Mal einem Mädchen gegenüber, Haut und Haare so weiß wie bei einem Albino.

Sie musste etwa fünfzehn Jahre alt sein und war genauso groß wie er, jedoch deutlich dünner. Sie hatte die unglaublichsten grauen Augen, die Ismael je gesehen hatte, und sie sah ihn auf eine höchst sonderbare Art an: ohne jede Angst, ohne jede Überraschung, ohne jede Verlegenheit, beinahe so, als wäre sie gar nicht da. Und zugleich mit einer Intensität, die ihn in ihren Bann schlug.

Sie machte einen Schritt auf ihn zu.

Ismael wich verdutzt zurück.

Sie kam immer näher, ganz langsam, bis sie ihn mit der Kraft ihres Blickes gegen einen Baumstamm manövriert hatte. Etwas an der Langsamkeit, mit der sie sich bewegte, an der Art, wie sie ihn musterte, so nah, ohne jede Berührung … und ohne das geringste Anzeichen der Verwunderung, dass sie einem Fremden gegenüberstand, der sich auf ihrem Grundstück versteckte. Etwas an dieser merkwürdigen Unerschrockenheit ließ ihn vermuten, dass sie nicht ganz normal sein konnte. Er verstand nicht, was hier vor sich ging. Warum spürte er plötzlich den Wunsch, die Zeit möge anhalten, damit er einfach weiter hier in diesem dunklen Wald bleiben könnte, mit diesem Mädchen, das ihn ansah, als wäre er ein Außerirdischer?

»Hallo … ich …«, stammelte er.

Er brachte den Satz nicht zu Ende.

Er merkte, wie er errötete, denn sie kam noch einen Schritt weiter auf ihn zu; jetzt war sie ihm so nah, dass er ihren Atem spüren konnte und wilde Erregung Besitz von ihm ergriff … Während sein Kopf fieberhaft tausend Fluchtmöglichkeiten erwog, ohne einen Ausweg zu finden, musste der Mann, der die Kinder ins Haus getrieben hatte, auf die Terrasse getreten sein.

»Luisa!«

Ismael zuckte zusammen, so versunken in die grauen Augen war er gewesen, und machte einen Satz zur Seite.

Das Mädchen hingegen blinzelte nicht einmal. Und hörte nicht auf, ihn anzustarren.

»Ich glaube, du wirst gerufen«, murmelte Ismael.

Das Mädchen zeigte weiter keine erkennbare Reaktion.

Inzwischen hatte sich noch eine andere Frau zu dem Mann auf der Terrasse gesellt, sie schien etwas älter. Die Leute waren etwa dreißig Meter entfernt, dazwischen mehrere Kiefernreihen. Auf der Rasenfläche zwischen Haus und Wald rotierten zwei große Rasensprenger. Die Dunkelheit, die Bäume und der künstlich erzeugte Sprühregen erschwerten die Sicht erheblich. Doch in der abendlichen Stille hörte Ismael aus der Stimme der Frau ganz deutlich ihre Angst heraus:

»Ernesto, was machst du denn?«

»Gib ihr eine Chance.«

»Du weißt, dass sie von alleine nicht kommt ...«

»Luisa!«, rief der Mann noch einmal in Richtung Wald.

»Hältst du mich für bescheuert?«, fuhr sie ihn genervt an.

Energischen Schrittes stapfte sie Richtung Baumhaus, sie war sich sicher, dass sie ihre Tochter dort finden würde. Als die Frau auf der Lichtung auftauchte, stand Luisa noch immer an derselben Stelle, Ismael war geistesgegenwärtig hinter dem dicken Kiefernstamm verschwunden.

»Das Essen ist fertig, mein Schatz ... Kommst du?«

Ismael erwartete, dass Luisa schreien oder wenigstens mit dem Finger in seine Richtung zeigen würde. Er war darauf gefasst, Erklärungen abzugeben, er sei einfach den Strand entlangspaziert, nur so, ganz allein ... Doch Luisa tat nichts dergleichen: Sie fügte sich, ohne ein Wort zu sagen, ließ sich von der Frau eine Strähne aus der Stirn streichen und zum Haus zurückführen. Kurz darauf war wieder das Quaken der Frösche aus der nicht weit entfernten Lagune zu hören. Ismael fühlte ein Insekt an seinem Bein hinaufkrabbeln, doch er rührte sich nicht, bis die beiden im Haus verschwunden waren. Dann schlich er näher, bis er in der Dunkelheit beinahe an den Rand des Terrassendecks getreten wäre. Die Fensterfront gab den Blick ins Innere des Hauses frei.

Er zählte sechs Männer und neun Frauen, von denen zwei schwanger waren, einer von den Männern schien um einiges älter zu sein. Die Kinder aßen an einem niedrigen Couchtisch vor dem Kaminofen. Die Erwachsenen saßen um den langen Esstisch und reichten Schüsseln, Teller und Flaschen herum. Alle sahen sich auffallend ähnlich, es handelte sich offensichtlich um Variationen ein und desselben Gesichts und Körpers, die im Laufe der Zeit entstanden waren. In der Küche war die Hausangestellte dabei, den eben aus dem Ofen genommenen Braten nachzuwürzen.

Ismael beobachtete die Szene wie gebannt. Er wollte unbedingt sehen, wie sich das Mädchen verhalten würde.

Die Mutter hatte sie an den Tisch der Erwachsenen, auf den Platz neben sich gesetzt; sie schnitt ihr das Fleisch und gab ihr die Gabel in die Hand. Immer noch sprach Luisa kein einziges Wort, und sie würdigte auch keinen am Tisch eines Blickes, obgleich ein Mann ihr einen Kuss auf die Stirn gab und ein Weißhaariger sich erhob, um ihr Saft einzuschenken und sie zu umarmen.

»Tssst!«, machte es in seinem Rücken.

Ismael fuhr herum. Enana stand mit Ajo wenige Meter hinter ihm und musterte ihn mit zusammengezogenen Augenbrauen.

»Alter, was machst du?«, zischte sie ihn an.

»Ihr sollt euch nicht von der Stelle rühren, hab ich gesagt.«

»Stimmt. Vor einer Stunde!«

»Die haben mich gesehen«, erklärte Ismael knapp.

»Was soll das heißen, die haben dich gesehen?«

»Das Mädchen da …«

Ismael deutete auf Luisa, die vom Tisch aufgestanden und an die große Fensterfront getreten war. Sie sah so konzentriert in ihre Richtung, dass Ismael sich unwohl zu fühlen begann.

»… hat mich gesehen.«

Enana wich unwillkürlich einen Schritt zurück ins Dunkel des Waldes.

»Was machen wir jetzt?«, fragte sie.

»Die wird nichts sagen.«

»Woher willst du das wissen?«

Ismael tippte sich mit dem Zeigefinger an die Stirn:

»Sie hat ein Problem … hier oben.«

Enana runzelte die Stirn und blickte wieder zu dem Mädchen hin. Kurz darauf wurde Luisa von der Hausangestellten vom Haupttrakt über die Holzterrasse zu einem kleineren Nebentrakt gebracht. Dort gab es vier identische Zimmer, vollständig aus Holz und klein wie Schiffskabinen, mit an der Fensterwand eingebauten Hochbetten; zwei gingen auf den Wald, die anderen aufs Meer. Luisa ließ sich führen, ohne den geringsten Widerstand zu leisten, den Kopf immer noch suchend zum Wald hin gewandt. Nachdem die Hausangestellte in ihrem Zimmer Licht gemacht hatte, kletterte Luisa in ihr Bett hinauf. Sie kauerte sich vor das Fenster, hielt den Blick starr auf den Punkt gerichtet, wo sie Ismael gesehen hatte, und wiegte sich leicht hin und her.

Ajo ahnte derweil nichts von der Sorge der beiden Älteren, staunend betrachtete er die erleuchtete Blase, die da in der Dunkelheit zu schweben schien. Noch nie hatte er so ein großes Haus gesehen. Er war auch noch nie im Kino oder im Theater gewesen. Aber etwas davon lag in diesen stummen Szenen, die sich in den einzelnen Zimmern abspielten, etwas von Werbespots, in denen alle Darsteller den passenden Gesichtsausdruck für die perfekten Ferien übten.

»Sieht aus wie ein Aquarium«, murmelte er fasziniert.

Während Ismael losging, um aus der Ferne die Fenster zum Meer in Augenschein zu nehmen, umrundete Enana den Kiefernwald, um das Haus des Verwalters auszukundschaften. Die Dogge und ein weiteres, eher harmloses kleines Fellknäuel hatte sie beim Näherkommen erspäht, sie lagen behaglich ausgestreckt vor dem Kaminofen und waren offenbar mehr zur Dekoration und weniger als Wachhunde da. Zu Füßen des Verwalters, der es sich neben seinem Sohn (einer Kopie des Vaters, nur dreißig Jahre jünger) vor seiner Haustür im Liegestuhl gemütlich gemacht hatte und Mate schlürfte, döste ein alter Hund, ein weiterer saß angeleint daneben. Bestimmt würden sie den laufen lassen, wenn sie schlafen gingen, aber sie waren schon mit so vielen weitaus wilderen Exemplaren ohne Schwierigkeiten fertig geworden.

Das Problem war vielmehr die große Anzahl von Menschen in dem Haus: Zudem waren sie noch nirgendwo ohne genaue Anweisungen eingebrochen, wie sie hineinkommen und was sie mitgehen lassen sollten.

»Es sind zu viele«, erklärte Enana bestimmt, als sie von ihrer Tour zurückkam. Ismael nickte.

Nach dem Essen hatten sich die Kinder in eins der

Spielzimmer verzogen. Der Älteste setzte sich an eine Playstation, um das unterbrochene Fußballspiel weiterzuspielen. Ajo zählte vier Computer, dazu gab es teures ausländisches Spielzeug in rauen Mengen, darunter Autos, Elektromotorräder und einen Miniaturgolfplatz, den er später auf jeden Fall ausprobieren würde, das nahm er sich fest vor. In dem Moment spürte er Ismaels Hand auf seiner Schulter.

»Wir hauen ab.«

»Wie, wir hauen ab?«

»Es sind zu viele Leute. Wir gehen nicht rein.«

»Aber durch das kleine Fenster da könnte ich …«

Ajo brachte den Satz nicht zu Ende: Nicht weit von ihnen traten zwei junge Paare auf die Terrasse heraus, um zu rauchen. Sie schalteten einen Scheinwerfer ein, der einen Umkreis von mehreren Metern um sie herum erhellte. Ismael wich rasch zurück in Richtung Wald, Ajo, der Ismael gerade das kleine Badezimmerfenster zeigen wollte, durch das er ins Haus klettern würde, ließ sich schnell auf alle viere nieder und hechtete unter das weitläufige Terrassendeck. Als er den Blick hob, begriff er, dass man sich so dem Haus am besten nähern konnte. An das gestreifte Halbdunkel hatte er sich bald gewöhnt: Das Licht drang durch die Fugen zwischen den Holzdielen bis auf den Boden, eine Mischung aus Erde, Dreck und Sand.

Er hörte Ismaels leisen Ruf vom Wald her, doch er ließ sich nicht aufhalten, tastete sich langsam weiter vor und musste dabei nicht einmal kriechen, denn das Terrassendeck, auf dem das gesamte Hauptgebäude ruhte, stand auf Pfählen von einem Meter Höhe, sodass er, wenn er sich ein wenig duckte, einmal quer darunter durchgehen konnte. Durch zwei hölzerne Treppenstufen hindurch konnte er den Strand und dahinter die weiß leuchtenden Schaumkronen erkennen.

Er wollte schon losstürmen, um endlich das Meer zu sehen, da hörte er lautes Lachen und hielt inne. Die Fensterfront des Spielzimmers stand halb offen, und der Wind trug das Geschrei der Kinder zu ihm herunter. Er stellte sich vor, er wäre dort oben und würde mitspielen ... Gerade war er dabei, die Blondschöpfe mit einem genialen Pass in die Tiefe zu vernichten, als er eine Frauenstimme rufen hörte:

»Beeilt euch, Kinder, wir kommen zu spät!«

Das war der glückliche Zufall, den sie gebraucht hatten. Ajo lauschte aufmerksam den Rufen.

Dann flitzte er mit eingezogenem Kopf unter der Terrasse hindurch zurück auf die andere Seite, ins Gestrüpp, und meldete den beiden anderen die sensationelle Neuigkeit:

»Die gehen ins Kino!«

Enana ließ die schon erhobene Hand wieder sinken.

»Woher weißt du das?«

»In die Vorstellung um zwanzig vor elf«, erklärte er triumphierend. »Der Opa, die Schwangere und das Baby bleiben zu Hause.«

Ismael sah ihn anerkennend an, Ajo strahlte.

»Das komische weiße Mädchen bestimmt auch.«

»Nenn sie nicht komisch.«

»Okay ... die Stumme.«

»Bist du bescheuert, Ajo?«

»Und du, was musst du sie denn verteidigen, du Idiot?«, fuhr Enana dazwischen. Ihr verbales Sperrfeuer war nicht mehr zu stoppen.

»Ist die Tussi jetzt deine Freundin, oder was?«

Womöglich wäre der Streit noch weiter eskaliert, hätte das Haus nicht auf einmal jede Menge blonde Menschen ausgespuckt: Drei Kinder und zwei Erwachsene verließen das Haus durch die Tür auf der Waldseite; eine kleinere Mädchengruppe kam durch die auf der Strandseite; mehrere Frauen mit Kleinkindern sowie Jacken für alle auf dem Arm traten durch die Haupteingangstür. Motoren wurden angelassen. Eilige Schritte waren zu hören. Hundegebell, Geschimpf und Geschrei: Die Jungen sollten aufhören zu streiten; andere sollten endlich aus dem Haus kommen, die Kinder zankten darum, wer wo mitfuhr … Innerhalb weniger Minuten hatte sich das Haus geleert. Verblüfft schauten die drei der Kolonne von teuren Geländewagen hinterher, die mit eingeschaltetem Fernlicht über den Feldweg davonfuhren.

Besser hätte es nicht laufen können, das Schicksal meinte es offenbar gut mit ihnen.

Als sie sich wieder umdrehten, war die Hausangestellte bereits dabei, die Lichter im und um das Haus zu löschen, der Weißhaarige schloss Türen und Fenster. Die Frau sagte Gute Nacht und verließ das Haus. Auf den zweihundert Metern bis zum Haus des Verwalters leuchtete sie sich mit einer Taschenlampe den Weg. Die Schwangere ging zu Bett und schlief auf der Stelle ein, an der linken Brust das Baby und zu ihren Füßen ein weißes kleines Hündchen. Der Weißhaarige lag noch eine Weile wach auf dem Bett, um seine E-Mails zu beantworten. Dann nickte er ein, angezogen und ohne die Nachttischlampe auszuknipsen.

»Wie teilen wir uns auf?«, fragte Enana.

»Ihr übernehmt den Opa und die Schwangere, das Hauptgebäude«, bestimmte Ismael. »Ich übernehm den Rest. Wir treffen uns unten am Strand.«

Müde und gelangweilt streifte Rambo über die Holzterrasse, als er Enana bemerkte, die am Rand des Decks stand. Sie schenkte ihm ihr schönstes Schlangenbeschwörerinnen-Lächeln. Rambo bellte zweimal kurz und fing die Fleischbällchen, die Enana ihm hinwarf, geschickt in der Luft auf. Erst als der Hund sich auf den Rücken legte und, bereits sichtlich durch die Wirkung des Schlafmittels beeinträchtigt, den Mond anheulte, kletterte Ajo zu dem kleinen Badezimmerfenster hinauf, durchquerte das Wohnzimmer und öffnete das große Fenster so weit, dass seine Schwester hindurchklettern konnte.

Als Erstes zogen sie die Turnschuhe aus.

Er solle kurz warten, bedeutete ihm Enana.

Zehn Minuten später hatte Enana sämtliche Bewohner des Hauses, selbst das kleine weiße Hündchen und das Baby, durch das Schlafspray außer Gefecht gesetzt.

Ajo wollte geradewegs in die Kinderzimmer stürmen, doch als er an einem Schlafzimmer vorbeikam, aus dem leises Schnarchen zu hören war, hielt er inne und warf einen Blick hinein. Die Schwangere lag mit halb offenem Mund auf einer Seite des breiten Ehebettes, ihr Achtmonatsbauch wölbte sich zur Decke. Ajo beobachtete sie eine Weile, und plötzlich bemerkte er auf der Höhe des Bauchnabels eine kleine Bewegung. Er hatte damals die kleinen Babys im Bauch seiner Mutter gefühlt … Er legte seine Hand auf die warme Haut der schwangeren Frau, und beinahe im selben Augenblick spürte er einen kleinen Fußtritt. In den guten Nächten, den wenigen, in denen seine Mutter einschlief, ohne sich das Gift zu spritzen, von dem sie so böse wurde, ließ sie ihn eine Hand auf ihren Bauch legen … und er hielt ganz still, es war ein sonderbares Gefühl von Faszination und Angst zugleich, das diese kleinen Körper, die dort drinnen eingesperrt waren, in ihm hervorriefen.

»Was machst du da, Ajo?«, flüsterte seine Schwester von der Tür her und gestikulierte wild, er solle der Frau sofort das Nachthemd herunterziehen. Als Ajo ungeschickt an dem Hemd zerrte, kullerte das Baby aus dem schlaffen Arm seiner Mutter in die Mitte des Bettes. Enana nickte und deutete nach oben, wo das Spielzimmer lag, sie selbst marschierte direkt in das Zimmer des Weißhaarigen und packte außer den Computern zwei Handvoll uruguayische Pesos, Dollars, mehrere Uhren und ein paar nicht allzu wertvolle Schmuckstücke ein.

Dann machte sie sich auf die Suche nach ihrem kleinen Bruder und fand Ajo vor dem Bildschirm sitzend, wo er Lionel Messi lässig zwischen fünf deutschen Verteidigern hindurchsteuerte. Sie ließ ihn noch mit übertriebener, wenn auch stummer Begeisterung ein Tor feiern, eine kleine Entschädigung für all die vielen Stunden, in denen er nicht würde spielen können.

»Komm, schnapp dir das Ding und los«, erklärte sie, als er fertig war.

Ajo zog den Anschluss der Playstation aus der Steckdose und folgte seiner Schwester die Treppe hinunter. Bevor sie auf Beutezug gingen, leerte Enana zwei geräumige Strandtaschen aus, dann zogen sie durch die Räume und sackten Laptops und Tablets ein, Fotoapparate, Spielzeug, alles, was ihnen auf den ersten Blick wertvoll erschien, darunter Ferngläser, Walkie-Talkies sowie ein halbes Dutzend futuristisch aussehender Haushaltsgeräte. In der Küche blieb Ajo vor dem Kühlschrank stehen und wartete, dass seine Schwester die Tür öffnete: Der Flan und das dampfende Fleisch, das sie vorhin beim Abendessen gesehen hatten, waren das Einzige, woran sie in diesem Moment denken konnten. Nachdem sie sich über die Reste hergemacht und für Ismael eine saftige Keule abgezweigt hatten, zogen sie sich die Schuhe an, und Enana schob sich durch das große Wohnzimmerfenster, das Ajo anschließend von innen schloss, bevor er selbst durch das halb offene Badfenster hinauskletterte. Sie schlugen den Weg zum Strand ein. Immer wieder schauten sie sich nach allen Seiten um, obwohl sie davon ausgingen, dass Ismael sich um die restlichen Hunde gekümmert hatte: Es war kein Bellen zu hören und, soweit sie sehen konnten, alles ruhig.

Von dem Terrassenteil aus, der die Kinderzimmer mit dem Haupttrakt verband, sah Ismael die beiden zwischen den Dünen zum Strand hinuntergehen. Zwei schwarze Schatten, kaum zu erkennen. In Gefahr waren sie nicht, zumindest fürs Erste nicht.

Dem Verwalter, seinem Sohn und seiner Frau, der Hausangestellten, hatte er eine höhere Dosis Spray verabreicht als üblich, nachdem er gesehen hatte, dass bei dem Verwalter ein Gewehr neben dem Bett und bei seinem Sohn ein langes, spitzes Messer auf dem Nachttisch lag. Beides hatte er mitgenommen. Dem alten Hund hatte er eine Portion Hackfleisch hingeworfen. Für den angeleinten war das Hauptgericht reserviert gewesen: Er legte dem Hund den Hasen hin, den Ajo unterwegs entdeckt hatte, tot, aber noch warm. Eigentlich war der Hase für sie selbst gedacht gewesen, nach getaner Arbeit wollten sie ihn sich gönnen, aber als Ismael beobachtete, wie der Wachhund sich das Blut von den Vorderpfoten leckte, nachdem er sich irgendein mittelgroßes Nagetier einverleibt hatte, fand er sich damit ab, das Festmahl wohl oder übel opfern zu müssen. Er schob dem Hasen eine halbe Packung

Schlaftabletten in den Schlund, damit würde der Hund ein paar Tage durchschlafen. Eine knappe Viertelstunde wartete er im Schutz der Bäume ab, bis er sicher war, dass hier in dieser Nacht niemand mehr aufwachen würde. Er warf einen Stein in Richtung Verwalterhaus. Kein Bellen, kein Schrei, kein Schuss.

Dann hatte Ismael sein Versteck verlassen und war, das Gewehr über die Schulter gehängt, auf dem Hauptweg zurück zum Haus gegangen. Enana hatte ihm vom Wohnzimmer aus zugegrinst und auf das Fleisch gedeutet, an dem sie gerade kaute, mit der anderen Hand hatte sie eine Keule hochgehalten und sie hin- und hergedreht, wie um sie von allen Seiten zu bewundern, bevor sie sie in die Strandtasche stopfte.

»Für dich«, las er von ihren Lippen.

Ismael lächelte zurück, aber er war nervös, als er Enana anzeigte, sie sollten zum Strand gehen.

Daraufhin hatte er begonnen, den Nebentrakt zu inspizieren.

Die Zimmer zum Wald hin waren dunkel, die Fenster geschlossen. Sie waren zwar nicht vergittert, aber alle Fenster hatten massive Doppelscheiben. Zurück auf der Strandseite, blieb er wie angewurzelt stehen: Ein Zimmer war schwach von einem Nachtlicht erhellt. Luisa lag, den Kopf zum Fenster gedreht, auf ihrem Hochbett und schlief, das Licht im Rücken, die Nasenspitze berührte fast das Glas, das auf der Höhe ihres Mundes von ihrem Atem beschlagen war. Ismael pirschte sich so weit heran, dass er gerade noch im Schutz der Dunkelheit stand. Während er sich sagte, es sei das Beste, jetzt wie Enana und Ajo zum Strand hinunterzugehen (was die beiden erbeutet hatten, würde für diese Nacht reichen), machte er ein paar

Schritte auf sie zu, bis er genau vor ihr stand, nur durch die Fensterscheibe von ihr getrennt.

Sie hatte die ungewöhnlich langen Beine um ein Kissen geschlungen und trug ein in der Taille gerafftes Nachthemd, die offenen blonden Haare wie ein Fächer über das weiße Laken gebreitet.

Das Fenster beim Schreibtisch stand beinahe zur Hälfte offen, sodass vom Meer frische Luft hineinwehte. Mit dem Messer des Verwaltersohns schlitzte er das Moskitonetz auf, rollte es zusammen und schlüpfte ins Zimmer.

Ganz lautlos gelang die Operation nicht.

Unter normalen Umständen wäre er niemals in ein Zimmer eingedrungen, in dem jemand schlief … es war nicht einmal sicher, dass Luisa nicht schreien würde, falls sie aufwachte, bloß weil sie vorhin im Wald kein Wort gesagt hatte.

Doch keine dieser Erwägungen hielt ihn auf.

Er wollte dieses Mädchen aus der Nähe anschauen, ohne dass irgendeine Scheibe zwischen ihnen war.

Er holte das Spray aus der Tasche, trat an den Rand des Bettes, streckte den Arm aus und wollte gerade auf den Sprühknopf drücken, als sie den Kopf zu ihm drehte … und die Augen aufschlug. Sie wirkte durchaus nicht panisch, als sie den Fremden aus dem Wald in ihrem Zimmer stehen sah. Als Ismael ihr ins Gesicht sprühte, öffnete sie ein wenig den Mund, gab aber keinen Laut von sich. Noch nie hatte er das Spray an einem Menschen ausprobiert, der wach und bei vollem Bewusstsein war. Die Wirkung war verblüffend: Luisa war zwar nicht sofort betäubt, aber sie schien noch tiefer in ihre ferne Welt einzutauchen und war nicht mehr als ein Paar Augen, die schauten, ohne zu sehen. Ismael erwiderte ihren Blick, bis ihr langsam die

Lider zufielen. Erst jetzt bemerkte er, dass sie ein Tablet in der Hand hielt, das halb unter das Kopfkissen gerutscht war. Es war im Standby-Modus, doch als er es ihr aus der Hand nehmen wollte, setzte die Wiedergabe eines Videoclips ein: Drei jugendliche Asiatinnen, die wie wahnsinnig in einem rosafarbenen Studio herumtanzten und dabei ohrenbetäubend kreischten. Luisa blinzelte nicht einmal, hielt das Tablet aber weiter fest umklammert.

»Also gut … ich lass es dir«, murmelte Ismael salomonisch.

In dem kleinen Gerät, das auf dem Nachttisch stand, war ein blaues Lämpchen aufgeflackert, als der Sound des Videos ertönte. Ismael hatte genau solch einen Apparat bei der Angestellten auf dem Nachttisch im Verwalterhaus stehen gesehen und begriff jetzt, dass sie Luisa damit abhörten, so wie man Babys überwacht. Er schaltete das Gerät aus, am anderen Ende lauschte ohnehin niemand mehr, schnappte sich seinen Rucksack und warf das Babyfon hinein. Dass er hier so viel finden würde, hatte er nicht erwartet: Diese Kinder besaßen mehr elektronische Geräte als ihre Eltern. Im nächsten Zimmer griff er sich noch einen herumliegenden Rucksack, stopfte Notebooks, Handys und Kameras (sogar eine Unterwasserkamera) hinein und bekam auch diesen kaum zu. Dann ging er weiter und schaute sich die Fotos an, die in sämtlichen Zimmern des Traktes hingen: Bilder der sieben Kinder, aufgenommen jedes Jahr im Sommer in ebendiesem Haus, von ihrer Geburt bis zur Gegenwart. Es gab noch andere, bereits stärker verblichene Fotos, von denen Ismael annahm, dass sie die Eltern und Großeltern darstellten. Das kam ihm von allem, was er an diesem Tag erlebt hatte, am unglaublichsten vor: dass es eine Familie gab, die sich seit Jahrzehnten an solchen Sandstränden ihres Lebens freute. Er schaltete das Mobiltelefon ein und schickte eine SMS an die einzige eingespeicherte Nummer:

Sind fertig mit Haus eins.

Keine Minute später traf die Antwort ein:

Wartet am Strand.

Ismael verließ das Haus und ging hinunter zum Strand.

Das geschulterte Gewehr und die Metallschneide des Messers im Rucksack konnten das ungute Gefühl, das ihn begleitete, seit die Männer mit dem Pick-up ihnen ihre Aufgabe erklärt hatten, kaum abmildern: Dieser Auftrag war eine Nummer zu groß für sie, es konnte nicht gutgehen. Es *würde* nicht gut gehen. Vielleicht hatten sie Glück, in einer Nacht, bei einem Haus. Aber sechs Nächte, neun Häuser … Das war zu viel. Ismael wusste es; und er wusste, dass die Männer mit dem Pick-up es wussten. Das jedoch verwandelte den Auftrag in etwas ganz anderes: in einen Opfergang.

5

Es war weder der Mann vom Hafen noch der Pick-up-Fahrer, sondern ein Junge in Ismaels Alter, der kurz darauf am Strand auftauchte (sofern man bei der blitzartigen Geschwindigkeit, mit der sie ihn heranpreschen sahen, von *auftauchen* sprechen konnte). Auf einem Pferd, das ebenso sehnig war wie er selbst, kam er ohne Sattel herangesprengt. Mit der Leichtigkeit derer, die das Reiten noch vor dem Laufen gelernt haben, galoppierte er unten am Wasser entlang, gefährlich nah an den Wellen, die wegen des heftigen Windes und der Flut erst vorn an Land brachen. Der Strand war kaum wiederzuerkennen: Auf dem normalerweise gute hundert Meter breiten und ebenen Sandstreifen war in dieser Nacht ein neuer Dünenwall entstanden, gegen den mit gewaltigem Tosen die Brandung krachte.

Ajo war wie gebannt von dem Spektakel, er lag bäuchlings auf dem Boden und starrte mit aus der Umlaufbahn geratenen Augen auf die flüssige Masse, die sich zu meterhohen Wasserwänden auftürmte, während die Feuchtigkeit des Sandes ihm langsam in die Knochen kroch. Bis zu dieser Nacht hatte er sich das Meer so vorgestellt, wie er es einmal auf einer Karibik-Postkarte gesehen hatte. Zu dem extremen Wind kamen noch die heftigen Sandböen, die es beinahe unmöglich machten, die Augen offen zu halten, dazu wurden einem ständig diese lästigen kleinen Körnchen zwischen die Zähne geweht.

Am meisten Angst machte ihm allerdings, dass Ismael – nachdem er sich erkundigt hatte, ob der Boden unter der Terrasse betoniert oder aus Erde war – gesagt hatte, sie sollten ein Drittel ihrer Beute in den Rucksäcken verstauen.

»Für umsonst werden wir das alles hier nicht machen«, hatte Ismael erklärt und ungerührt noch mehr Computer und Kameras in den Rucksack gestopft, bis Enana ihn bat, er solle damit aufhören. Ihr war klar, dass sie die Sachen nicht so bald würden holen können, und es war auch nicht das erste Mal, dass sie einen Teil der Beute vergruben.

Ismael ließ sich auf die Knie nieder und spähte unter das Terrassendeck, kroch, mit der Taschenlampe den Boden vor sich ableuchtend, etwa fünfzehn Meter vorwärts. Mit dem Messer stach er die harte Erdkruste auf, der Sand darunter ließ sich mit bloßen Händen beiseiteschaufeln. Die längliche Grube war groß genug für das Gewehr. Die nächsten Tage würde er es nicht bei sich tragen können, aber es beruhigte ihn zu wissen, dass er eine Waffe auf dem Gelände vergraben hatte.

Guida hatte es ihnen eigentlich ein für alle Mal klargemacht, als er sie eines Nachts zusammen mit einer Zivilpolizistin in Once aufgegabelt, in den Kofferraum seines Wagens gesperrt und zu dem verlassenen Industriegelände gekarrt hatte, wo sie die Tüte mit dem Schmuck und eine Neunmillimeter von ihrem zweiten Einbruch verbuddelt hatten: Auftraggeber zu übervorteilen war der schlimmste Verrat.

»Der Kerl, für den ich arbeite, hat gesagt, ich soll euch direkt entsorgen«, hatte er behauptet und dabei übertrieben einen Chef markiert, den es (wie sie wussten) nicht gab, »aber ich habe ihn überzeugt, dass ihr noch eine Chance verdient habt.«

In dieser Nacht hatten sie begriffen, dass sie rund um die Uhr überwacht wurden.

Guida hatte Augen auf der gesamten Plaza.

In den Ranchadas von Once, den Nachtlagern der Straßenkinderbanden, ging das Gerücht, dass schon andere Kinder angeworben worden waren … Kinder, die spurlos verschwunden waren. Nie wieder hatten sie heimlich etwas für sich abgezweigt. Das Gefühl, immer unter Beobachtung zu stehen, nahmen sie in geradezu christlicher Demut hin, wenn der liebe Gott in ihrer Welt auch ein Wachmann vom Sicherheitsdienst war.

Das und nicht die nächtliche Kälte war der Grund für Ajos Zittern: Mehr als einmal hatte er gebettelt, eins von den Spielzeugen behalten zu dürfen. Immer hatte Guida es ihm abgeschlagen. Das hier ist für meinen kleinen Enkel, hieß es beim ersten Mal, und das andere da für den größeren, der hatte doch gestern Geburtstag. Schließlich trafen sie eine Abmachung: Ajo durfte aus jedem Haus, in dem es Kinder gab, zwei Spielzeuge mitnehmen … Eins davon suchte Guida sich aus, das andere durfte er behalten. Dieser Mann, der ihn lobte und ihm über den Kopf strich, wenn er seine Sache gut gemacht hatte, war für Ajo das, was einem Vater am nächsten kam; mitunter steckte er Sachen nur deshalb ein, weil er sich vorstellte, wie Guida ihn dafür loben würde. Zu dem schwindelerregenden Gefühl, dass sie sich Guidas Regel widersetzten, kam bei Ajo jetzt noch die diffuse Angst, die in ihm aufgestiegen war, als er Ismael mit dem Gewehr über der Schulter gesehen hatte.

Er sah den Reiter heransprengen und blickte sich verstohlen zu Enana um.

Seine Schwester hatte das Kinn aus dem Sand gehoben, gerade so weit, dass sie das Geschehen verfolgen konnte …

Der Reiter hatte das Pferd auf Höhe des Hauses zum Stehen gebracht. Er hielt es fest an der Mähne gepackt, ließ das Tier langsam eine Drehung vollführen und spähte angestrengt in die Dunkelheit. Einige Sekunden lang regte sich niemand. Das Pferd schnaubte mehrmals; es spürte, dass sich dort in der Dunkelheit jemand verbarg. Das nahm der Junge als Zeichen, dass sie da waren.

Er stieß einen Pfiff aus und tätschelte dem Pferd beruhigend den Hals. Enana setzte sich auf und griff nach den beiden Strandtaschen. Doch bevor sie aufstehen konnte, war Ismael hinter ihr, nahm ihr die Taschen ab und forderte sie auf, zu warten.

»Lass, ich mach das.«

Als er unter der Terrasse hervorgekrochen war, hatte er in der Ferne einen Lichtschein gesehen, möglich, dass die Leute schon aus dem Kino zurückkamen. Er hatte den Schritt beschleunigt, war aber gelassen geblieben. Die jahrelange Arbeit für Guida hatte ihn zu einem Samurai gemacht. Von einer der höchsten Dünen aus sah er in einiger Entfernung die erleuchteten Fenster der beiden Nachbarhäuser.

»Ihr kommt auch noch dran«, murmelte Ismael.

Kurz spielte er mit dem Gedanken, gleich noch das Nachbarhaus auszuräumen, wo sie schon einmal so nah dran waren. Da war sein Blick auf den Reiter unten am Wasser gefallen, jenseits der kleinen Dünenkette, die die Häuser gegen den Sturm abschirmte und in einer windstillen Oase barg. An der Leichtigkeit des Galopps hatte er erkannt, dass es weder der Mann vom Hafen noch der mit der Narbe sein konnten. Sie hatten jemand Jüngeren, Agileren geschickt, jemanden, der nur das Nötigste wusste. Da Ismael respektvollen Abstand zu dem Pferd hielt, kam der Junge ihm langsam entgegen. Er dirigierte das Pferd mit den Schenkeln (oder mit der Kraft seiner Gedanken), jedenfalls setzte er weder seine Arme ein, noch gab er Befehle. Der Junge musste etwa fünfzehn Jahre alt sein, und so, wie er mit einem Blick erfasste, dass Ismael einer aus der Stadt war, fügte er sich umgekehrt selbst perfekt in die karge Küstenlandschaft ein.

»Ich komm die Sachen abholen«, sagte er.

Eine gewisse Bewunderung angesichts der Beute verhehlte er nicht.

Er knotete die beiden Strandtaschen aneinander und hängte sie über den Pferderücken. Dann zog er ein Handy aus der Tasche, wählte eine Nummer und hielt es Ismael hin.

»Na, Junge«, meldete sich eine Stimme am anderen Ende der Leitung.

Ismael erkannte sie sofort: Es war der Mann vom Hafen.

»Morgen Abend werdet ihr euch Haus vier vornehmen. Kurz bevor es dämmert, gehen der Verwalter und seine Frau aus dem Haus. Es gibt dort vier Hunde, Filas, die werden aber angeleint sein. Der Kleine geht über ein Oberlicht im Wohnzimmer rein. Das lassen sie zum Lüften etwa zwanzig Zentimeter offen stehen. Es liegt ziemlich weit oben, aber man hat mir gesagt, dass das kein Problem …«

Er machte eine Pause, als wartete er auf Bestätigung.

»Ist kein Problem.«

»Gut. Das Fenster hat ein Mückengitter, aber das schlitzt er mit einem Messer leicht auf. An der Wand steht so ein Bücherregal, das vom Boden bis zur Decke reicht, da kann er runterklettern. Wenn er runterfällt, kümmert ihr euch darum, alles sauber zu hinterlassen, aber ich denke, das ist klar, oder?«

»Ist klar.«

»Wenn ihr nicht sauber machen könnt, verpisst ihr euch … auch klar?«

»Ja.«

»Die Alarmanlage wird angehen, erschreckt nicht. Die Leute vom Sicherheitsdienst brauchen mindestens fünfzehn Minuten, bis sie da sind. Wenn ihr euch ranhaltet, seid ihr vorher wieder draußen.«

Grußlos legte der Mann auf.

Dreißig Sekunden Instruktionen, das war alles.

Überrascht war Ismael keineswegs. Es war üblich, dass es Abmachungen gab, damit sie ins Haus kamen, Arrangements mit Hausangestellten, Lieferanten … mitunter sogar mit Familienmitgliedern. Vorsichtshalber fragte er nie nach. Der Junge streckte die Hand nach dem Telefon aus und steckte es wieder in die Tasche, dann rammte er dem Pferd die Fersen in die Flanken, und ehe Ismael es sich versah, war der Reiter im Galopp davongesprengt.

Plötzlich zuckte Ismael zusammen, weil von hinten jemand schreiend auf ihn zu rannte. Er fuhr herum und riss das Messer hoch, und da erst begriff er, dass es Ajo war, der auf das Meer zustürmte und dabei wie ein Irrer schrie, damit ihn der Mut nicht gleich wieder verließ. Im Rennen riss er sich die Kapuzenjacke vom Leib … stolperte über seine halb heruntergezogene Hose, landete kopfüber im Sand, krabbelte ein paar Meter auf allen vieren und spuckte eine Mischung aus Speichel und Sand aus, schleuderte die Turnschuhe von sich, versuchte mit einem Hüftschwung, die Unterhose abzuschütteln, rappelte sich wieder auf und stürmte weiter in die Brandung, verscheuchte die aufkommende Panik mit erneutem Gebrüll und warf sich klatschend gegen eine Welle, die ihn auf der Stelle verschluckte.

Entgeistert wandte sich Ismael nach Enana um, die im nächsten Moment ebenfalls an ihm vorbeisprintete. Ungeduldig zerrte auch sie sich am Ufer die Kleider vom Leib, als befänden sie sich plötzlich in den Ferien und nicht mitten auf einem tagelangen Raubzug, noch dazu mitten in der Nacht, in einem tosenden Sturm, in dem sie sich kaum auf den Beinen halten konnten.

»Bis dahin, Ajo, und nicht weiter!«, brüllte sie mit zugekniffenen Augen in den Wind.

Das Wasser reichte ihrem Bruder dort zwar kaum bis zu den Knien, aber die Wellen warfen ihn jedes Mal aufs Neue um wie ein hilfloses Stoffpüppchen. Immer wenn er sich – Salzwasser spuckend, hustend und kreischend nach mehr verlangend – aus dem Schaum der Brandung wieder aufgerappelt hatte, spürte er, wie der Sog den Sand unter seinen Füßen wegspülte, und schon riss ihm die nächste Welle die Beine weg.

Enana marschierte mit der kühlen Gelassenheit einer Sirene (oder einer Selbstmörderin) an ihrem Bruder vorbei bis in die tosende Brandung, ohne sich von den heranrollenden Wasserwänden einschüchtern zu lassen. Sie wartete, bis eine Welle sie erreichte, und stürzte sich im allerletzten Moment, bevor sie brach, kopfüber hinein, ließ sich treiben; wenn sie mit dem Bauch knapp den Boden streifte, fühlte sie, wie die Wassermasse über ihrem Körper wütete, während es am Meeresgrund ruhig und still blieb. Sie malte sich genüsslich Ismaels Panik aus und zählte bis dreißig, bevor sie wieder auftauchte. Schwimmen gelernt hatte sie im Río de la Plata, zwar ohne Wellen, aber dafür mit einem halbwüchsigen Onkel, der mindestens so wild gewesen war wie die uruguayische Brandung: Kaum zwei Jahre war sie alt gewesen, als er sie ins Wasser warf. Der

Onkel sagte gerne, dies sei seine persönliche Methode, den Neffen und Nichten schwimmen beizubringen, bis eines Tages ein Junge von der Strömung mitgerissen wurde und dessen Vater ihm ein halbes Magazin in den Kopf ballerte. Enana hatte selbst keine Erinnerung an die Geschichte, aber sie hatte sie so oft gehört, dass ihr die eigenen Schreie von damals in den Ohren hallten, während ihre Lungen sich mit Wasser füllten. Es konnten allerdings auch die Schreie aus den Albträumen sein, die sie quälten, seit sie denken konnte. Und doch blieb diese Erfahrung die wichtigste Lektion ihrer Kindheit. Die Methode ihres Onkels hatte sie weit mehr gelehrt als das Schwimmen: Drohte ihr Gefahr, stürzte sie sich kopfüber hinein, tauchte unter und strampelte wieder nach oben.

»Na los, du Schisser, komm schon mit rein!«

Sie wusste, dass Ismael sich nicht trauen würde, er hatte panische Angst vor Wasser. Sie zog sich den ohnehin halb heruntergerissenen BH aus und wickelte ihn um ihr Handgelenk, während Ajo aufgeregt hopsend auf eine noch größere Welle zeigte, die hinter ihr heranrollte.

»Enana!«, schrie er und schüttelte sich vor Lachen. »Hinter dir, Enana!!!«

Sie ließ die Welle herankommen, grinste herausfordernd zu Ismael hinüber und tauchte mit einem eleganten Kopfsprung unter der Welle hindurch. Es war nicht das erste Mal, dass sie mit ihren Schwimmkünsten prahlte: Bei ihren Ausflügen in die Zona Norte gefiel sie sich darin, sich unter den schockierten Blicken der verwöhnten Schnöselkinder genau dort die Kleider abzustreifen, wo Schilder vor verseuchtem Wasser warnten, und in der Brühe herumzuschwimmen, bis ihre Haut ganz schrumpelig war. Zwar hing sie nach solchen tollkühnen Aktionen dann eine komplette Nacht über der Kloschüssel einer öffentlichen Toilette, aber den Weicheiern zu zeigen, dass ihr so ein bisschen Dreckwasser nichts anhaben konnte, war ihr die Sache wert: Sie stellte sich gern vor, dass sich hinter der undurchdringlichen Miene der Zuschauer nicht Angst, Ekel oder Ärger verbarg … sondern Respekt. Respekt, wie ihn morgen früh auch all die Blondschöpfe empfinden würden, wenn sie kapierten, dass sie einfach in ihr Haus hinein- und mit einer ganzen Menge Sachen wieder herausspaziert waren, ohne dass jemand etwas mitbekommen hatte.

Sie tauchte den Arm bis zur Schulter in den Brandungsschaum, zog ihren Bruder, der mit den Füßen in einem Bodenloch feststeckte und mit dem Sog des zurückbrandenden Wassers kämpfte, mit einem Ruck heraus und schleifte ihn zum Strand. Ajo rollte sich nach Luft japsend auf den Rücken, vor Erregung brachte er kein Wort heraus. Enana ließ sich neben ihn in den Sand plumpsen, und eine Weile lagen sie einfach da, atmeten im gleichen Rhythmus, keuchend zuerst, dann ruhiger und tiefer, sahen sich an und grinsten.

Plötzlich erschien Ismaels Kopf über den ihren, eingerahmt von einem Sternenhimmel, der aussah wie die Leuchtaufkleber, mit denen sie sich zu Hause in Once die Wände ihres Eisenbahnwaggons verschönert hatten.

»Wir müssen los«, sagte er und blickte unruhig zum Haus hinüber, obwohl Enanas Mut ihn durchaus beeindruckt hatte (wegen dieser Anfälle plötzlicher Verwegenheit hatte er sich in sie verliebt, obwohl von Liebe zwischen ihnen beiden niemals die Rede war).

»Gleich, einen Moment noch«, sagte sie, noch immer splitternackt.

Ismael spürte, wie seine Erregung wuchs, und er zwang sich, den Kopf wieder zum Haus hin zu wenden. Der Lichtschein, den er eben noch am Himmel über dem Wald gesehen hatte, war verschwunden. Er deutete mit dem Kopf auf die andere Seite der Düne.

»Ich glaube, die Leute kommen zurück.«

Enana schüttelte ihre nassen Haare über Ajo hin und her, um den Sand loszuwerden, und sie sammelten die Klamotten ein, die sie bei ihrem Spurt verstreut hatten.

Als sie Ismael einholten, war der bereits an dem Korridor aus Akazien angelangt, die entlang des Drahtzauns zum Nachbargrundstück wuchsen. Im Gänsemarsch stapften sie hinauf zu dem kleinen Wäldchen, das das ganze Haus umgab. Jetzt hörten sie Motorengeräusche, aber auf dem Weg, der im Zickzack die gesamten fünf Hektar durchquerte und bis zum Meer hinunterführte, war von den Geländewagen nichts zu sehen. Erst in der Nähe des Hauptwegs, der im Norden zwischen allen Grundstücken verlief, kamen die Autos in ihr Blickfeld: Mit eingeschaltetem Fernlicht schlichen sie im Schritttempo über die Holzbrücke, die die beiden durch den mehrere Meter breiten Wasserarm getrennten Hälften des Geländes verband. Ismael hechtete blitzschnell ins Gestrüpp und war längst verschwunden, bevor die Fahrzeuge die Einfahrt zum Grundstück erreichten. Ajo hingegen blieb mitten auf dem Weg stehen und starrte wie gebannt den Scheinwerfern entgegen. Er war vollkommen geblendet, als Enana ihn packte und sich mit ihm in das hohe Gras duckte, das in den Gräben zu beiden Seiten des Wegs wuchs. Sie hielten die Luft an und rührten sich nicht, bis die Wagen Staub aufwirbelnd an ihnen vorbeigebrummt waren.

Ajo erhaschte einen Blick auf ein Knäuel von blonden Kindern, die auf dem Rücksitz schliefen ... Als er zu den beiden Großen trat, die gerade die Rucksäcke aus dem Erdloch hervorgeholt hatten und sich die Gummistiefel anzogen, lächelte er noch immer. Er ließ sich von Enana mit seinen Stiefeln helfen, schlang seine Ärmchen um ihren Hals und flüsterte ihr ins Ohr:

»Jetzt kenne ich das Meer.«

Sie antwortete mit einem warmen Lächeln.

Es kam nicht oft vor, dass sich ihrem kleinen Bruder ein Traum erfüllte.

Ismael drückte ihr die Machete in die Hand und gab Ajo einen kleinen Schubser, damit er zwischen den beiden ging. Sie wussten, dass sie keine Zeit verlieren durften. Ajo starrte auf den Blätterteppich, in dem seine Gummistiefel einsanken, darauf gefasst, beim kleinsten Rascheln loszuspringen. Er beeilte sich, zu seiner Schwester aufzuschließen, die voranstapfte und ihnen mit der Machete eine schmale Schneise in das dichte Gestrüpp schlug, das zu keinem der Grundstücke gehörte. Sie schwang ihre Waffe in Form einer Acht vor sich hin und her, im Mondlicht blitzte die Klinge auf. Enana sprang und drehte sich wie eine Guaraní-Kriegerin und wünschte, eine Urutu, ein Wildhund oder ein Wildschwein würde sich vor ihr aufbauen, damit sie das Viech in zwei Stücke schlagen könnte. Das Messer in der Linken, ließ Ismael die Geschwister ein Stück vorgehen und bildete selbst die Nachhut, denn der Angriff eines Tiers war am ehesten von hinten zu erwarten. Genau genommen tat er seit einiger Zeit nichts anderes, als ihnen den Rücken freizuhalten: Es war im Grunde wie in Once, nur die Fauna war eine ganze andere. Eine Weile, die der hektischen Wahrnehmung der Stadtkinder vorkam wie eine oder gar mehrere Stunden (in Wirklichkeit waren es Minuten), kämpften sie sich schweigend voran auf den Hügel, und langsam wurden ihnen die Füße schwer. Zu hören waren lediglich das ferne Meeresrauschen und die leichte Brise, die hier oben kaum die Baumwipfel wiegte – und plötzlich ein krachender Schuss.

Enana blieb abrupt stehen, die Machete hoch erhoben.

Auf den Schuss folgten zwei markerschütternde Schreie.

Zuerst der lang gezogene Wutschrei eines Mannes. Kurz darauf das schrille Aufjaulen eines verletzten Tiers.

Über ihren Köpfen stoben Dutzende von Vögeln in alle Richtungen davon. Im nächsten Augenblick hatten sie das Gefühl, dass sich irgendetwas auf sie zubewegte, und zwar mit hoher Geschwindigkeit.

Im Unterholz knackte es. Sie hörten das Hecheln der Hundemeute … Dann brachen sie durch das Dickicht, Lenden und Schnauzen voller Blut. Als Erstes drei riesige schwarze, vollkommen identische Tiere, agil wie Panther. Sie preschten an ihnen vorbei, ohne einen Moment innezuhalten. Zwar hatten sie die Kinder gesehen und gerochen, doch ihr Hunger war offenbar gestillt. Abgehängt und etwas aus der Puste, kam der vierte hinterhergelaufen, eine Kreuzung aus Schäferhund und Dackel (kurze Beine, glattes Fell). Er trug ein rosafarbenes Halstuch und eine Art Tolle, war sich jedoch nicht bewusst, wie albern und bürgerlich er damit unter den wilden Hunden wirkte: Er jagte ebenso ungestüm an ihnen vorbei, auch er voller Blut. Dort, wo die Hunde das Gestrüpp niedergetrampelt hatten, klaffte ein schmaler Pfad.

Wie immer magnetisch angezogen von der Gefahr, änderte Enana die Richtung und folgte den fernen Klagelauten, als würde das sterbende Tier sie rufen. Sie blieb nicht stehen, als Ismael versuchte, sie aufzuhalten. Auch nicht, als es nach dem zweiten Schuss ganz still wurde.

Sie folgte weiter den Blutspuren auf dem Pfad, den die flüchtenden Hunde hinterlassen hatten. Hinter einer Biegung erblickte sie das Massaker: Jenseits des Drahtzauns, der das Niemandsland, wo sie sich bei Tag verstecken sollten, vom nächsten Grundstück trennte, lagen an die zehn Schafe auf dem Boden, blutüberströmt, die Eingeweide herausgerissen, mit aufgeschlitzten Kehlen, die meisten tot, einige wenige noch im Todeskampf.

Hatte der Mondschein, vom Weiß der Schaumkronen zurückgeworfen, unten am Strand alles in ein phosphoreszierendes, irreales Licht getaucht, so ließ er hier oben die Dinge auf eine Entfernung erkennen, wie es in der Stadt unvorstellbar gewesen wäre. So etwa die Blutlachen, die sich unter den weißen Wollbüscheln gebildet hatten.

Oder die Silhouette eines Mannes, der vor einem sich am Boden windenden Schaf stand, das Gewehr spannte, auf den Kopf zielte und schoss. Ebenso verfuhr er mit zwei weiteren Schafen, die direkt daneben lagen. Dann setzte er die Baskenmütze ab und fuhr sich mit dem Handrücken über das Gesicht. Enana hätte nicht sagen können, ob er Schweiß oder Tränen fortwischte. Sie konnte auch nicht genau erkennen, was es war, worauf sein Blick gerichtet war. Sie nahm aber an, dass das schwarze Fellbüschel, das noch immer in ein Schaf verkeilt war, als hätte der Schuss es inmitten eines Festessens überrascht, zu den Hunden gehörte, die eben im Wald an ihnen vorbeigeprescht waren.

Da fühlte sie Ajos kleine Hand in ihrer.

»Wir haben einen Platz zum Schlafen gefunden.«

Er führte seine Schwester zu einem rostigen alten Wassertank. Die stelzenartigen Eisenbeine, auf denen er stand, und die rostige Leiter waren vollständig von Pflanzen bewachsen und so vollkommen getarnt. Ismael erwartete sie in acht Metern Höhe, rauchend saß er auf dem rund um den zylinderförmigen, von Rissen durchzogenen Tank umlaufenden Vorsprung und blickte aufmerksam in die Ferne. Es war das perfekte Versteck: Das Innere des Tanks hatte einen schalenförmigen Boden aus Beton, die Höhe war ein idealer Schutz. Enana kletterte die Leiter hinauf, ließ sich neben Ismael niedersinken und nahm die Zigarette, die er ihr anbot. Der eigentliche Tankbehälter stand auf einer leicht gewölbten Plattform, die rundherum einen Meter überstand, man hatte eine perfekte Aussicht, ohne selbst gesehen zu werden. Enana lehnte sich mit dem Rücken gegen die rostige Tankwand und forderte Ismael auf, ein paar Dosen aus dem Rucksack zu öffnen. Thunfisch und Nikotin wirkten Wunder: Beim dritten Zug hatte sich der Schwindel verflüchtigt.

Die mehrere Zentimeter dicke Schlammschicht auf dem Boden des Tanks störte sie nicht, sie schliefen zwölf Stunden am Stück.

Als Ismael erwachte, knallte ihm die Mittagssonne mitten ins Gesicht. Weder von der drückenden Hitze noch von den Mücken waren sie wach geworden, nicht einmal, dass Haut und Haare mit einer Kruste aus getrocknetem Schlamm verklebt waren, hatte sie wecken können: Ajo schlief zu seiner Linken, der zarte Rücken rot wie eine Paprika; Enana gab entzückende kleine Schnarchlaute von sich und fühlte sich offenbar ganz wohl in ihrer Haut … im Unterschied zu Ajo mit seinem hellen Teint voller Sommersprossen bekam Enana niemals Sonnenbrand (sie waren eben die Kinder verschiedener Väter). Doch mit dem Hereinbrechen der Sonne hatten sich alle Wohltaten der Nacht ins Gegenteil verkehrt.

Sie erwachten schweißgebadet, die Luft war stickig.

Den Nachmittag nutzten sie, um sich an einem schattigen Ärmchen des Flusses, auf das sie ganz in der Nähe gestoßen waren, Dreck und Hitze vom Leib zu spülen. Das Wasser war so wunderbar frisch und klar, wie sie es noch nie gesehen hatten; so unbewegt, dass sich selbst Ismael Hose und T-Shirt auszog und sich vorsichtig durch das kristallklare Wasser vorantastete, bis zu der Stelle, wo Enana, entspannt, wie er sie selten erlebt hatte, auf dem Wasser lag und toter Mann machte.

Sie blinzelte ihn durch die halb geschlossenen Lider an.

»Soll ich's dir beibringen?«

»Ich kann nicht schwimmen.«

»Musst dich ja nur treiben lassen.«

Sie ließ die Füße auf den steinernen Grund sinken, hob Ismael hoch wie eine junge Dame, damit er sich flach auf den Rücken legen konnte. Obwohl er viel größer war, wog er im Wasser nichts.

»Lass mal den Kopf locker.«

»Ich kann nicht …«

»Jetzt atme richtig tief ein.«

»Wehe, du lässt mich los«, flehte Ismael, dem die Sache nicht geheuer war.

Aber Enana dachte nicht daran, nahm feixend die Hände aus dem Wasser und zeigte sie ihm, damit er sah, dass sie ihn nicht mehr hielt. Ismael geriet für einen Moment in Panik, doch er beruhigte sich schnell. Sie strahlten sich an. Ein Stück weiter, wo das Wasser tiefer war, machte Ajo laut jauchzend eine Arschbombe nach der anderen, von einem kleinen Felsen aus platschte er mit angezogenen Beinen ins Wasser, paddelte prustend zum Ufer, zog sich hinauf und rannte wieder zu seinem Sprungfelsen, bis seine Schwester ihn wie eine Bademeisterin mit einem Pfiff bremste:

»Hey, Ajo! Wir sind nicht zum Spaß hier, Schwachkopf! Heb dir deine Kräfte auf!«

Dabei fühlten sich alle drei so leicht wie seit Ewigkeiten nicht. Und der Vorschlag, den Enana Ismael schließlich unterbreitete, war tatsächlich vollkommen ernst gemeint: Sie könnten doch einfach hier bleiben, hier würde sie jahrelang niemand finden.

»Und was sollen wir hier machen?«

»Na das hier.«

»Wir würden die Stadt vermissen.«

»Glaub ich nicht.«

»Aber sicher bist du dir nicht.«

»Bin ich wohl.«

Als Ismael später noch einmal rekapitulierte, was kurz darauf geschehen sollte, wurde ihm klar, dass dies die letzte Gelegenheit gewesen wäre, um das Gelände gemeinsam, zu dritt, zu verlassen. Wahrscheinlich wurden sie nach dem ersten erfolgreich ausgeführten Einbruch nicht mehr aus nächster Nähe überwacht. Man hatte sie noch einmal getestet, um sicherzugehen, dass sie hielten, was Guida versprochen hatte.

Ihr seid meine besten Soldaten, sagte er immer, vergesst das nicht.

Im zweiten Teil des Satzes, getarnt als Lob, lag die Drohung. Auf Belohnung und Angst hatte er sie konditioniert. Und sie hatten Befehle ausgeführt, wie gute Soldaten: Obwohl es auf dem riesigen Gelände durchaus blinde Flecken und Schlupflöcher gab, waren sie geblieben.

In der Dämmerung postierten sie sich an der schmalen Holzbrücke, die die beiden Hälften des Geländes verband, und warteten, bis sie den Verwalter und seine Frau vorbeifahren sahen. Vom Beifahrersitz aus nickte die Frau ihnen grüßend zu. Es gab keinen Zweifel: Sie wussten Bescheid. Die Aktion hatte nichts Improvisiertes. Es waren mehr als zwei, die sich die Beute teilten. Darum hatten sie an der ganzen Küste Kinder im Einsatz, die das Gleiche taten wie sie: Nur so rentierte sich das Geschäft.

An diesem Tag war Ismael über den Hauptweg offen auf Haus vier zumarschiert. Eine Provokation, der sich Enana und Ajo begeistert anschlossen. Sie ließen sich nicht einschüchtern, weder durch das herannahende Motorengeräusch noch dadurch, dass kurze Zeit später ein Motorrad mit zwei Personen darauf neben ihnen stoppte. Sie zuckten nicht einmal mit der Wimper, als die Frau, die den Fahrer von hinten umfasst hielt, das Visier ihres Helms hochklappte und in süßlichem Ton, der die Verachtung nur notdürftig verbarg, erklärte:

»Das hier ist ein Privatgrundstück, Kinder.«

Enana gönnte ihrem Bruder den Spaß:

»Wir sind die Neffen des Verwalters bei den Beccar Varelas«, verkündete Ajo prompt und in seiner Ungezwungenheit absolut glaubwürdig.

»Miguelito?«

»Miguel ist mein Onkel, Señora«, antwortete Enana.

Aus dem Augenwinkel bemerkte sie, dass der Fahrer – Helm, Lederjacke, Röhrenjeans, Schnürstiefel (alles schwarz und Markenware) – vor sich hin kicherte. Er war noch sehr jung. Sein Körper war etwa halb so breit wie derjenige der Frau, die ihn wie eine Spinne umklammerte.

Das Motorrad war ein US-amerikanisches Fabrikat und der hintere Teil der Sitzbank, auf dem die Frau saß, leicht erhöht, wodurch ihre Haltung etwas Lächerliches hatte, sie hing auf dem Sattel wie auf einer Abschussrampe.

Als wären sie durch die festgestellte Familienzugehörigkeit mit allen Rechten ausgestattet, klappte die Frau ohne weitere Fragen mit einem kunstvoll ausgefeilten Fingernagel ihr Visier herunter, nickte ihnen zu und gab dem Jungen einen Klaps auf die Schulter, woraufhin der augenblicklich Gas gab und die beiden in Richtung Meer davondüsten.

Haus vier war ein großer Quader aus Stein und Beton inmitten eines kleinen Eukalyptuswaldes, den man auf einem etwa zehn Meter breiten Streifen gerodet hatte, damit die Fensterfront an der Strandseite Meerblick hatte.

Zu ihrer Überraschung begegneten ihnen hier die schwarzen Hunde wieder. Sie waren frisch gebadet und in Boxen gesperrt, deren karger asiatischer Luxus an japanische Hotelkabinen erinnerte: Auf ockerfarbenen Matten ausgestreckt, hatte einer seine Schnauze auf einer Holzschale abgelegt und schlürfte schlückchenweise Wasser; ein anderer spielte mit dem durchsichtigen Netz vor der Öffnung; der dritte kaute auf einer aus ökologischem Material hergestellten Spielmaus herum. Sie bellten nicht einmal, als sie die Fremden auf ihrem Territorium bemerkten: Sie hatten sich den Bauch mit Schaffleisch vollgeschlagen und wollten nichts als schlafen. Aus ihrem Blick auf die von Enana angebotenen Hackfleischbällchen sprach eine bourgeoise Antriebslosigkeit, die den dreien allen Respekt nahm, den sich die Hunde durch ihren vorherigen Auftritt verschafft hatten, als sie blutüberströmt aus dem Gestrüpp hervorgeschossen gekommen waren.

Die drei umrundeten das Haus auf der Suche nach der beschriebenen Wand.

Ajo stieg auf Ismaels Schultern und sprang von dort mit einem Satz an die Hauswand, wo er sich mit Händen und Füßen festkrallte und wie ein Äffchen bis zu dem Oberlicht hinaufkletterte. Wie angekündigt, stand das Oberlicht einen Spalt offen, und das Moskitonetz war leicht aufzuschlitzen. Er schlüpfte durch die Öffnung, ließ sich mit den Füßen voran hinab, bis er einen Regalboden unter sich spürte, und kletterte an der Bücherwand hinunter. In der Sekunde, in der er den Fuß auf den Boden setzte, sprang die Alarmanlage an. Seelenruhig schlenderte Ajo durch das Wohnzimmer, um das Fenster zu öffnen … und blieb wie angewurzelt stehen, als plötzlich die Frau, die eben noch auf dem Motorrad gesessen hatte, nackt aus dem Schlafzimmer trat. Er machte einen Satz zurück und ging in Deckung, auf der anderen Seite des Fensters taten die beiden Großen das Gleiche. Die Frau marschierte geradewegs zur Alarmanlage neben der Eingangstür und schaltete sie aus. Gleich hinter ihr erschien der junge Mann, ebenfalls nackt, mit langen weißen Storchenbeinen.

»Ist alles in Ordnung?«, erkundigte er sich beunruhigt.

»Alles gut, mein Lieber, geh wieder ins Bett … ich komme gleich.«

Im nächsten Augenblick klingelte das Telefon.

Die Frau nahm ab. Sie beantwortete die üblichen Routinefragen, erklärte, die Anlage habe schon wieder grundlos den Alarm ausgelöst, und verlangte, sie sollten endlich kommen und sie ein für alle Mal in Ordnung bringen. Die Vorfreude auf die bevorstehenden Vergnügungen mit ihrem jungen Liebhaber, der inzwischen vor der großen Bücherwand auf und ab wanderte und sich Diplome und

Auszeichnungen besah, stand ihr ins Gesicht geschrieben. Sie und ihr Mann waren beide Schönheitschirurgen. Die Wohnung auf der Rambla in Montevideo nutzten sie von Montag bis Donnerstag, Wochenenden und Feiertage verbrachten sie in ihrem Haus am Meer. Beide tolerierten mit liebevoller Großzügigkeit (und einer gewissen Erleichterung) den Fetisch des jeweils anderen: Ihr Ehemann sammelte leidenschaftlich männliche Puppen – und sie auf ihre Weise ebenfalls.

Er verbrachte einen beträchtlichen Teil seiner Freizeit damit, seine Figürchen – er besaß eine Art Pantheon amerikanischer Superhelden – zu putzen und sie in den verschiedenen Fächern der großen Regalwand, die eigens für diesen Zweck entworfen worden war, zwanghaft immer wieder neu zu arrangieren. Sie dagegen hatte mehr Spaß an den Toyboys aus Fleisch und Blut, stets jünger als fünfundzwanzig, für gewöhnlich ihre Assistenten oder auch Patienten, mit denen sie sich in Hotels am Stadtrand von Montevideo vergnügte. Selten brachte sie ihre Liebhaber mit nach Hause in die Wohnung, niemals in das Haus am Strand. Weshalb der heimliche Trip sie aufgeregt und nervös machte wie einen Teenager.

Die ganze Verwicklungskomödie, in die sie hier geraten waren, nahm eine unerwartete Wendung, als plötzlich der Motor eines Wagens zu hören war, der wenige Sekunden später in die Auffahrt einbog. Ein glatt rasierter, durchtrainierter Mittfünfziger, Typ Tennisspieler, stieg aus seinem Mercedes und lief rasch auf das Haus zu. Sein Auftauchen war so unerwartet, dass die Frau und ihr Liebhaber einfach nebeneinander mitten im Wohnzimmer stehen blieben und lediglich einen kurzen erschrockenen Blick tauschten. Doch der Arzt begrüßte den Jungen, als handele es sich um eine zufällige Begegnung in der Praxis, er hatte ganz andere Sorgen.

»Hallo Andrés.«

»Herr Doktor …«, murmelte Storchenbein.

»Ist Cal schon da?«, wandte er sich an seine Frau.

»Wieso Cal?«

»Weißt du nicht, was passiert ist?«

Die Frau trocknete sich den Schweiß auf der Stirn, bevor sie antwortete.

»Was ist denn passiert?«

»Er hat auf Lola geschossen … also, er hat sie erschossen. Er muss auf dem Weg hierher sein.«

»Um Gottes willen«, murmelte sie.

Sie liebten ihre Hunde wie die Kinder, die sie nicht hatten.

»Sie haben Schafe gerissen. Ein paar von Cal und wohl auch welche von dem Engländer oben. Der hat von London aus Anzeige erstattet. Cal hat die Vorladung, er bringt sie mit.«

»Was denn für eine Vorladung?«

»Sie wollen sie einschläfern.«

Die Frau tastete nach der Hand ihres Mannes. Er zog sich die Jacke aus und legte sie ihr um die Schultern. Dann knipste er eine kleine Lampe an, deren Lichtkegel die offenkundige Nacktheit der beiden Körper nur noch deutlicher hervortreten ließ. Die folgende Umarmung der beiden ließ den jungen Mann einen weiteren Schritt zurückweichen.

»Soll ich vielleicht Kaffee machen?«, fragte er.

Die beiden sahen zeitgleich auf und wirkten geradezu erstaunt, den nackten jungen Mann in ihrem Wohnzimmer stehen zu sehen.

»Ja, mein Lieber, das wäre nett … Und zieh dir was über, Andrés«, murmelte sie.

Von der anderen Seite des Fensters aus, wo man nicht hörte, was gesprochen wurde, ergab die Szene keinerlei Sinn: Niemand schrie, aber die Frau weinte, die Eheleute fielen sich in die Arme, und der erschütterte junge Liebhaber ging, noch immer nackt, in die Küche, um Kaffee aufzusetzen, bevor er seine im Wohnzimmer verstreuten Sachen aufsammelte. Die verwirrte Enana konnte nicht mehr tun, als mit Ajo Blickkontakt zu halten und ihm zu bedeuten, dass er sich nicht von der Stelle rühren dürfe. Als der Verwalter im Galopp herangeprescht kam, das schwarze Fellbündel in eine Plane gewickelt und auf den Rücken seines Pferdes geschnallt, saßen die drei angekleidet im Wohnzimmer und tranken Kaffee. Bevor der Mann, ein Gewehr über die Schulter gehängt, beim Haus eintraf, hatten die Hunde bereits durch wildes Geheul angezeigt, dass sie ihre Mutter selbst auf die Entfernung witterten. Der Mann stieg vom Pferd und trug die Hündin auf den Armen bis zur Terrasse. Er wartete, bis der Arzt aus dem Haus kam, und ließ das Tier unsanft und mit kaum verhohlener Wut auf das Holz plumpsen.

»Tut mir leid, sie sieht übel aus«, brummte er.

Der Arzt unterdrückte einen Brechreiz, als er sah, wie seine treue Hündin zugerichtet war.

In den letzten zehn Jahren hatte sie ihm mehr Freude geschenkt als jedes andere Wesen, dazu drei Würfe vollkommener Welpen. Seine Frau schaltete ein Terrassenlicht an, kam aber nicht näher. Unwillkürlich entfuhr ihr ein kleiner Schreckensschrei. Von ihrem Versteck aus konnte Enana erkennen, dass Stiefel, Hose und Jacke des Verwalters voller Blutflecken waren.

»So sind nu'mal die Gesetze auf dem Land: Der Hund, der durchdreht, wird getötet«, sagte er.

»Sind Sie sicher, dass sie es gewesen sind, Cal?«

»Ich hab sie auf frischer Tat ertappt. Wie Besessene. Wie eine Meute von Wildhunden.«

Er deutete mit dem Kinn auf die tote Hündin.

»Sie wollte grad einem Schaf die Eingeweide rausreißen.«

»Wie viele haben sie Ihnen gerissen?«

»Zwölf bei mir. Mehr als zwanzig bei dem Engländer.«

»Sie wollen mir erzählen, meine Hunde hätten dreißig Schafe getötet?«

»Mehr als dreißig.«

»Das würde nicht einmal ein ausgebildetes Spezialkommando schaffen, Cal!«

»Ich hab sie gesehen, *patrón*.«

»Sie haben gesehen, was sie bei Ihnen angerichtet haben, bei dem Engländer nicht.«

Der Arzt sah ihm fest in die Augen. Der Stimme des Verwalters war jetzt eine gewisse Anspannung anzumerken. Er zog ein Kuvert aus der Tasche.

»Hier ist die polizeiliche Vorladung.«

Der Arzt öffnete den Brief ohne Eile und las ihn schweigend.

»Das war der Engländer, oder?«, fragte er.

Cal nickte.

»Ich habe Anweisung, ihm alle ungewöhnlichen Vorkommnisse auf seinem Gelände zu melden. Er hat von London aus seine Anwälte eingeschaltet. Kurz darauf haben sie mir das geschickt.«

»Das ist keine Vorladung zur Befragung, das ist eine Anklage. Hier steht, es waren dreißig … und Sie könnten das bezeugen.«

»Ich tue nur meine Pflicht.«

»Indem Sie als Zeuge gegen meine Hunde auftreten?«

»Indem ich sage, was ich gesehen habe.«

»Lügen verbreiten ist also Ihre Pflicht? Ist Ihnen klar, dass ich Sie wegen Verleumdung drankriegen kann, wenn Sie behaupten, dass Sie etwas gesehen haben, was Sie in Wirklichkeit gar nicht gesehen haben?«

Der Verwalter sah ihn an, in seinem Blick lag etwas Wildes.

»Ihr Anwalt hat mich angerufen«, sagte er. »Er hat die Papiere verlangt.«

»Ich weiß.«

»Die Hunde haben meine Schafe getötet.«

»Tiere müssen Papiere haben, Cal.«

»Was hat das damit zu tun?«

»Wenn Ihnen das Auto geklaut wird, müssen Sie zuallererst beweisen, dass Sie der Besitzer sind, Sie müssen die Papiere vorlegen. Mit den Schafen ist es genauso ... und wie es aussieht, haben diese Schafe nie existiert.«

Das war eine klare Kampfansage, jetzt gab es kein Zurück mehr. Der Verwalter wechselte das Gewehr von einer Schulter auf die andere.

»Bitte was?«

»Wie mein Anwalt mir mitteilt, gab es keine Papiere.«

»Ich verstehe nicht, was Sie mir sagen wollen.«

»Dass es nicht sinnvoll ist, sich wegen ein paar Schafen ernsthaften Ärger einzuhandeln.«

»Dreißig Schafe«, murmelte der Mann.

»Selbst wenn es dreißig waren ... es sind Schafe, Cal!«

»Ich hab keine Familie. Kein Land. Ich hab Schafe.«

»Sie sagen mir, was sie kosten, und ich kaufe Ihnen dreißig neue Schafe!«

»So läuft das nicht.«

»Wie denn dann? Sagen Sie mir, Cal, wie es läuft!«

»Der Hundefänger kommt und holt die anderen ab.«

»Ich werde sie nicht hergeben.«

»Sie können nicht …«

»Hier werde ich als Angeklagter vorgeladen. Mein Anwalt reist aus Buenos Aires an. Bis dahin fasst meine Hunde niemand an.«

»Lass uns abhauen«, flüsterte Ismael Enana zu.

»Nicht ohne Ajo.«

»Das hier geht nicht gut aus.«

Inmitten der plötzlichen Stille, die das Wortgefecht hinterlassen hatte, erkannten sie einen vertrauten Geruch wieder: Auf den Bahngleisen in Once sahen sie fast täglich tote Tiere. Die übrigen Hunde waren in wildes Gebell ausgebrochen, als der Verwalter den leblosen Körper auf die Terrasse fallen ließ. Doch sein finsterer Blick, den er jetzt wie in Trance auf den Boden heftete, war furchteinflößender, als es die wildesten Tierschreie hätten sein können. Der Arzt wich einen Schritt zurück.

»Wenn der Hundefänger sie nicht holt …«

»Beruhigen Sie sich, Cal«, flehte er ihn an.

»… erschieße ich die Köter.«

Die Frau trat vom Fenster zurück und griff nach dem Telefon, um die Polizei zu rufen. Ihr Mann wäre gerne zu ihr ins Haus gegangen, blieb aber wie angewurzelt auf der Terrasse stehen. Storchenbein war fix und fertig und riss ein Küchenfenster auf, kurz darauf stürzte er panisch ins Bad und schloss sich ein. Ajo sah seine Chance gekommen: Als ihm alle den Rücken zukehrten, rannte er auf das offene Fenster zu, das ein Stück Meer einrahmte, hechtete kopfüber hinaus, landete auf dem Sandboden und ließ sich geschickt unter die Terrasse rollen. Sobald Enana ihn auf allen vieren zwischen den Akazien hervorkriechen sah, nahmen sie die Beine in die Hand und blieben nicht einmal stehen, als sie hinter sich Schüsse krachen hörten. Erst als sie den Wassertank erreichten, verlangsamten sie den Schritt.

Der Wind frischte auf, und als Ismael das Telefon aus der Tasche nestelte, um eine Nachricht zu schreiben, fielen die ersten Tropfen. Die Wolken hingen so tief, dass sie im Innern des Tanks zu schweben schienen. Ismael erkletterte die Leiter bis an die Kante des Tanks und hielt das Telefon, so hoch er konnte. Kein Empfang. Sie waren von der Welt abgeschnitten.

»Ihr bleibt hier«, bestimmte er zu Enana gewandt.

Sie und ihr Bruder drückten sich in den einzigen Winkel, der halbwegs vom Regen verschont blieb. Die Abdeckung, von der kaum etwas mehr übrig war, schirmte sie notdürftig ab, rostige Stücke lagen verstreut auf dem Boden des Tanks.

Die Bäume und Sträucher bogen sich im Wind, und der Regen peitschte Ismael ins Gesicht, als er sich gleich wieder auf den Weg machte. Es war nicht der Mann vom Hafen, der ihm keine Ruhe ließ, er musste das Gewehr holen. Seit er Bekanntschaft mit der blutverschmierten Hundemeute gemacht hatte, verfluchte er sich, es unter der Terrasse vergraben zu haben. Dass sie auf keinen Fall mit Waffen aufgegriffen werden durften, war eine Regel, die inzwischen jeden Sinn verloren hatte. Er war zerstreut, ihn fröstelte, die Temperatur war rapide gefallen, und der Himmel hatte sich so sehr verdunkelt, dass er kaum einen Meter weit sah. Doch dass sich der Weg in so kurzer Zeit in einen solchen Morast verwandeln würde, damit hatte er nicht gerechnet: Schon beim ersten Schritt sank er bis zum Knie ein, beim zweiten platschte er vornüber in den Schlamm, auf dem abschüssigen Gelände zerrte ihn die Strömung mehrere Meter mit.

Als er die Augen wieder öffnete, sah er, dass es langsam dämmerte.

Mit Armen und Beinen hielt er einen Zaunpfahl umklammert.

Seine Glieder waren steif und verkrampft, ihm war übel. Er sah an sich hinunter: Seine Füße steckten knöcheltief im Morast. Es herrschte eine merkwürdige Ruhe. Eine undurchdringliche Nebelbank umgab ihn, die Luft war klebrig feucht, und in der dichten Stille dröhnte ihm das Surren der Insekten in den Ohren.

Er schob eine Hand unter seine Jacke und zog die kleine Plastiktüte hervor, in der er das Handy eingewickelt hatte. Es war eine alte Angewohnheit von ihm: Das jahrelange Leben auf der Straße, wo sie der Witterung schutzlos ausgesetzt waren, hatte ihn gelehrt, dass ein einziger Regenguss einem alles nehmen konnte, was man besaß. Mit tauben Daumen tippte er auf den kleinen Tasten: *IST SCHIEFGELAUFEN.*

Im nächsten Augenblick klingelte das Telefon.

»Ihr werdet noch ein paar Tage irgendwo unterkriechen müssen, Junge.«

Die Stimme des Mannes vom Hafen klang ganz nah, als wäre er gleich hier, irgendwo hinter der weißen Nebelwand.

»Auf dem Gelände wird es bald von Polizisten wimmeln.«

»Was ist passiert?«

»Der Verwalter hat die Hunde eines Hausbesitzers erschossen und …«

»Das weiß ich schon«, fiel Ismael ihm ins Wort. Und biss sich auf die Lippen. Niemals hätte er seinen Auftraggeber so herausgefordert, wenn er ihm direkt gegenübergestanden hätte; jetzt aber schützte ihn die Isolation.

»Ich meinte *vorher*! Sie haben doch gesagt, es ist keiner da.«

Der Mann zögerte, als hätte der Vorwurf ihn getroffen. Er hatte jahrelange Erfahrung im Umgang mit solchen Kindern … Er wusste, wann er die Schraube anziehen und wann er sie lockern musste.

»Manche Sachen laufen nicht nach Plan, wir sind nicht der liebe Gott«, erklärte er, als ob das nötig gewesen wäre. Und erkundigte sich in väterlichem Ton:

»Seid ihr okay?«

»Das Essen wird nicht reichen«, entgegnete Ismael schnell.

Auch er kannte das Spiel, er wusste, wann er etwas verlangen konnte.

»Geht morgen bei Tagesanbruch zu der Stelle oben am Zaun. Da deponieren wir noch zwei Rucksäcke für euch. Damit kommt ihr hin.«

»Und heute?«

»Heute seht ihr zu, wie ihr klarkommt. Morgen sehen wir weiter, entweder ihr bleibt da wie geplant, oder wir holen euch vorher raus.«

»Wir wollen aber heute noch weg hier.«

Der Mann zögerte erneut, langsam war es genug.

»Und du meinst, es spielt irgendeine Rolle, was ihr wollt? Komm schon, Junge. Mach's mir nicht so schwer. Ihr seid da doch im Paradies. Killt irgendein Tier, macht ein Picknick. Macht einfach ein bisschen Urlaub …«

Ruhig zählte er alles auf und klang dabei eher gelangweilt als wütend.

Er grinste dreckig. Ismael wusste es, ohne sein Gesicht zu sehen.

»Morgen um die gleiche Zeit schaltest du das Telefon wieder ein.«

Und noch etwas wusste Ismael: Wenn sie versuchen sollten zu fliehen, würde dieser Mann mit ihnen das Gleiche anstellen wie der Verwalter mit den schwarzen Hunden.

6

Nachdenklich steckte Ismael das Telefon zurück in die Plastiktüte. Er hatte sich an dem Gedanken, zu fliehen, festgebissen. Das größte Problem bestand darin, dass sie sich auf dem Gelände nicht auskannten. In Once war ihnen jeder Winkel vertraut; da wussten sie sich in Sicherheit zu bringen – vor der Polizei, vor anderen Straßenkinderbanden, Eltern, Brüdern, Onkeln oder Stiefvätern, da tauchten sie zwischen den Güterwaggons ab, türmten über die Dächer, schliefen zwischen den Gleisen im Gras, dort kannten sie die besten Verstecke für das, was sie auf den Bahnsteigen erbeutet hatten ... Ismael wanderte eine ganze Weile ohne rechte Orientierung durch Matsch und Nebel, bis er auf das Tor zum Grundstück von Haus eins stieß. Der Nebel begann sich zu lichten, Haus und Meer waren bereits zu erkennen. Von einer Stelle mit besonders guter Sicht aus beobachtete er, wie die Erwachsenen die kleineren Kinder aus dem Haus trugen und, einige noch schlafend, zu den mit laufendem Motor bereitstehenden Geländewagen schleppten. Selbst auf die Entfernung war zu spüren, dass sie es eilig hatten. Das Meer war weiterhin ruhig, die Luft feucht und klebrig, und die Stimmen klangen für Ismael so nah, als stünde er dort mit den Blondschöpfen auf der Terrasse. Ein Junge, der von seiner Mutter an der Hand zum Auto gezerrt wurde, weinte und wandte den Kopf nach einem Mann mit einem Baby auf dem Arm, der wie gelähmt dastand und dem allgemeinen Aufbruch zusah.

»Ich will nicht in die Stadt!«, jammerte er. »Papa, bitte!«

Zögerlich machte der Mann einen Schritt in Richtung der beiden.

»Silvia, es gibt doch keinen Grund, jetzt so zu hetzen …«

»Keinen Grund?!«, explodierte seine Frau. »Willst du mich auf den Arm nehmen?«

Von dem Geschrei wachte das Baby auf und stimmte in das Weinen mit ein.

»Dieser Schwachkopf von Verwalter hat drei Hunde abgeknallt, und du sagst, es gebe keinen Grund? Was meinst du, wie lange es dauert, bis der dahinterkommt, dass *dein Hund* auch mit dabei war?!«

Mit pfeilartiger Geschwindigkeit fuhr ihr Arm herum und zeigte auf den Hund.

Ismael folgte ihrem Zeigefinger, und da saß er, die merkwürdige Mischung aus Dackel und Schäferhund, die ihnen blutüberströmt aus dem Dickicht entgegengestürmt war. Den Schwanz zwischen die Hinterpfoten geklemmt, sah das Tier sie aus großen Augen regungslos an, das Fell glänzend vom sorgfältigen Abrubbeln, mit dem sie jede Spur des Verbrechens hatten tilgen wollen.

Sein Name war Gigo. Die Bekanntschaft mit dem Rudel schwarzer Filas hatte er an einem dieser öden Strandtage gemacht, die er so satthatte, mit einem Dutzend Kinder, die ihn schikanierten, ihn ins Ohr bissen, ihm einen Stock oder am liebsten gleich ihn selbst ins Wasser warfen, um zu sehen, wie er hilflos auf den Wellen paddelte, die ihn durch die Gegend schleuderten, als wäre er eine Puppe. Zuerst hatte er sie von Weitem gesehen: hochgewachsene, schlanke Tiere, frei und wild … Sie trotteten den beiden

Stuten hinterher, auf denen das Schönheitschirurgen-Pärchen bei Einbruch der Dämmerung seinen Abendritt machte. Der täglichen Schikanen überdrüssig, riskierte er sein Leben für ein wenig Abenteuer: Er lief ihnen nach. Er hatte damit gerechnet, dass sie ihn anbellen, ihn anknurren oder beißen würden.

Und er hatte sich vorgenommen, das alles auszuhalten.

Was geschah, war schlimmer: Sie ignorierten ihn.

Sie ließen ihn im Rudel mitlaufen und sahen ihn nicht einmal an. Sie ließen ihn die Überreste der Seehunde fressen, die die Strömung ans Ufer spülte und die in der Sonne nach wenigen Stunden zu stinken begannen. Die Filas störten sich nicht an dem ekelerregenden Geruch, den das von Fliegen übersäte Fleisch verströmte: Sie fraßen alles und lagen danach träge in der Sonne herum. Nach dem ersten Mal, dass Gigo an einem solchen Gelage teilnahm, kehrte er so widerlich stinkend nach Hause zurück, dass er aus dem gewohnten Bett in den Verwalterschuppen verbannt wurde. So lange sie ihn später auch badeten und schrubbten, der Geruch des Todes hafete ihm noch tagelang an.

Gigos Herrchen und Frauchen waren sich ganz und gar nicht einig, was seine Wesensveränderung betraf, und gerieten darüber immer wieder in Streit: Während ihr seine neue Wildheit ein einziges Gräuel war, sah er darin vor allem eine willkommene Abwechslung zu der gutbürgerlichen Apathie, die die kleine Promenadenmischung bisher an den Tag gelegt hatte. Dass man Gigo an diesem Morgen schlafend neben dem Pool gefunden hatte, blutverschmiert und mit aufgeblähtem Bauch, kam ihnen deswegen jedenfalls nicht allzu bemerkenswert vor.

Der gewaltsame Anblick wurde noch übertroffen, als sie das Fehlen von Computern, Kameras und Telefonen bemerkten. Sie hatten beim Frühstück, das sie gerne auf der Terrasse zur Waldseite hin einnahmen, gesessen, als eine der Blondinen aufstand, um mit einer Digitalkamera die ersten Schritte ihrer kleinen Tochter festzuhalten. Nach wenigen Minuten kehrte sie leichenblass zurück: Nicht nur die Kamera war weg, auch der Computer und sämtliche Tablets ihrer Kinder fehlten.

»Was geht hier vor? Fehlt bei euch auch was?«, flüsterte sie mit erstickter Stimme.

Mehrere Familienmitglieder sprangen vom Tisch auf und stürzten ins Haus. Kurz darauf drangen aus einem Zimmer nach dem anderen Entsetzensschreie nach draußen.

Die Kinder weinten, die Erwachsenen fluchten, und die Schwangere befiel quälende Angst: Der Albtraum, in dem eine kleine Hand ihr den Bauch gestreichelt hatte, war also gar kein Traum gewesen. Es gab keinen Zweifel. Seit Monaten schon hatte sie nicht mehr so tief geschlafen; an jenem Morgen war sie als Letzte aufgewacht, schwindlig und übel war ihr gewesen. Der Weißhaarige, Luisas Großvater, war niedergeschlagen vor seinem Kaffee sitzen geblieben: Die Ferien waren ruiniert. Exakt in diesem Moment waren sie vorbei, beinahe zwei Jahrzehnte, in denen sie unbesorgt geschlafen hatten, mit offenen Fenstern und Türen. Er hatte niemandem gesagt, dass auch ihm, der sonst in aller Frühe erwachte, das Aufstehen schwergefallen war und dass er vor Kopfschmerzen kaum hatte denken können. Erst recht nicht, dass er im Bad ein paar winzige Fußabdrücke entdeckt hatte: Es war ihm nicht geheuer, dass es Kinder gewesen sein sollten, die seine schwangere Tochter und seine Enkelin betäubt hatten, bevor sie das Haus ausgeräumt hatten.

Vielleicht waren ja auch Erwachsene dabei gewesen.

Die kleinen Fußabdrücke bestätigten jedoch wenigstens das Alter eines Einbrechers.

Als er aus Piriápolis zurückkehrte, wo er die Anzeige aufgegeben hatte, teilten seine Töchter und Schwiegertöchter ihm mit, sie würden die Enkel nach Punta del Este in die Wohnung seiner Exfrau bringen und dort bis zum Ende der Ferien bleiben. Der Weißhaarige nickte matt, er hatte weder die Absicht noch die Kraft, irgendjemanden davon zu überzeugen, dass man sie mit Sicherheit kein zweites Mal ausrauben würde. Zwei seiner Söhne hatten die Frauen im Laufe des Tages allerdings nach und nach doch noch umstimmen können, und als es Abend wurde und die Kinder ein letztes Bad im Meer nahmen, war niemand mehr so recht entschlossen, das kleine Paradies zu verlassen. Der Mond war gerade aufgegangen, in der Pfanne brutzelten ein paar Tintenfische, und sie hatten eben eine Flasche süßen Wein aufgemacht, als plötzlich die Schüsse krachten.

Luisa war allein auf der Terrasse. Sie stieß ein paar merkwürdige Töne aus, etwas zwischen Heulen und Klagelaut. Gigo stand witternd neben ihr.

Er war nicht der Einzige, der sich dem Rudel angeschlossen hatte.

Auch Luisa liebte es, den Hunden auf ihren Touren durchs Gelände zu folgen.

Sie ließ sich in angemessener Entfernung nieder und sah zu, wie sie die Kadaver von Seehunden, Fischen und Möwen verschlangen. Die Filas hatten sich an ihre Gegenwart gewöhnt. Wenn sie sie am Strand erspähten, kamen sie nach kurzer Zeit angelaufen und begrüßten sie freudig. Luisa, die sonst jede Art von Kontakt vermied, liebte es besonders, auf dem jüngsten der kräftigen Hunde zu reiten. Er ließ sie aufsteigen und wartete geduldig, bis sie die Arme um seinen Hals geschlungen hatte, dann setzte er sich in Bewegung. Der elegante Gang der Filas erinnerte tatsächlich an den junger Fohlen. Vom Rest des Rudels umringt, liefen sie über das Gelände. Gigo folgte ihnen mit einem Kilometer Abstand und hängender Zunge, und Luisa stieß vor Glück ihre eigenartigen Heullaute aus. Natürlich waren diese Ausflüge alles andere als ungefährlich: Sie hätte in vollem Tempo abgeworfen werden und sich beim Sturz alle Knochen brechen können, oder sie konnten mit den Hunden der benachbarten Anwesen zusammenstoßen und einer von ihnen sie versehentlich für Beute halten … Aber wenn ihre Eltern ihr verboten hatten, mit den Hunden loszuziehen, hatte sie jedes Mal so verrückt gespielt, dass sie ihr ein Beruhigungsmittel spritzen und sie fest im Arm halten mussten, bis es wirkte.

Die Ärzte hatten geraten, ihr ihren Willen zu lassen.

Also folgten sie ihr. Jedes Mal, wenn sie den Weg zum Strand einschlug, schnappte sich einer ihrer Brüder das Quad. Sie hielten den Abstand so groß wie möglich, gerade so, dass sie sie noch im Blick behielten.

Luisas Körper, der in der Stadt, wo sie tagelang am Fenster stand und in den Garten hinausstarrte, jedes Mal abmagerte und schlaff wurde, kam am Meer wieder zu Kräften. Hier war sie nicht nur mit den Hunden unterwegs, sie unternahm auch jeden Tag einen ausgedehnten Morgenspaziergang auf dem Gelände: zuerst drei Kilometer am Strand entlang, einen durch den Wald, auf dem Rückweg zwei weitere über die Wege der angrenzenden Grundstücke und dann noch fünfhundert Meter auf dem Hauptweg bis zum Gatter, das zu ihrem Haus gehörte. Obwohl er sich danach den gesamten restlichen Tag davon erholen musste, begleitete sie ihr Großvater jeden Morgen ... Luisa tat der ausgiebige Fußmarsch gut, das Laufen beruhigte sie. Und für ihn war es seine Zeit, die er allein mit ihr hatte, eine Zeit ganz ohne Wutausbrüche oder Angstattacken: Etwa eine Stunde marschierten sie schweigend nebeneinander her, sie sah und lächelte ihn an, ganz als würde sie Kontakt zu ihm herstellen.

In den frühen Morgenstunden der Nacht nach dem Einbruch hatte er von draußen ein Planschen gehört. Schlaftrunken war er erst gegen den Nachttisch, einen Stuhl und eine Liege gestoßen und dann ans Fenster getreten. In der Dunkelheit erkannte er den Albinoschopf seiner Enkelin, die inmitten einer rötlichen Pfütze auf den unteren Stufen des Poolbeckens stand, trotz Kälte und Dunkelheit bis zur Hüfte im Wasser. Mit der einen Hand hielt sie den Hund, mit der anderen versuchte sie, ihm das Blut aus dem Fell zu schrubben. Gigo trieb auf dem Rücken, so vollgefressen mit Schafsfleisch, dass er immer wieder wegdöste, er wirkte vollkommen entspannt und stank bestialisch.

Einen Moment lang hatte er gedacht, dass einer von beiden verletzt war, bevor er an dem Geruch, der vom Chlor nicht vollständig überdeckt wurde, erkannte, dass Gigo wieder einmal von einem wüsten Gelage kam. Bei Meerestieren war der Geruch auch auf die Distanz unvergleichlich. Dieser hier war zwar anders, aber ebenso intensiv. Er ging Waschmittel holen und schaffte Gigo in die Waschküche. Danach schrubbte er den Pool.

Als sich die Familie später am Frühstückstisch versammelte, wirkte alles wie immer, niemand hatte etwas bemerkt. Bis das Drama über sie hereinbrach: Der Gedanke, dass man sie im Schlaf ausgeraubt hatte, war schrecklich.

Die kollektiven Angstphantasien – was hätte alles passieren können, wenn die Kinder da gewesen wären – wuchsen im Laufe des Tages immer weiter, bis sie an eine unerwartete Grenze stießen. Als am Abend sein Verwalter Washington eintraf und berichtete, was Cal getan hatte (die Verbreitung von Klatsch und Tratsch auf dem Gelände fiel in die Zuständigkeit der Verwalter), blieb Luisas Großvater das Steak, das er gerade kaute, beinahe im Halse stecken. Ohne lange zu überlegen, informierte er die gesamte Familie darüber, dass Gigo bei dem Massaker dabei gewesen war. Die Folgen waren absehbar.

Aber der wahnsinnige Glanz in Cals Augen beunruhigte ihn schon seit dem Tag, an dem er das Grundstück gekauft hatte. Wenn dieser Mann sich weiter auf dem Gelände aufhielt und Gigo der letzte Beteiligte an dem Blutbad war, das ihn derart in Rage versetzt hatte, dann war es ihm lieber, dass seine Enkel hier schleunigst verschwanden. Washington hatte ihm erzählt, dass in der besagten Nacht des Einbruchs auch Gewehr und Messer seines Sohnes gestohlen worden seien. Und ihn gebeten, diese Information für sich zu behalten. Genau dieses Detail war es jedoch, das ihm später, als er bei der Polizei Anzeige erstattete, die Stimme versagen ließ: Der Einbruch für sich genommen war womöglich harmlos, aber da war etwas, was ihm Angst machte (Luisas Großvater schrieb es der besonderen Vorgehensweise der Einbrecher zu, ohne dass er sich seine Vorahnungen selbst eingestanden hätte).

Sie hätten die Kleinen noch an dem Abend fortgebracht, wenn nicht das heftige Gewitter gewesen wäre, das sie zwang, sich bis zum Morgengrauen im Haus zu verschanzen. Die Sommergewitter rüttelten die nahe am Meer gebauten Villen kräftig durch, der Wasserarm trat über die

Ufer, die Wege wurden unpassierbar. In solchen Nächten ging man im Haus mit Kerzen und Taschenlampen zu Bett. Für die Kleinen war es ein Abenteuer: Ihr Nachtlager wurde in der Küche aufgeschlagen, dem einzigen Raum im ganzen Haus mit Betonwänden, wo nichts zu befürchten war.

Luisa war die Einzige, die das Gewitter in keiner Weise beunruhigte. Im Gegenteil, es entspannte sie, dieses Schauspiel zu beobachten, die leuchtenden Blitze, die für Augenblicke ein Spinnennetz auf den dunklen Himmel über dem Meer zeichneten. Ihr Großvater, voller Faszination für seine Enkelin, hatte die Theorie, dass bei Gewitter all das, was sonst in ihrem Inneren tobte, plötzlich außen war und sie Blitz und Donner darum kaum aus der Ruhe bringen konnten. In jener Nacht schlief sie durch, und sie war die Letzte, die am nächsten Morgen wach wurde. Das Geschrei der Kleinen hatte sie geweckt. Sie trat auf die Terrasse und sah, wie ihre Mutter ihren kleinsten Bruder, der schrie und sich mit Händen und Füßen sträubte, am Arm zum Auto zerrte. Auf den ersten Blick verstand Luisa nicht, was hier geschah: Ihre Tanten schleppten allerhand Taschen aus dem Haus; ihre älteren Cousins schleiften die Kleineren zu den Autos; die Zwillinge brüllten, sie wollten nicht in die Stadt. Luisa, die ein unbestimmtes Gefühl von Gefahr spürte, das sie nicht einordnen konnte, fing an zu lachen. Ihre Mutter packte sie grob am Arm, mit einem tierischen Schrei schüttelte Luisa sie ab. Ihr Vater mischte sich ein und versprach, Luisa später in die Stadt zu bringen, wenn es nötig sein sollte. Die Mutter erwiderte das mit einem Blick kalter, stummer Wut. Die Stimmung zwischen den beiden war schon seit einer ganzen Weile angespannt. Luisas Großvater und der Verwalter Washington hatten sich in die hinterste Terrassenecke zurückgezogen und beobachteten von dort aus erschrocken die Flucht.

»Ist das alles wirklich nötig, *patrón?*«

»Ich schätze nein. Aber wer wollte sie aufhalten?«

Einer seiner Söhne kam den Weg heruntergerannt, er war bis zur Hüfte voller Schlamm. Es würde nicht einfach werden, erklärte er seinem Bruder, der am Steuer saß, aber unmöglich war es nicht. Wenige Minuten später sahen sie die teuren Geländewagen im Zickzack durch das schlammige Gelände kurven. Als die Autos aus ihrem Blickfeld verschwunden waren, blieben die beiden Männer stumm beieinander stehen und lauschten auf die Motoren, die alles aufboten, um zu verhindern, dass sich die Räder festfuhren. Geschrei ertönte, ein Wagen war stecken geblieben, alle stiegen aus und schoben. Schließlich schafften sie es. Luisa stand jetzt neben ihrem Großvater und ihrem Vater auf der Terrasse; die drei tauschten einen Blick und stießen einen tiefen Seufzer der Erleichterung aus. Sie hatten das Gefühl, von einem Tsunami überrollt worden zu sein.

Niemand sagte ein Wort. Erst jetzt fiel ihnen auf, wie sehr sie die Stille vermisst hatten.

»Sie kümmern sich um die Hunde, Washington.«

»Soll ich sie an die Leine legen?«

»Sperren Sie sie vorsichthalber in den Schuppen und schließen Sie ab.«

Er deutete mit dem Kinn auf Gigo.

»Den da auch.«

Wie es hieß, war Cal immer noch bei der Polizei, um seine Aussage zu machen, zusammen mit den beiden Schönheitschirurgen. Die Eigentümer der verschiedenen Anwesen hatten die halbe Nacht damit verbracht, sich

Nachrichten hin und her zu schicken, bis sie sich auf einen Vorschlag geeinigt hatten, den sie ihm unterbreiten wollten: Sie boten ihm einen nicht unerheblichen Betrag als Gegenleistung dafür, dass er seinen Hut nahm und ohne weiteres Aufsehen verschwand.

Washington hatte die Nacht draußen auf der Terrasse verbracht, auf einer Liege, die er zum Schutz vor dem Regen unter den Küchenvorsprung gerückt hatte, bewaffnet mit einem alten Gewehr, das ihm der Verwalter des Nachbargrundstücks geliehen hatte. Seit mehr als zwanzig Jahren arbeitete er für die Familie. Er hatte die Kinder des Weißhaarigen aufwachsen sehen und die Geburt sämtlicher Enkel miterlebt. Die Wut darüber, dass die Diebe ins Haus eingedrungen waren, während er geschlafen hatte, ließ ihn nicht los.

Noch weniger hätte er sich selbst verziehen, wenn er gewusst hätte, dass er, während er jetzt zu seinem Haus ging, um sich ein paar Stündchen aufs Ohr zu legen, von Ismael beobachtet wurde, der auf seinem Posten zwischen den Kiefern stand. Ismael hatte zugesehen, wie Washington die Hunde einsperrte, und gewartet, bis Luisa und die beiden Männer ins Haus gegangen waren.

Nun schlich er zur Terrasse hinüber und hockte sich auf den Boden, der immer noch feucht war. Auf allen vieren kroch er bis zu der Stelle, wo er das Gewehr vergraben hatte, und scharrte die Erde weg. Vorsichtig nahm er die Waffe in die Hand und bürstete die Erde ab. Da hörte er Schritte, sie mussten genau über seinem Kopf sein.

Er hielt inne, sah nach oben und lauschte.

Vom Meer her wehte ein salziger Wind.

Die Stunden unter extremen Witterungsbedingungen im Freien hatten ihn in einen Tarnanzug gehüllt, sodass er sich kaum von der Landschaft abhob: Seine Haut war von einer bräunlichen Kruste überzogen, an seiner Kleidung hafteten Blätter und Gräser, seine Haare starrten vor Dreck. Außer dem Gewehr beschloss er auch die beiden mit elektronischen Geräten vollgestopften Rucksäcke mitzunehmen. Als er sich nach Minuten der Stille auf der Terrasse auf den Weg machte, fiel ein eiskalter Sprühregen und machte ihn wieder munter.

Nach etwa zweihundert Metern bemerkte er, dass ihm jemand folgte. Er fuhr herum, riss das Gewehr von der Schulter und brachte es schon in Anschlag, da sah er, dass es kein Hund war, auch kein Wildschwein oder Wildhund …

Luisa war stehen geblieben.

Sie sagte nichts, stand ganz still da. Wartete.

»Was willst du, eh?«

Luisa sah ihn schweigend an.

Von ihrer Regungslosigkeit verwirrt, ließ Ismael die Waffe sinken.

Er fauchte sie an, fuchtelte mit den Armen, als wollte er ein Tier verscheuchen. Luisa lächelte ihn an. Er drehte sich um und stapfte weiter, sie folgte ihm, beschleunigte den Schritt. Panisch machte Ismael kehrt, lief mit schnellen Schritten auf sie zu und gab ihr einen heftigen Stoß, sie stürzte rücklings zu Boden. Nichts machte ihm mehr Angst als Dinge, die er nicht verstand. Die etwas irre Schönheit dieses Mädchens, das da vor ihm auf der Erde lag und ihn anlächelte, als hielte sie seine Wut für einen Witz, verstörte ihn, schon seit ihrer ersten Begegnung. Dass sie lachte, wenn er sie anschrie, machte ihn fassungslos. Er zerrte sie grob vom Boden hoch, zog sie ein paar Meter am Arm hinter sich her. Dann gab er ihr einen kräftigen Schubs, damit sie endlich in Richtung des Hauses verschwand. Sie stolperte ein paar Meter rückwärts, fing sich aber wieder. Jetzt ging Ismael auf sie los, er riss das Gewehr hoch und stieß ihr die Mündung unsanft in den Magen.

»Geh zurück, und zwar sofort«, befahl er mit gedämpfter Stimme.

Luisa sah auf den eisernen Gewehrlauf hinunter.

Es lag keine Spur von Angst in ihrem Blick, nichts deutete darauf hin, dass ihr die Gefahr bewusst war, in der sie sich befand, als wüsste sie nicht, was dieses kalte Eisenrohr zu bedeuten hatte, das sie jetzt knapp über dem Bauchnabel kitzelte. Sie sah zu Ismael auf, und wieder schimmerte ein Lächeln in ihren Augen, eine sanfte Wärme, die ihm den Hals zuschnürte. Noch niemals hatte jemand ihn so angesehen. Sie trug dieselben Sachen wie am Morgen, als die fluchtartige Abreise ihrer Familie sie aus dem Bett geholt hatte: ein hellblaues Top und kurze Männershorts, und sie war barfuß. Ihre Wangen waren noch erhitzt vom Rennen, ihr Atem ging stoßweise.

Sie war, von Kopf bis Fuß, bezaubernd.

Mit der Spitze des Zeigefingers strich sie sanft über den Gewehrlauf. Die Geste war derart unschuldig, dass Ismael unwillkürlich einen Schritt zurückwich. Luisa war ihm unheimlich, wer konnte wissen, wozu sie imstande war. Da hörte er, wie ihr Großvater sie rief. Besorgt hielt er von der Terrasse nach seiner Enkelin Ausschau, Ismael konnte es durch die Kiefern hindurch erkennen. Unterdessen lief ihr Vater zu Washingtons Haus hinüber, der Verwalter solle die Hunde freilassen. Noch hatte sie niemand gesehen, weder sie noch ihn.

»Wo zum Teufel ist sie denn hin?«, rief der Vater.

Der Großvater deutete vage zum Wald hin. Er war dabei

gewesen, den Ofen anzuheizen, als er sie aus dem Haus rennen hörte, und hatte gerade noch gesehen, wie sie zwischen den Kiefern verschwand. Es war nicht das erste Mal, dass sie, einer plötzlichen Eingebung folgend, einfach losgerannt war: Ein Hase, der über den Weg hoppelte, ein Seehund, der in den Wellen auftauchte, ein Paraglider am Himmel … ein Grund fand sich immer. Normalerweise ließen sie sich von Gigo zu ihr führen, so hatten sie Luisa bisher immer gefunden, manchmal erst nach Stunden, in irgendeinem entlegenen Winkel des Geländes, wo sie ganz arglos herumschlenderte, nichts ahnend von der Aufregung, die sie ausgelöst hatte.

Die Idee, dass sie die Wintermonate am Meer verbringen sollte, stammte von den Ärzten: Nachdem sie gesehen hatten, dass sie über den Sommer immer wieder große Fortschritte machte, hatten sie geraten, Luisa einen längeren Aufenthalt dort zu ermöglichen. In Buenos Aires sprach sie monatelang kein Wort. Ihre Eltern waren mit ihr bei allen erdenklichen Spezialisten gewesen: bei Psychologen, Kinderärzten, Logopäden, sie hatten sie einem Gesangs- und einem Judolehrer, bei Kunst- und Zirkusschulen vorgestellt, sogar Eutonisten, Numerologen und Priester aufgesucht. Autismus schlossen die Ärzte aus, sie war weder taub noch stumm, weder körperlich noch geistig und auch nicht lernbehindert. Ihre Stimmbänder, ihre Zunge, ihre Kehle und ihre Lungen waren in Ordnung. Der übereinstimmende Befund sämtlicher Spezialisten lautete: Luisas beharrliches Schweigen war eine Entscheidung. Sie sprach nicht, weil sie nicht sprechen wollte.

»Genug jetzt, Mädchen«, raunte Ismael, da sie keinerlei Anstalten machte, den Rufen zu folgen und zum Haus zurückzulaufen.

»Das hier ist kein Spiel.«

Doch da war keine Autorität mehr in seiner Stimme – nur noch Angst.

Er hörte das lauter werdende Bellen, die Hunde kamen näher, er drehte sich um und rannte los, quer durch den Wald. Luisa folgte ihm auf den Fersen, war nach wenigen Sekunden an seiner Seite und ihm kurz darauf bereits einige Meter voraus. Selbst barfuß war sie agiler als er, und vor allem kannte sie sich aus. Als Ismael nicht mehr nur auf den matschigen Boden starrte, begriff er, dass sie ihm den Weg zeigte: Wenige Meter vor ihnen begann ein röhrenförmiger Gang, der mitten durch das Gestrüpp führte und genau so groß war, dass sie einer hinter dem anderen hindurchpassten. Es war ein ganz ähnlicher Tunnelgang wie der, durch den ihnen nach dem Einbruch die bluttriefende Hundemeute entgegengeschossen war. Auf diesen Pfaden war Luisa jeden Tag mit den Hunden unterwegs.

Washington, der sich eilig auf sein Pferd geschwungen hatte, sah, dass die Hunde in die übliche Richtung davonstoben, und schwenkte um, damit er schneller am Tor wäre. Er nahm an, Luisa würde ihnen folgen, wie jeden Tag.

Da war nämlich eine Kleinigkeit, die er Luisas Eltern gegenüber für sich behalten hatte: dass er sie, wenn er ihr im Winter auf dem Pferd folgte, in diesem Teil des Waldes jeden Tag für einen kleinen Moment aus den Augen verlor. Er hatte sich daran gewöhnt, sie kurze Zeit später wieder aus dem Dickicht hervorbrechen zu sehen, entweder sie rannte neben den Hunden her oder saß rittlings wie eine Wilde auf dem jüngsten Fila.

»Was machen Sie denn, Washington?!«, schrie Luisas Vater und trat mit aller Kraft das Gaspedal des Quads durch, um ihn einzuholen. Doch Washington hatte ihn gar nicht gehört: Er preschte bereits im Galopp auf das Holztor zu. Als er vom Pferd stieg, regnete es bereits wieder in Strömen. Nach zehn Minuten waren die Hunde alleine aus dem Dickicht zurückgekehrt, ihr Geruchssinn war durch den heftigen Regen gestört. Das Wasser hatte alle Fährten getilgt. Washington zog sein Messer heraus, doch nach wenigen Metern im Gestrüpp gab er auf, zu Fuß war hier kein Durchkommen.

»Wir müssen sie mit den Autos suchen«, sagte er.

Doch hier irrten sie sich. Denn während er und Luisas Vater sich durch das Dickicht kämpften, befand sich Luisa ganz in ihrer Nähe, hinter einer Wand aus ungewöhnlich dicht stehenden dürren Akazien, die das verwilderte Terrain von dem Grundstück trennte.

Erst als Luisa innehielt, bemerkte sie den brennenden Schmerz unter ihren Fußsohlen.

Sie blickte an ihren Beinen voller Schrammen und blauer Flecken hinunter und besah sich ihre Füße. Sie waren zerkratzt und blutig, sie hatte mehrere tiefe Schnitte in den Fußsohlen.

Da hörte sie es hinter sich im Unterholz knacken und fuhr herum.

Der Regen verwässerte zwar die Fährte, aber der Geruchssinn der Wildhunde war durch das Leben unter freiem Himmel geschärft: Es war ein junges Exemplar mit getigertem Fell, angelockt von dem köstlich weißen Fleisch, das ihm knapp vor der Nase vorbeigehuscht war. Das Tier war ihr in aller Ruhe und voller Vorfreude auf das bevorstehende Festmahl gefolgt.

Der erste Schuss erwischte den Hund völlig unerwartet. Er traf ihn direkt in den Magen, das Tier sank zu Boden.

Ismael gab einen weiteren Schuss ab, dann kam er näher, hielt jedoch das Gewehr im Anschlag, bis er den Hund mit einem Fußtritt auf den Rücken gewendet und seine offenen Augen gesehen hatte. Dann wandte er sich Luisa zu. Sie zitterte am ganzen Körper. Ihr Gesicht, Arme, Beine und Kleidung waren mit Blut bespritzt. Er säuberte ihr die Stirn mit der feuchten Hand. Luisa ließ sich langsam in die Hocke nieder und betrachtete den leblos am Boden liegenden Hund.

Durch das Leben hier draußen hatte sie sich an den Tod gewöhnt: Es verging kein Tag, an dem sie nicht ein totes Tier zu Gesicht bekommen hätte. Sie hatte Seehunde gesehen, Hasen, Wildkatzen, alle möglichen Fische und Vögel … Aber noch nie hatte sie ihre Hand auf den Kopf eines Wildhundes gelegt. Erst recht nicht auf einen, der noch warm war.

»Wir müssen weg hier«, drängte Ismael.

Er schaute sich nach allen Seiten um, jeder einzelne Muskel in gespannter Bereitschaft. So viel Blut war überall, dass er im ersten Moment gar nicht bemerkt hatte, dass ein Teil davon von Luisas Schnittwunden stammte.

Er öffnete einen Rucksack und holte ein Paar nagelneue Sneakers heraus, die er selbst aus einem der Kinderschlafzimmer hatte mitgehen lassen. Sie hatten eine metallische Farbe, waren aerodynamisch geformt, und die Leuchtsohlen blinkten bei jeder Bewegung wie eine durch den Orbit fliegende Raumkapsel.

Er streifte die Gummistiefel ab.

Vollkommen perplex hielt er inne, als er die neuen Schuhe anzog: Die Verschlüsse banden sich automatisch von alleine zu. In einer Retro-Reihe des Kinos im Microcentro von Buenos Aires hatte er damals alle *Zurück in die Zukunft*-Filme gesehen, aber nie hätte er vermutet, dass es solche Schuhe tatsächlich geben könnte. Mit dem Gewehr noch immer über der Schulter, umkreiste er Luisa mehrmals begeistert und übertrieb dabei jeden Schritt, als wären es die des ersten Astronauten auf dem Mond.

Unterdessen hatte Luisa sich über das Tier gebeugt, immer tiefer senkte sie den Kopf, bis er fast die Erde erreichte. Ismael kauerte sich neben sie, er wollte verstehen, was sie da tat. Forschend blickte sie dem Wildhund in die Augen, wie sie es immer bei den toten Tieren machte, die die Hunde vor ihren Augen in Stücke rissen. Voller Spannung wartete sie auf den Moment, in dem der Blick ganz leer wurde und sich von einer Sekunde zur anderen in den starren Ausdruck der Glasaugen verwandelte, die sie von den Wildschweinköpfen ihres Großvaters kannte.

Sie hingen im Arbeitszimmer über seinem Schreibtisch.

Den Kopf des Phantasietiers, das er sich auf seiner letzten Afrikareise hatte anfertigen lassen, zusammengesetzt aus einzelnen Teilen sämtlicher Tiere, die er erlegt hatte, hätte Luisa in allen Einzelheiten aus dem Gedächtnis nachzeichnen können ... Diese mythologisch anmutende Kreatur mit Hyänenaugen, Elefantenohren und Nilpferdmaul zog die Enkel völlig in ihren Bann. Erst wenn ihr Großvater die Stimme senkte und von seinen Ausflügen erzählte, bei denen er mit Washington jenseits der privaten Grundstücke gewildert hatte, riss sich Luisa von diesem Anblick los.

Diese Jagdausflüge fanden stets im Winter statt, wenn die Häuser leer standen. Mehr als einmal hatte Luisa gesehen, wie die beiden Männer sich im Morgengrauen ihre Waffen zurechtlegten. Nie nahmen sie sie auf ihre Touren mit, stundenlang hatte sie auf der Terrasse auf ihre Rückkehr gewartet. Später war sie dann neugierig um den Schuppen herumgestrichen, in dem Washington den Wildschweinen das Fell abzog und das Fleisch vorbereitete. Die Hunde gebärdeten sich wie toll, wenn sie das Wildschweinfleisch rochen, und stürzten sich wie die Geier auf die Reste von Eingeweiden, Fett und Fleisch, die er ihnen nach getaner Arbeit hinwarf.

»Komm, hier kannst du nicht bleiben«, drängte Ismael noch einmal.

Luisa sah zu ihm auf und wirkte desorientiert, als würde ihr gerade erst klar, wo sie sich befanden. Ismael kniete sich vor sie hin und verband ihr die Füße mit seinen Socken, ein paar fadenscheinigen, verkrusteten feuchten Lappen.

Dann zog er ihr seine Gummistiefel an.

»Wolltest du nicht mit mir kommen?«, fragte er.

Er schlüpfte aus seiner Jacke, half ihr hinein und schloss den Reißverschluss.

»Na dann los, komm«, sagte er leise.

Er schlug den Weg zum Wassertank ein. Luisa sprang auf und folgte ihm, wie ein kleines Tier seinem Herrchen folgt, selbst wenn es Gefahr wittert.

7

Enana saß auf dem Boden des Wassertanks, an die rostige Wand gelehnt, wo zumindest ein kleines Fleckchen vor dem Regen geschützt war, und hielt Ajos Kopf in ihrem Schoß. Als sie hörte, wie jemand außen am Tank die Leiter heraufkletterte, blickte sie auf. Gerade erschien Ismaels Kopf über dem Rand. Sie war völlig durchnässt, ihre Augen gerötet vom vielen Weinen. Damit Ajo halbwegs trocken lag, hatte sie ein paar lose Steine zusammengeschoben und ihn darauf gebettet. Ismael war noch nicht ganz unten – die letzten Stufen der Leiter nahm er im Sprung –, da hörte er schon eine Art Wimmern und Ächzen, schweres Atmen ... Es war etwas Schlimmes passiert, das begriff er sofort. Noch ehe er sah, dass Enana die Machete umklammert hielt und auf die Reste einer Urutu deutete, die sie in blinder Wut aufgeschlitzt hatte und die nun an einem rostigen Eisenstück über einem kümmerlichen, unbeholfen vorbereiteten Feuerchen baumelte. Sie hatte versucht, sich die Anweisungen zum Feuermachen ins Gedächtnis zu rufen, die Ismael mit ihr zu Hause in dem verlassenen Eisenbahnwaggon so oft durchgegangen war.

»Er hat das Scheißvieh nicht kommen sehen«, berichtete Enana und zeigte auf die Stelle, wo Ismael eben aufgekommen war und seine futuristischen Sneakers in den zähen Morast versenkt hatte. Enana sah ihn verwirrt an.

»Da hat er gestanden, der Arme … Hier unten am Knöchel hat sie ihn erwischt. Ein Schrei, dann ist er hingefallen. Das Biest hat sich noch auf dem Boden gewunden, da hab ich's in der Mitte durchgehauen. Du glaubst nicht, wie lecker das Fleisch von dem Drecksstück ist.«

Sie lachte böse auf, als sie sich ein in der Glut geröstetes Stück Schlangenfleisch in den Mund steckte und ausgiebig darauf herumkaute. Ismael kniete sich vor den schwitzenden und zitternden Ajo auf den Boden. Sein Atem ging schwer, die Luft tat ihm in den Lungen weh. Ismael erkannte sofort, dass es schlimm um ihn stand.

»Hast du ihm das Schlangenserum gespritzt?«, fragte er schnell.

Enana öffnete die andere Hand: Sie hatte die Spritze und die leere Ampulle mit solcher Kraft umklammert, dass das Glas zerbrochen war und sich in ihre Handfläche gebohrt hatte. Ismael sammelte behutsam die Splitter heraus, dann leckte er mit der Zunge über die Wunde. Enana war ganz durcheinander.

»Mein armer kleiner Ajo, er hat die ganze Zeit so wirres Zeug geredet …«

Ihn die ganze Nacht im Arm zu halten, während er seinen kleinen vergifteten Körper in Krämpfen wand und im Fieber phantasierte, hatte sie in die Nächte zurückversetzt, in denen einer dem anderen Trost spendete, je nachdem, wer die Schläge und all das andere gerade abbekommen hatte, und eng umschlungen hatten sie in dem Bett gelegen, das sie von jeher teilten. Sie versuchte, es ihrem Bruder in ihren Armen ein wenig bequemer zu machen, bevor sie weitersprach.

»Redete vom Haus, dass er nicht rauskommt.«

Mehr brauchte sie nicht zu sagen. Ismael verstand, welches Haus sie meinte. Niemals hatte sie es *mein* Haus genannt oder *unser* Haus … Immer nur *das* Haus. Als sie zu ihm gezogen war, war sie monatelang schreiend neben ihm aufgewacht. Es war nicht Angst, es war Wut, Wut darüber, dass der Schlaf sie in das Haus zurückversetzt hatte, aus dem sie entkommen war, und darüber, dass Ajo noch immer dort war.

Nach einiger Zeit hatte sie Ismael überzeugt: Sie fingen ihren kleinen Bruder am Ausgang der Suppenküche ab, wo der Kleine täglich seine einzige Mahlzeit bekam, und nahmen ihn mit nach Once. Ajo brauchte nichts weiter als das, was er anhatte. Seine Schwester hatte ihm versprochen, dass sie zurückkommen und ihn holen würde.

Guida hatte in letzter Zeit immer wieder gemahnt, sie seien zu groß geworden, sie müssten dringend jemand Kleineres auftreiben, und zwar jemand erheblich Kleineres, sonst wären sie für ihn bald nutzlos. Das war das Argument, mit dem Enana Ismael schließlich überzeugen konnte, einen Esser mehr in die Ranchada aufzunehmen, zu der bereits neun andere Kinder zwischen fünf und sechzehn Jahren gehörten, mit denen sie sich die Schlafplätze in dem Eisenbahnwaggon teilten.

Nach dem Schlangenbiss hatte Enana es San La Muerte, den sie auf den linken Unterarm tätowiert trug, geschworen: Wenn er ihren Bruder rettete, würde sie ihm alles geben, was er verlangte. Ihr Vater trug den Heiligen Tod an ebendieser Stelle, seit er mit fünfzehn aus dem Chaco nach Buenos Aires gekommen war. Er hatte eigenhändig dafür gesorgt, dass alle seine Kinder die Tätowierung bekamen, sowohl die leiblichen als auch die, die auf das Konto der Freier seiner Frau gingen. San La Muerte war der Einzige, zu dem man bei ihnen zu Hause betete. Enana war es gewöhnt, dass der Heilige sich nahm, was ihre Eltern ihm versprochen hatten: Frühe Tode hatte er besonders gerne.

Im Morgengrauen, als das Fieber zu sinken begann, erkannte Enana, dass ihr Opfer akzeptiert worden war. Ajo hörte Ismaels Stimme und blinzelte durch die halb geöffneten Augen. Das Erste, was er sah, war eine Art Erscheinung: Sie, ihr Kopf oben über dem Rand des Wassertanks, umrahmt von Gewitterwolken, noch immer durchnässt, mit ihrem nahezu weißen Haar, das ihr an der Kopfhaut klebte, eine engelhafte Erscheinung oder vielleicht auch eine teuflische, je nach Laune des Betrachters.

Ajo lächelte sie an.

Luisa lächelte zurück.

Enana, die glaubte, er phantasiere wieder, hob den Blick nach oben.

Fassungslos sah sie Ismael an.

»Bist du eigentlich komplett bescheuert?«

»Was soll ich denn machen? Sie ist mir gefolgt.«

Er stand rasch vom Boden auf, da Luisa Anstalten machte, von ganz oben zu springen, und streckte die Arme aus, um sie aufzufangen.

Doch das war nicht nötig: Luisa sprang und landete mit katzenartiger Sicherheit auf ihren Füßen. Ohne Scheu kauerte sie sich vor Ajo auf den Boden, als gehörte sie ganz selbstverständlich dazu. Als sie die Hand ausstreckte und ihn berühren wollte, packte Enana sie grob am Handgelenk.

»Fass ihn nicht an, kapiert?«, zischte sie.

»Lass sie.« Ismael ging dazwischen, als sie Luisa nicht losließ.

»Bist du jetzt ihr Aufpasser, ja?«

»Red keinen Scheiß!«

»Willst du sie ficken? Oder hast du sie schon gefickt?«

»Ich kümmere mich um sie.«

»Und das heißt?«

»Ich bring sie zurück.«

»Sie hat dich gesehen. Hat uns gesehen. Die geht nirgendwohin.«

»Sie spricht nicht, Enana.«

»Ach so? Wer's glaubt.«

Enana fuhr jäh herum, packte Luisa am Kinn und zwang sie, ihr in die Augen zu sehen.

»Mich bescheißt du nicht, Blondie ... Du verstehst doch alles hier.«

»Lass sie los. Du tust ihr weh.«

»Ach Quatsch ... das gefällt ihr.«

Ohne Luisa einen Moment loszulassen, schob Enana ihren Daumen und Zeigefinger die Wangen hoch und bohrte sie ihr schmerzhaft zwischen die Kiefer, sodass sich die Lippen zum Fischmaul öffneten.

»Du redest nicht, weil du keine Lust hast«, zischte sie.

»Lass sie los, Enana.«

»Ich lass sie los, wann ich will.«

Sie hatte den Satz kaum beendet, da riss Luisa sich los, verpasste Enana einen Kopfstoß und biss sie mit aller Kraft in die Hand. Enana schrie auf, versuchte Luisa abzuschütteln, doch die presste die Kiefer fest zusammen, und selbst als ihr das Blut aus dem Mund rann, ließ sie nicht locker. Ismael packte Luisa von hinten, zog sie mit aller Kraft von Enana weg und stieß sie zur Seite. Enana sah verstört zu Ismael auf, sie hatte es mit der Angst bekommen. Luisa hatte einfach so zugebissen, bis aufs Blut, wild und grausam wie die Hunde, mit denen sie jeden Tag herumzog. Ajo bekam erneut einen heftigen Hustenanfall, und Enana vergaß ihre blutende Hand. Sie stürzte zu ihm hin und versuchte, ihm das Atmen zu erleichtern.

Gänzlich unbeteiligt gegenüber dem Drama, das sich vor ihren Augen abspielte, schnappte sich Luisa einen Streifen Schlangenfleisch aus der Glut und begann genüsslich darauf herumzukauen. Als Ajo wieder besser Luft bekam, ließ Ismael sich neben Enana auf den Boden sinken.

»Vergiss sie einfach«, sagte er. »Wir lassen sie hier. Die soll selber sehen. Aber wir müssen so schnell wie möglich los. Unten am Wasser lang. Direkt zu diesem Ort da. Piriápolis.«

»Das sind über zehn Kilometer.«

»Egal.«

»Ajo kann nicht laufen.«

»Ich trag ihn.«

»Ohne Bescheid zu sagen, meinst du?«

Ismael nickte.

»Mit diesen Typen ist nicht zu spaßen, Ismael.«

Doch er blieb dabei:

»Wir müssen weg hier.«

Enana sah ihn fest an.

Ihr halbes Leben hatten sie für solche Typen gearbeitet, und sie waren alle gleich: Den Gehorsam zu verweigern war Selbstmord. Loyalität um jeden Preis war das Erste, was sie einem beibrachten. Dass er bereit war, ihre Befehle zu missachten, zumal in einem Gelände, das ihnen nicht vertraut war, und ohne dass sie Hilfe von draußen hatten … das lag an seiner Angst. Etwas sagte ihm, dass die eigentliche Arbeit, für die sie hier drinnen vorgesehen waren, noch gar nicht begonnen hatte. Warum sonst würden sie das Risiko eingehen, drei minderjährige Kinder weiter auf einem Gelände einzusetzen, auf dem es von Polizisten wimmelte? Und jetzt waren sie dabei, Ajo zu verlieren, auf den sie für ihre Arbeit angewiesen waren.

»Dein Bruder ist so doch wertlos.«

»Weiß ich.«

»Und ohne ihn sind wir wertlos.«

»Wir müssen sie überzeugen.«

»Wovon?«

»Dass sie uns hier rausholen.«

»Sie dürfen's nicht mitbekommen.«

»Aber Ismael, du ...«

»Hast du vergessen, was die mit uns machen, wenn wir's nicht bringen?«

»Nein.«

»Und? Was machen sie? Hast du das vergessen?«

»Ich hab es nicht vergessen!«

»Also sagen wir ihnen nichts, ist das klar?«

»Ist gut, ja.«

»Wir kommen alleine hier raus, ist das klar?«

»Ja, ja ... Jetzt reg dich ab, Mann!«, brüllte sie.

Während Enana schrie, blieb Ismael äußerlich ruhig. Er schrie niemals.

Wenn er sich aufregte, schwollen ihm die Halsschlagadern an, er begann sich zu wiederholen, und seine Stimme klang gequetscht. Hektisch griff er nach einem Rucksack und durchwühlte ihn nach etwas, was ihn beruhigen könnte, etwas zu essen oder Zigaretten. Das Erste, was ihm in die Hände fiel, war das Schlafspray. Luisa hatte keine Chance: Er packte sie im Nacken und drückte dreimal ab, direkt ins Gesicht, sie wankte, er sprühte weitere drei Mal, und sie sackte in seine Arme ... Luisa rührte sich nicht mehr, aber bis sie das Bewusstsein verlor, verging mehr als eine Minute. Die ganze Zeit hielt Ismael sie in den Armen, sah ihr in die Augen, bemüht, jede Spur von Mitleid zu verbergen, denn Enana beobachtete ihn lächelnd, während sie sich die verletzte Hand verband. Als Luisa endlich in Schlaf sank, pfiff Enana zufrieden vor sich hin.

»Du kümmerst dich um deinen Bruder«, entschied Ismael, »und ich übernehme die hier.«

Er hob Luisa hoch und legte sie sich über die Schulter.

Nach einer beschwerlichen Kletterpartie – erst die Leiter an der Innenwand hinauf, dann außen wieder hinunter –, bei der ihm Luisa mehrmals von der Schulter zu rutschen drohte, denn er brauchte beide Hände zum Fassen der Sprossen, machte Ismael sich mit seiner Last auf den Weg am Fluss entlang. Ab und zu blieb er stehen und wuchtete Luisa mit Schwung auf die andere Schulter. Vierzig Kilo waren eine Menge für seine schmächtige Statur. Als das taube Gefühl in beiden Armen unerträglich wurde, ließ er sie von der Schulter gleiten und bettete sie am Flussufer in das weiche Gras, in dem hier und da die weißen Blüten wilder Margeriten leuchteten.

Erst jetzt fiel ihm auf, dass die Vögel um sie herum wieder zwitscherten und ein frischer Wind die Gewitterwolken hinweggefegt hatte, alles wirkte wie neu, war frisch und still, wie in diesen Animéwelten, die er in den Nachtvorstellungen in Once gesehen hatte: Die feinen Sonnenstrahlen, die auf die Regentropfen auf den Blättern trafen, ließen die Farben erstrahlen.

Hatte er heute schon etwas gegessen? Und gestern?

Er konnte sich nicht erinnern, aber plötzlich rang er nach Luft.

Er ließ sich neben Luisa ins Gras sinken.

Mit den leicht geöffneten Lippen und den Wimpern, die

so lang waren, dass sie sich in der Mitte beinahe berührten, war sie die perfekte Protagonistin einer solchen Zeichentrickwelt. So würde sie ein japanischer Mangazeichner sehen, dachte er. Er kreuzte die Hände im Nacken und hob die Füße an, um seine Schuhe aus der Zukunft zu bewundern. Die Hauptfigur des Animés müsste genau solche Schuhe bekommen, dachte er.

Als er ein zartes Schnarchgeräusch hörte, drehte er den Kopf zu Luisa.

Der Wunsch, ihren Geruch aufzunehmen, war größer als der, sie zu berühren.

Er beugte sich über sie und schnupperte erst an ihrem Mund, bewegte sich dann von der Nase hoch zur linken Schläfe, von dort nach unten, über den Nacken, das Schlüsselbein, ihre Brust, die Nase dicht an ihrer Haut, atmete er ihren Duft ein, und eine Gänsehaut überlief ihn von Kopf bis Fuß. Er kniete auf allen vieren über ihr, eine Hand zu jeder Seite, und fuhr mit der Nase bis zu ihrem Bauchnabel hinunter, der schüchtern unter dem Top hervorlugte.

Dort hielt er inne und legte die Stirn auf ihren Bauch.

Er gähnte.

Als er die Augen wieder aufschlug, klebten sie beide schweißgebadet aneinander.

Hinter den erneut aufgezogenen Gewitterwolken war die Sonne zu erahnen, als er die schlafende Luisa am Wegesrand ablegte, wo sie leicht gefunden werden konnte. Er wollte ihr gerade die Gummistiefel ausziehen, da tauchte in der Ferne ein Mann auf einem Pferd auf, so schnell und lautlos kam er heran, dass Ismael ihn erst im letzten Moment entdeckte und nur noch zwischen die Akazien huschen konnte. Von dort aus beobachtete er die Szene: Der Mann auf dem Pferd war Washington, und um ein Haar hätte er sich vom trabenden Pferd gestürzt, als er Luisa regungslos am Boden liegen sah. Ismael nutzte den Moment (mit Tränen der Erleichterung hatte sich der Mann über Luisa gebeugt und bemerkt, dass sie zwar nicht reagierte, aber immerhin stabil atmete und offenbar nur in tiefem Schlaf lag), um sich tiefer in den Wald zurückzuziehen. Ihm war allerdings nicht entgangen, dass die Gummistiefel, in denen Luisas Füße immer noch steckten, die Jagd auf sie in den nächsten Stunden verschärfen würden.

Luisas Großvater war es, dem die Stiefel zuerst auffielen, nach der ersten Erleichterung und der Freude darüber, seine Enkelin in Washingtons Armen zu erblicken.

»Als sie vorhin losgerannt ist, war sie barfuß«, bemerkte er nachdenklich.

Schweigend betrachtete er die Gummistiefel: Sie waren Luisa mehrere Nummern zu groß. Jemand war bei ihr gewesen, jemand mit deutlich größeren Füßen. Und nicht nur das: Luisa schlief sonst niemals so tief und fest. Sie hatte im Gegenteil einen ausgesprochen leichten Schlaf, schreckte beim kleinsten Geräusch auf. Doch weder Washingtons eiliger Galopp noch die erleichterten Rufe, ja nicht einmal die Umarmungen ihres Vaters und Großvaters, Gigos Gebell oder der Rücktransport auf dem Pferd hatten sie geweckt. Ihr Puls war normal, aber sie war offensichtlich bewusstlos.

»Wir müssen das anzeigen, mein Sohn«, sagte der Alte.

Er sah seinen Sohn von der Seite an und wartete auf seine Reaktion.

»Und sie ins Krankenhaus bringen«, fügte er hinzu.

Luisas Vater spürte einen Kloß im Hals.

»Wieso denn ins … ? Du meinst, man hat sie …?«

»Ich weiß es nicht.«

Eins allerdings schien ihm sonnenklar: Luisa würde in den nächsten Stunden genau die Art friedlichen Tiefschlaf halten wie er selbst in der Nacht des Einbruchs. Hier geschah etwas, das ihm immer weniger geheuer war … Konnte es sein, dass diejenigen, die in ihr Haus eingedrungen waren, während sie schliefen, jetzt seine Enkelin entführt hatten? Aber wenn sie ihnen doch schon das Haus ausgeräumt hatten, wozu kreisten sie immer noch weiter um sie herum? Weshalb entführten sie Luisa für ein paar Stunden, um sie dann unversehrt zurückzubringen? War sie denn unversehrt? Ihm schwirrte der Kopf von all den Fragen, auf die er die Antworten lieber gar nicht so genau wissen wollte. Um sich auf andere Gedanken zu bringen, war es das Beste, die Dinge selbst in die Hand zu nehmen. Also überzeugte er seinen Sohn, bei seiner Tochter zu bleiben, während er selbst eine weitere Anzeige erstatten und in Erfahrung bringen würde, ob es sinnvoll war, sie nach Piriápolis ins Krankenhaus zu transportieren, bevor sie wieder aufgewacht war.

Bevor er sich auf den Weg machte, hatte er sämtlichen Hauseigentümern von *La Carolina* eine Sprachnachricht hinterlassen: Er berief eine dringende Versammlung ein, und die Beklommenheit in seiner Stimme war so deutlich vernehmbar, dass man sich, noch ehe er die Stadt erreicht hatte, auf eine Zusammenkunft für den nächsten frühen Abend im Haus der Mitres verständigt hatte. Als er den Termin bestätigte, wusste er, dass er die Schlacht verloren hatte. Mehr als zehn Jahre lang war er der Einzige gewesen, der dafür eingetreten war, *La Carolina* von elektrischen Zäunen wie von bewaffneten Wachleuten frei zu halten. Man ließ sich dabei auf Arbeitskräfte ein, die noch viel zwielichtiger waren als die paar üblichen

Gelegenheitsdiebe. Wenn sie erst einmal auf dem Gelände waren, allmählich die Häuser und die alltäglichen Gewohnheiten ihrer Bewohner in- und auswendig kannten – dann erst war man tatsächlich schutzlos ausgeliefert.

Er stoppte seinen Wagen, als er den Verwalter der Familie Beccar Varela am Zufahrtstor für die Lieferanten stehen sah, das sich am äußersten Ende des letzten Grundstücks befand. Er war dabei, ein zweites Schloss sowie eine Kette anzubringen, beide auffallend groß.

»Was machen Sie da, Miguel?«

Der Mann hielt einen Bund identischer Schlüssel hoch.

»Ich soll das Tor verstärken«, erklärte er. »Hat man Sie nicht informiert?«

Er trat an den Wagen heran und reichte dem Alten seinen Schlüssel.

»Nein«, brummte der ärgerlich.

Dann atmete er einmal tief durch. Es war keine Seltenheit, dass Beschlüsse, vor allem solche, die Sicherheitsfragen betrafen, ohne Rücksprache mit ihm gefasst wurden.

»Anscheinend soll hier auch so ein Wachhäuschen hin.«

Der Alte war schon dabei, das Fenster hochzufahren, da winkte ihm der Mann noch einmal.

»Sie haben nicht zufällig drei Kinder hier irgendwo herumlaufen sehen?«

»Kinder?«

»Die behaupten, sie seien meine Neffen.«

Der Alte ließ das Fenster wieder herunter.

»Wie viele sind es, sagten Sie?«

»Ein ziemlich kleiner. Und dann noch zwei Jugendliche.«

Luisas Großvater verneinte, nickte Miguel grüßend zu und fuhr weiter.

An der Kreuzung, an der man auf die Küstenstraße nach Piriápolis einbog, verlangsamte er den Wagen wenige Minuten später erneut. Auf dem Grundstück des Russen, im Schatten des Palmdachs seiner Strandhütte, saßen zwei junge Leute. Das Mädchen kannte er: Sie war Anfang zwanzig, hatte den Körper einer Sportlerin, schlank, sehnig, ohne Kurven. Sie besuchte den Russen, der das größte Grundstück auf dem ganzen Gelände besaß, schon seit Jahren regelmäßig. Washington hatte ihnen berichtet, dass der Russe und die Sportlerin miteinander »ausschließlich Tischtennis spielten«. Darauf hatte er bestanden, auch als die Nachricht am Tisch für herzhaftes Gelächter sorgte: Weder aßen sie zusammen, noch gingen sie spazieren, ja sie wechselten sogar kaum ein Wort miteinander, denn sie sprach kein Russisch, er kein Spanisch und beide nur bescheidenes Englisch. Der Russe war von allen Eigentümern der Exzentrischste, alles, was sie von ihm wussten, war seine Nationalität und dass er weder Frau noch Kinder hatte, lediglich verschiedene platinblonde Freundinnen, mit denen er in den wenigen Wochen, die er jedes Jahr in seinem uruguayischen Domizil verbrachte, am Strand auf- und abspazierte.

Der Junge, der neben der Sportlerin im Sand saß, sah genauso durchtrainiert aus wie sie, wobei sie einen Bikini trug und er eine Regenjacke und dazu seltsame Leuchtschuhe, die einem aus der Entfernung entgegenblinkten. Sie teilten sich ein Bier und wirkten ganz vertraut miteinander, wie alte Freunde.

Luisas Großvater trat aufs Gas und fuhr weiter Richtung Piriápolis. In Gedanken war er wieder bei den kleinen Fußspuren, die er am Morgen nach dem Einbruch im Badezimmer entdeckt hatte.

Nie im Leben hätte er vermutet, dass die beiden jungen Leute am Strand sich gerade erst kennengelernt hatten und der Junge der Sportlerin in diesem Augenblick noch einmal die gleiche, längst verbrauchte Lügengeschichte von seinem Onkel auftischte.

»Und du, bist du von hier?«, erkundigte sich Ismael.

»Na ja, also von hier ... also wirklich von hier ...«

Die Sportlerin deutete vage auf den endlosen Strand um sie herum und lachte.

»... von hier ist niemand.«

Ismael lachte mit und kam sich vor wie der letzte Idiot.

Das Mädchen hatte ihm nicht geglaubt, dass Miguel sein Onkel war, das hatte er gleich gemerkt, während er sich noch in wirre Erklärungen zu einem Stammbaum verstrickte, der ihn mit dem Verwalter der Beccar Varelas verband. Ebenso schnell bemerkte er allerdings, dass sie seine Lüge überhaupt nicht kümmerte und dass es ihr vollkommen egal war, ob er nun irgendjemandes Neffe war oder einfach nur so am Strand entlangspazierte.

»Nee, klar, ich meine ... aus ... also aus ...«

Sie sah ihn auf eine Weise an, die ihn ins Stottern brachte.

»Aus Uruguay? Auch nicht. Ich bin Argentinierin.«

»Aber deine Familie hat ein Haus ...«

»Meine Familie hat ein Haus in Buenos Aires, genauer gesagt in Liniers. Hier bin ich zu Besuch.«

Es war kein Zufall gewesen, dass die beiden sich getroffen hatten. Sie hatte ihn aus dem Akazienwäldchen kommen sehen, der das Grundstück des Russen begrenzte, er war auf dem Weg zum Wasser, in Richtung des westlichen Endes von *La Carolina.* Er hatte nicht sofort gesehen, dass sie in der kleinen Strandhütte saß, die nach dem letzten Unwetter beinahe unter dem Sand begraben war.

Einen noch nicht ganz aufgerauchten Joint in der einen Hand und eine Flasche Bier in der anderen, war sie Ismael mit den Blicken gefolgt. Das Gelände war so abgelegen, dass man die Menschen, die hier am Strand auftauchten, an einer Hand abzählen konnte. Der Fußmarsch, den man dafür zurücklegen musste, war einfach zu weit. Nur selten kam es vor, dass ein Auto oben am Haupttor hielt, und noch seltener, dass die Leute sich nicht einschüchtern ließen, wenn der Wachmann an sie herantrat und erklärte, das hier sei Privatgelände. Und an einer Hand abzuzählen waren schließlich diejenigen, die wussten, dass die Hauptwege öffentliche Straßen waren und man die Durchfahrt dort gar nicht verbieten konnte. So waren die eigentlich öffentlichen Strände letzten Endes doch de facto privatisiert und nahezu menschenleer. Deswegen hatte Ismael, als er erkundete, wie man das Gelände über den Strand betreten oder verlassen konnte, ihre Aufmerksamkeit erregt.

»Kleiner Gauner«, hatte sie abfällig gemurmelt.

Aber erstens war sie doppelt so muskulös wie der Junge, und zweitens langweilte sie sich zu Tode. Als sie in sein Blickfeld geriet, hielt sie einladend die Bierflasche und den Joint hoch.

»Willst du?«, fragte sie, die Augen zu Schlitzen verengt.

Ismael nahm beides entgegen.

»Setz dich.«

»Eigentlich muss ich …«

»Um diese Tageszeit musst du vor allem raus aus der Sonne«, sagte sie bestimmt.

Ismael setzte sich zögerlich zu ihr.

Er war voller Unruhe, es war viel Zeit vergangen, seit er Enana und Ajo im Tank zurückgelassen hatte. Nachdem er Luisa am Wegesrand abgelegt hatte, war er, ohne recht darüber nachzudenken, in westlicher Richtung zu dem letzten Anwesen gelaufen. Er wollte nachsehen, ob es möglich wäre, das Gelände über den Strand zu verlassen, und hatte überrascht festgestellt, dass es dort weder einen Zaun noch ein Wachhäuschen gab. Sie könnten einfach hinausspazieren.

Das Problem wäre bloß, den nahezu bewusstlosen Ajo so weit zu tragen, denn die Häuser von Piriápolis schienen etliche Kilometer entfernt, so winzig klein sahen sie aus. Mit Sicherheit würden die Männer bald nach ihnen suchen. Es sei denn, sie hatten einen kleinen Wachtposten auf der Terrasse des einzigen Gebäudes postiert, das im Umkreis von mehreren Kilometern zu sehen war: ein runder Bau ohne besonderen Stil oder vielmehr eine Mischung aller möglichen Stile. Es wirkte verlassen, mehrere Fenster waren kaputt.

»Das war mal ein Nachtclub«, erklärte die Sportlerin, die seinem Blick gefolgt war. »Das *Moonlight.* Den haben sie schon vor Jahren dichtgemacht. Die haben Partys mit Minderjährigen veranstaltet, und eins von den Mädchen ist dabei umgekommen.«

Ismael musterte sie mit unverhohlener Neugier.

»Und du, wieso bist du hier zu Besuch?«

»Ich spiele Tischtennis«, erklärte sie knapp.

Ismael grinste.

»Pff, das kann ich auch «, entgegnete er. »Spielst du gut?«

»Ich bin argentinische Meisterin.«

Ismael verschluckte sich am Rauch und starrte sie mit offenem Mund an.

»Du bist argentinische Meisterin?«

»Genau.«

»… im Tischtennis?«

»Ja, wirklich«, lachte sie. »Der Typ, dem dieses Grundstück hier gehört, ist mein Sponsor. Vor ein paar Jahren haben wir uns kennengelernt, bei den letzten Olympischen Spielen. Er hat meinem Onkel, der ist mein Trainer, ein Treffen vorgeschlagen, und dann hat er uns ein Angebot gemacht: Wir bekämen alles, alles, was wir wollten … wenn ich nur seine Marken trage. Und außerdem zwei Wochen im Sommer hier verbringe und zwei weitere im Winter in seinem Haus in Aspen, in den USA.«

»Um was zu tun?«, erkundigte Ismael sich mit gesenkter Stimme.

»Tischtennis spielen. Mit ihm.«

»Und spielt er gut?«

»Ziemlich.«

Ismael inhalierte den Rauch.

»Und wo ist er jetzt?«, fragte er mit einem besorgten Blick über die Schulter.

»In Moskau. Er kommt am Donnerstag und bleibt bis Sonntag.«

Ismael lachte laut los und ließ sich rückwärts nach hinten in den warmen Sand kippen, er spuckte und hustete und wand sich unter Kichern wie ein Wurm. Sie schaute ihm lächelnd zu, der Junge gefiel ihr, er hatte so eine ungezwungene Art, dachte sie bei sich, obwohl das, was er da gerade trieb, etwas lächerlich war. Als ihr beider Lachen verklungen und nur noch vereinzeltes Röcheln zu hören war, strich sie ihm den Sand von der Stirn und ließ ihre Hand dort liegen.

»Wie alt bist du?«

»Sechzehn.«

Die Sportlerin blickte zum Himmel und biss sich auf die Lippe.

»Ui, nein, also sechzehn … das ist zu …«

»Zu was?«

»Zu jung.«

Ismael stützte den Ellbogen auf und sah sie etwas gekränkt an.

»Zum Spielen?«

»Zum Vögeln«, sagte sie und drückte den Joint im Sand aus. »Spielen können wir, hast du Lust?«

Ihr Angebot erinnerte Ismael plötzlich daran, dass er zurück musste zu Enana und Ajo.

»Wir trinken ein paar Wodka. Russischen Wodka.«

»Ich bin mit meiner Freundin und ihrem Bruder hier, weißt du … und wir hatten da ein … ein …«

Die Sportlerin sah ihn forschend an. Alle Leichtigkeit und Erregung waren auf einen Schlag verflogen, als sie seine Unruhe bemerkte.

»… ein Problem.«

»Was für ein Problem?«

»Er ist gebissen worden, von einer Schlange … einer …«

»Einer Urutu?«

Ismael nickte.

»Einer scheißverdammten Urutu.«

»Und der Junge ist noch klein, oder wie?«

»Sechs.«

»Er ist sechs Jahre alt?«

»Ja, sechs.«

Die junge Frau hielt erschrocken die Hand vor den Mund.

»Habt ihr ihm ein Gegengift gespritzt?«

»Schon. Aber es geht ihm nicht gut.«

»Na ja, das ist für Erwachsene gemacht, bei denen wirkt es, aber bei so kleinen Kindern …«

Ismael setzte sich wieder in den Sand. Er rieb sich die Augen. Ließ ein paarmal die Schultern kreisen.

»Und wo ist er jetzt? Bei Miguel?«

Ismael schlug die Augen auf und sah sich verwundert um. Er saß an einem einsamen Strand im Sand. Mit einer fremden jungen Frau.

»Wer ist Miguel?«, fragte jemand, der anscheinend er selbst war.

»Na dein Onkel!«

»Ach so, ja … nein … ich meine … in dem alten Wassertank.«

Die Sportlerin sah ihm fest in die Augen, versuchte ihm zu folgen. Die Wirkung von Alkohol und Marihuana waren wie weggewischt. Plötzlich begriff sie.

»Du kennst Miguel gar nicht«, sagte sie leise.

Ismael stand auf und blickte sie stumm an.

»Seid ihr allein hier?«

»Ja.«

»Bring ihn her.«

»Wieso denn hierher?«

»So schnell wie möglich.«

»Hierher?«

»Ich meine ins Haus … Ihr könnt von oben aus rein.«

Sie war aufgestanden, um auf Augenhöhe mit ihm zu sprechen.

»Jetzt sieh mich an. Und hör mir gut zu«, hob sie mit ernster Stimme an.

Ismael starrte konzentriert auf ihren Mund, die Sportlerin sprach nämlich sehr schnell, zu schnell für ihn: sprach von einer Maschine, die der Russe in seinem Haus stehen hatte, von einer Elektrotherapie, die das Verhalten der menschlichen Gene veränderte, von regenerativer

Medizin und Zellsystemen, von elektromagnetischen Feldern, von einer Verletzung an ihrem Handgelenk, die sie selbst seit Jahren mit der Maschine behandelte, von der Unterweisung, die sie bekommen hatte, um sie zu bedienen, das sei Teil des Deals gewesen, sagte sie, Tischtennis spielen und die Therapie, sagte sie und zeigte ihm ihr linkes Handgelenk, wenn es die Maschine nicht gäbe, würde sie schon seit Jahren nicht mehr spielen, sagte sie, bring ihn her, bring ihn schnell her, das stärkste Programm kann das Immunsystem dazu bewegen, Antikörper zu bilden, die roten und die weißen Blutkörperchen voneinander zu trennen, verstehst du?

Ismael hatte nichts verstanden, rein gar nichts.

Das Einzige, was er Enana wiedergeben konnte, war, dass es eine Möglichkeit gab, Ajo, den er bei seiner Rückkehr ohnmächtig und von kaltem Schweiß bedeckt vorgefunden hatte, wieder gesund zu machen.

In Enanas Blick lag mehr Angst als Wut.

»Du bist breit«, sagte sie.

»Stimmt. Aber den Russen gibt es wirklich. Und die Maschine auch.«

Er küsste seinen Daumen.

»Ich schwör's dir.«

Enana glaubte ihm kein Wort, aber sie hatten nichts zu verlieren. Ajo war nur kurz auf dem Weg der Besserung gewesen, noch vor Einbruch der Dämmerung gewann das Gift wieder die Oberhand über das Serum. Die Maschine irgendeines Russen war allemal besser, als einfach aufzugeben, und so hielt sie Ismael nicht davon ab, sich Ajo auf die Schulter zu laden und mit ihm den Weg durch den Wald anzutreten, den sie bereits so gut wie auswendig kannten.

8

Haus neun unterschied sich deutlich von den anderen: Mit seiner auffallend hohen Mauer, die das gesamte Grundstück umschloss, erinnerte es an eine Festung. Lediglich die Baumwipfel ragten über die Mauer hinaus, und irgendwo dort mittendrin musste das Haus stehen. Die zu den übrigen acht Häusern gehörenden Grundstücke waren nicht streng voneinander abgegrenzt: ein von Akazien überwachsener Drahtzaun und ausgedehnte gemeinschaftliche Flächen, kaum durch einen gespannten Draht getrennt; die Tore hatten keine Schlösser, und ohnehin hätte man problemlos darüberklettern oder drum herumgehen können. Der Russe hingegen schien sich auf eine feindliche Invasion vorbereitet zu haben: Alle paar Meter war eine Sicherheitskamera installiert, die Mauer war oben zusätzlich mit Stacheldraht gesichert, und ein unüberwindliches, massives Eisentor bildete den einzigen Zugang zu dem Grundstück. Das Eingangstor war derart gewaltig, dass Enana und der Ajo auf den Armen tragende Ismael sich ganz und gar verloren vorkamen, als sie vor dem elektrischen Türöffner standen und warteten. Das hier ist reiner Selbstmord, dachte Enana und blickt direkt in eine Kamera, aber sie kam nicht mehr dazu, es auszusprechen …

In dem Türöffner blinkte ein rotes Lämpchen auf.

»Ich komme runter«, ertönte die Stimme der Sportlerin.

Ismael und Enana tauschten einen kurzen Blick, dann erinnerte sie Ajos klägliches Wimmern daran, dass sie nichts zu verlieren hatten.

Ein paar Minuten später öffnete sich das Tor, geradezu elegant und vollkommen lautlos glitt es über den Boden, als ob die Tür zu einem Raumschiff aufginge. Das Bild, das sich ihnen dahinter eröffnete, war kaum weniger unwirklich: Denn der Russe hatte sich dieses kleine Paradies am anderen Ende der Welt nur gekauft, um anschließend die gesamte uruguayische Vegetation auf seinem Grundstück dem Erdboden gleichzumachen und in eine japanische Gartenlandschaft zu verwandeln. Zwischen zwei künstlichen, von Binsengras umwachsenen Seen, glatten Felsen, samtgrünen Hügeln und einer mit neurotischer Präzision zurechtgestutzten Flora sahen sie die Sportlerin in einem weiß glänzenden Golfcart heranrollen. Einige Meter vor ihnen hielt sie an und nahm die kleine Gruppe mehrere stumme Sekunden lang in Augenschein, als wollte sie sich vergewissern, ob die Geschichte, die Ismael ihr erzählt hatte, auch stimmte: der Kleine, den er auf den Armen trug, seine Beine, Arme und Kopf hingen schlaff, wie leblos, herunter, und das Mädchen an seiner Seite mit dem leeren Blick eines Menschen, der jede Hoffnung verloren hat … Was sie sah, überzeugte die Sportlerin offenbar, denn sie lehnte sich aus dem Wagen und winkte sie eilig heran.

Über ihren Köpfen hörte Enana ein Doppelklicken: Die Kameras, die bis eben noch auf den Weg gerichtet waren, schwenkten langsam um und folgten ihren Schritten.

»Jetzt hängen wir richtig drin«, raunte sie Ismael zu.

Sie machte eine Kopfbewegung zu den Kameras hin.

»Schon lange«, gab er trocken zurück.

Die Sportlerin stieg aus dem Wagen und öffnete die Heckklappe, wo die Golfschläger verstaut wurden. Als sie Ajo aus der Nähe sah, nahm ihr Gesicht einen betroffenen Ausdruck an. Stirnrunzelnd blickte sie die beiden Großen an. Sie war kurz davor, ihnen zu sagen, dass sie nicht die Maschine brauchten, sondern einen Rettungswagen. Aber ihr war sofort klar, dass sie keine Hilfe holen würden.

Wenn dieser kleine Kerl irgendeine Chance hatte, dann im Haus. Schnell schob sie die Golftaschen zur Seite, versuchte ungeduldig, sie weiter zu stauchen, um Platz zu schaffen, zerrte schließlich eine Tasche heraus und warf sie achtlos auf den Boden. Dann legte sie hinten auf der kleinen Plattform eine leichte Wolldecke zurecht und gab Ismael ein Zeichen. Erst jetzt fiel ihr auf, dass das Eisenrohr, das ein kleines Stück über seine Schulter hinausragte, zu einem Jagdgewehr gehörte. Kurz überlegte sie, ihr Hilfsangebot wieder zurückzuziehen, doch dann drückte sie den Knopf der Fernsteuerung in ihrer Hand, und das Tor begann sich zu schließen. Da Ismael zögerte, drängte sie:

»Los, mach schon, leg ihn da auf die Decke. Es wird kalt werden.«

»Ist ganz sicher niemand da?«

»Ganz sicher. Der Verwalter und seine Frau kommen erst Montag wieder.«

Ismael wickelte Ajo in die Decke.

Der Weg zum Haus führte bergab.

Bei Sonnenuntergang wehte zwischen den Kieferreihen hindurch ein eisiger Wind vom Meer herüber. Ganz anders als der Garten, in dem alles extravagant wirkte, war das Haus, das hinter einer Biegung sichtbar wurde, ein viereckiger Betonkasten mit großzügigen Glasfronten.

Seine nüchterne Eleganz hatte mehr von einem Ministerium als von einem Sommerhaus. Ismael und Enana blieben vor einer Statue in Lebensgröße stehen: Es war ein Mann, der zum Himmel aufschaute, die Hände in die Hüften gestemmt und das Kinn gereckt, bot er der Zukunft die Stirn.

»Und wer ist das hier?«, erkundigte sich Ismael.

»Der Russe«, erklärte die Sportlerin.

Mit den zurückgegelten Haaren, dem Maßanzug und dem visionären Ausdruck sah er einem Filmschauspieler ähnlicher als den bedeutenden Persönlichkeiten, die sonst auf solchen Sockeln standen.

Doch das war nichts im Vergleich zu dem, was sie im Innern des Hauses erwartete, das einen krassen Gegensatz zu der minimalistischen Architektur der Fassade bildete: Mittig über einem protzigen Renaissance-Kamin lächelte einem der Russe von einem Ölgemälde entgegen, auf dem er barfuß und mit nacktem Oberkörper inmitten eines afrikanischen Stammes zu sehen war, die blauschwarze Haut der ihn umgebenden Menschen betonte seine Blässe zusätzlich.

Die Sportlerin hielt sich nicht damit auf: Seit sie ihn mit eigenen Augen gesehen hatte, versetzte Ajos Zustand sie in ernsthafte Unruhe. Sie eilte den ersten Abschnitt der Treppe hinauf, die alle vier Etagen verband und sich gegen die großen Fenster mit imposantem Meeresblick abzeichnete. Im Vorbeigehen streifte ihr Blick eine der zahlreichen Kameras: Natürlich würden die Gesichter der Kinder hier aufgenommen, aber sie würde dafür sorgen, dass die drei das Haus in vierundzwanzig Stunden wieder verlassen hätten. Vor allem aber wusste sie, dass der Russe sie dazu beglückwünschen würde, endlich die höchste Programmstufe der Maschine ausprobiert zu haben ... Denn erfahren würde er es. Die Verehrung des Russen für seine Maschine war so weitreichend und sein Vermögen so unerhört, dass er gleich zwei davon besaß: eine in seinem nordamerikanischen Winterdomizil und die andere hier in der Strandvilla. Das Patent und die Forschungsarbeit eines russischen Wissenschaftlerteams hatte er selbst mitfinanziert.

Als er die Sportlerin eines Morgens in der Küche vorfand, wie sie den Erste-Hilfe-Kasten durchwühlte, um den vor Kopfschmerzen wimmernden Kanadier zu behandeln, den sie in der Nacht zuvor in einem Club kennengelernt hatte und der sich jetzt in ihrem Bett wälzte, hatte er ihren Gast persönlich zu seiner Maschine geführt, ihn auf der Liege platziert und die entsprechenden Knöpfe gedrückt. Zwei Minuten hatte der Bursche gebraucht, um sich zu entspannen, nach fünf Minuten war er eingeschlafen und der Maschine nach zwanzig Minuten mit einem Lächeln auf den Lippen wieder entstiegen.

Das Einzige, worüber er keine Kontrolle hatte, war seine eigene Sterblichkeit, hatte der Russe ihr damals erklärt, und deshalb unterstützte er alles, was ihm womöglich zu ein paar zusätzlichen Lebensjahren verhalf.

Sein Schlafzimmer zog sich über eine ganze Etage, ein Raum von knapp zweihundert Quadratmetern mit traumhafter Aussicht, mit großzügigen Fensterfronten auf allen Seiten, in dem Zimmermobiliar, Ankleide, ein Bad mit Jacuzzi und die Maschine untergebracht waren, alles arrangiert wie in einem Bühnenbild. Kurz nach Enana kam Ismael mit rotem Kopf und nach Luft japsend mit Ajo auf dem Arm die Treppe heraufgestolpert, die Glieder zitterten ihm von der Anstrengung.

Die geheimnisvolle Maschine erwies sich als eine weiß glänzende ovale Kapsel, die an die Sonnenbänke in diesem Laden in Once erinnerte, wo sie hin und wieder für ein paar Pesos sauber machten. Auch wenn dort natürlich alles schmuddelig, trashig und laut war … Die Maschine hingegen war die perfekte Mischung aus Computertomograf und Raumschiff.

Ismael bettete Ajo auf Anweisung der Sportlerin behutsam auf die Liege, die ins Innere der Maschine geschoben würde. Sie selbst las derweil nach, wie das gewünschte Programm in Gang zu setzen war, das das Immunsystem dazu bringen würde, sich gegen die von außen eingedrungene Substanz zur Wehr zu setzen.

»Innerhalb der nächsten zwölf Stunden müssen wir ihn jede Stunde einer Behandlung unterziehen. Es ist ganz wichtig, dass man den Rhythmus der Intervalle genau einhält und …«

»Zwölf Stunden?« Ismael starrte sie entgeistert an. »Was heißt denn zwölf Stunden?«

»Die Maschine funktioniert nur, wenn man die Behandlung wiederholt.«

»Wir können aber nicht zwölf Stunden hierbleiben.«

»Wenn es Ajo hilft, bleibe ich«, erklärte Enana bestimmt.

Ismael sah seine Freundin bestürzt an. Das Mobiltelefon in seiner Hosentasche brannte ihm in der Handfläche. Es hatte kaum noch Akku.

»Ich bleibe hier«, wiederholte Enana.

Die Sportlerin versuchte zu vermitteln:

»Vor Montag taucht hier niemand auf. Ihr könnt euch doch hier einfach ein bisschen ausruhen.«

Enana und Ismael sahen staunend zu, wie ihre Finger über die Tastatur huschten, die in die Maschine eingelassen war. Als die Tür der Kapsel sich langsam schloss, unterdrückte Enana den Impuls, sie aufzuhalten.

»Fünfzehn Minuten, dann hol ich ihn wieder raus«, erklärte die Meisterin.

Die Maschine begann zu vibrieren und gab ein tiefes Brummen von sich, es erinnerte an den einschläfernden Singsang eines Vaters, der sein Kind in den Schlaf wiegt.

Die Sportlerin setzte sich neben die Maschine auf den samtigen Teppich, streckte sich, um die Tür eines kleinen Eisschranks zu öffnen, entnahm ihm eine Flasche Wodka und griff drei kleine Schnapsgläser, die auf dem Schränkchen standen. Sie goss je zwei Fingerbreit von dem klaren, zähflüssigen Sirup ein. Ismael wollte ablehnen, doch bevor er ein Wort herausbrachte, hatte Enana ihr Glas bereits in einem Zug geleert. In diesem Moment verschwand die Sonne endgültig hinter dem Horizont, der Effekt war berauschend. Niemals hätte Enana vermutet, dass auf der Welt ein Ort wie dieser existierte.

»Und dich hat die Maschine wirklich geheilt?«, fragte sie die junge Frau.

»Du meinst das Handgelenk?«

»Ja.«

»Also komplett geheilt nicht …«

Sie hielt die linke Hand hoch und drehte das Handgelenk leicht hin und her.

»Aber ich kann wieder spielen.«

»Wie lange hat die Behandlung bei dir gedauert?«

»Vier Jahre. Aber meine Behandlung ist viel schwächer.«

Sie schenkte eine weitere Runde Wodka ein.

»Die von deinem Bruder ist …«

Sie stockte, suchte nach einer Formulierung, die nicht allzu krass klang, aber ihr fiel nichts ein.

»… viel aggressiver.«

Als sie die Blicke der beiden sah, wechselte sie schnell das Thema:

»Habt ihr Hunger?«

»Was heißt das, viel aggressiver?« Enana ließ sich nicht ablenken.

Die Sportlerin erhob sich.

»Im Kühlschrank ist noch kalter Braten«, sagte sie.

Enana streckte seelenruhig den Arm nach dem Gewehr aus.

»Du bleibst besser hier.«

Sie hatte ohne Aufregung gesprochen, abgeklärt, kaltblütig, regungslos.

»Was soll das denn jetzt?«

»Tu, was sie dir sagt«, schaltete Ismael sich ein. »Du bleibst besser hier.«

Die Sportlerin sah von einem zum anderen.

»Aber ich helf euch doch …«

»Wenn du in die Küche gehst, komm ich mit«, stellte Enana klar.

»Wie du meinst. Dann komm.«

Etwas aus der Fassung durch den plötzlichen Wechsel im Tonfall war die Sportlerin bereits auf dem Weg zur Treppe, blieb aber nach ein paar Schritten stehen, da Enana ihr tatsächlich mit geschultertem Gewehr folgte. Sie deutete auf die Maschine und erklärte zu Ismael gewandt:

»In ein paar Minuten ist die erste Runde fertig.«

»Was soll ich machen?«

»Nichts. Du fasst nichts an. Bewegst ihn nicht, klar?«

Ismael nickte und starrte wieder auf die geheimnisvollen kyrillischen Schriftzeichen des Flaschenetiketts.

»Was meinst du mit aggressiv?«, hakte Enana eine Etage tiefer noch einmal nach.

Die Sportlerin blieb stehen und drehte sich zu ihr um. Mit dem Gewehr in der Hand wirkte Enana keineswegs mehr klein und zerbrechlich.

»Weißt du, was das Immunsystem ist?«

»Nein.«

»Weiße Blutkörperchen?«

»Ich weiß gar nichts. Aber ich lerne schnell. Also erklär's mir.«

Die Sportlerin lächelte. Trotz allem war Enana ihr sympathisch.

»Die Maschine verbessert die Funktion des Immunsystems. Bei einer Krankheit oder einer Vergiftung können die roten und weißen Blutkörperchen verklumpen, also aneinanderkleben. Mithilfe der elektromagnetischen Wellen kann man sie wieder voneinander lösen, das verbessert die Durchblutung, das lymphatische und das kardiovaskuläre System ...«

Sie unterbrach sich. Enana sah sie mit großen Augen an.

»Verstehst du, was ich meine?«

»Die Maschine macht ihn stärker«, fasste Enana zusammen.

»Genau. Sie macht ihn stärker.«

Die Sportlerin musterte stirnrunzelnd das Gewehr.

»Nimm das doch bitte runter, ja?«, bat sie.

Enana ließ das Gewehr sinken.

»Warum hilfst du uns eigentlich?«, fragte sie nach einer Pause.

»Weil ich nichts Besseres zu tun habe«, erklärte die andere geradeheraus. »Weil mir langweilig ist. Und weil ihr mir leidgetan habt.«

Enana grinste. Die Antwort gefiel ihr.

»Dir ist also langweilig«, wiederholte sie lachend.

»Manchmal schon.«

»Und wenn … du hier den ganzen Tag alleine bist … was machst du dann so?«

»Das, was dein Bruder auch bald wieder tun wird, und ihr beiden auch – wenn ihr mich euch helfen lasst … Ich schlafe, esse, ruhe mich aus. Schaue Filme, spiele Tischtennis, höre Musik, lege mich in die Maschine … Und manchmal langweile ich mich.«

Das Wohnzimmer befand sich im Erdgeschoss, die Küche lag noch eine Etage tiefer. Der Weg dorthin führte durch einen Playroom, in dessen Zentrum eine Tischtennisplatte stand, drum herum Kinosessel, aufgestellt wie für eine Vorführung.

Die Sportlerin durchquerte den Raum bis zur Küche, ging um einen Marmortresen herum, öffnete die große Doppeltür eines Kühlschranks mit Edelstahlfront und nahm ein Stück kalten Braten heraus. Mit einem sanft surrenden Elektromesser schnitt sie das Fleisch in Scheiben.

Alles hier war neu, kalt und geräuschlos.

»Der Russe will dich hier haben, damit das Haus nicht leer steht«, sagte sie.

Überrascht sah die Sportlerin zu Enana auf.

»Deswegen bist du hier, nicht bloß wegen dem Tischtennis. Du bist sein Experiment.«

»So was in der Art.«

»Und mein Bruder ist deins.«

Enanas Worte hatten weder wütend noch zynisch geklungen. Auch nicht ironisch. Die Sportlerin legte das Elektromesser auf dem Marmortresen ab, nahm eine Flasche Milch aus dem Kühlschrank und schenkte drei Gläser ein.

»Das wird ihm guttun«, sagte sie.

»Ja. Aber darum geht es. Deswegen hilfst du uns.«

Nachdem der Mond aufgegangen war, hatte sich das Haus in eine Art beleuchteten Turm verwandelt. Auf allen Etagen schnurrten gleichzeitig die elektrischen Jalousien herunter. Nach der vierten Behandlungseinheit atmete Ajo wieder normal.

Als Ismael erwachte, lag er auf dem Teppich, unter einer Decke, die ihm vorkam wie eine weiche weiße Wolke, neben sich ein Tablett mit einem Glas Milch und einem Teller kaltem Braten. Gierig schlang er das Fleisch hinunter und leerte das Glas, dann vernahm er ein leises Schnarchen: Ajo lag zusammengerollt in dem geräumigen Bett des Russen und schlief tief und fest, zugedeckt mit frischen Leintüchern, das Rauschen des Meeres durch das offene Fenster war sein Wiegenlied. Ein Wecker auf dem Nachttisch zeigte 3 : 40 Uhr … Noch vier Stunden, bis es hell wurde. In vier Stunden sollten sie oben bei dem Loch im Zaun sein.

Er zog das Telefon aus der Hosentasche und schaltete es ein: Noch zwei Balken zeigte der Akku. Durch das Meeresrauschen drang jetzt noch ein anderes Geräusch … ein kurzes, rhythmisches Klacken, dann Gelächter, Jubelschreie. Ismael trat an die Galerie, von der man einen Blick auf die untere Etage hatte: In den offenen Räumen ohne Wände waren auf jeder Ebene einzelne, wie Tetris-Blöcke ineinandergreifende Bereiche durch Lampen ausgeleuchtet, die sich bei Einbruch der Dämmerung automatisch eingeschaltet hatten.

Durch ein Glasquadrat im Boden der Wohnzimmerebene, durch das man wie durch eine Art Rahmen blickte, war unten die Tischtennisplatte zu sehen. Ismael staunte nicht schlecht, als er sah, wie Enana und die junge Frau, vollkommen vertieft in ihre Partie, den Ball hin- und herschmetterten. Als Enana mit einem meisterhaften Aufschlag einen Punkt holte, reckte er triumphierend die geballte Faust. Im nächsten Augenblick hörte er, dass eine SMS eingegangen war.

Er schaute auf das Display.

Ruf sofort an, stand dort.

Die Nachricht war vier Stunden alt. Ismael wählte die einzige eingespeicherte Nummer. Der Mann vom Hafen war gleich dran.

»Mensch, Junge, wo steckt ihr denn?«

»In Sicherheit.«

»Was heißt das? In Sicherheit?«

»In einem Wassertank.«

»Ach, wirklich?«

Ismael schwieg.

»Wenn euch was passiert ist, sag's mir lieber gleich«, drängte der Mann.

»Wir hatten ein Problem.«

»Was für ein Problem?«

»Es ist so gut wie gelöst.«

Schweigen auf beiden Seiten.

Ismael hörte einen Motor starten und glaubte, den Pick-up zu erkennen, der sie hierhergebracht hatte.

»Du sagst mir jetzt, wo ihr seid.«

»Bei dem Russen.«

»Die Nummer des Hauses, Junge?«

Ismael lief rasch zurück zu dem Teppich, wo er den Rucksack abgestellt hatte. Er kniete sich hin, kippte den Rucksack aus und kramte hastig nach der Karte. Er faltete sie auf und suchte nach der Nummer, die in Rot auf dem Grundstück am westlichen Rand verzeichnet war.

»Neun.«

»Sieh mal auf der Karte nach, wo Nummer neun ist«, sagte der Mann.

Ismael stellte sich vor, wie nun auch der andere Mann auf der Karte nachschaute. Er hatte ihn zwar nur kurz gesehen, aber er hatte sein Gesicht genau vor Augen. Vor allem die eindrucksvolle Narbe am Hals.

»Das ist neben den Mitres«, meldete der andere.

Ismael erklärte schnell:

»Bevor es hell wird, sind wir weg hier.«

»Nein. Ihr bleibt da. Das macht uns die Sache sogar leichter.«

Plötzlich wirkte er gar nicht mehr verärgert.

»Seid ihr allein da?«

»Die Frau, die uns eingeladen hat, ist auch da.«

»Was weiß die?«

»Nichts.«

»Und sonst ist niemand weiter da? Die Verwalter?«

»Nein. Die kommen erst am Montag zurück.«

»Dann bleibt ihr da.«

Ismael hörte, wie der Motor ausgeschaltet wurde.

»Da sind sie«, brummte der mit der Narbe im Hintergrund jetzt deutlich vernehmbar.

»Die drei da drüben?«, fragte der Mann vom Hafen.

»Die Kleine und die beiden Zwillinge.«

»Perfekt.«

Sie schienen ihn vergessen zu haben.

Ismael stellte sich vor, dass sie an dem Landesteg standen, wo sie ihn, Enana und Ajo vor ein paar Tagen abgeholt hatten; dabei konnten sie genauso gut an irgendeinem anderen Hafen stehen, an einem Bahnhof, einer Bushaltestelle oder einfach an irgendeiner Straßenecke und drei andere Kinder wie sie abholen. Wenn jeden Tag neue kamen, dachte Ismael, hätten sie bald die ganze Küste mit Kindern besetzt.

»Hey, Junge, bist du noch da?«

»Ja.«

»Morgen lasst ihr euch den ganzen Tag über nicht draußen blicken. Ihr geht nicht an den Strand, keiner darf euch sehen. Abends sorgt ihr dann dafür, dass eure Gastgeberin richtig tief und fest schläft. Dann gehst du zum Strand runter und wartest, bis der Junge vom letzten Mal auftaucht … Der wird euch einen bestimmten Code überbringen. Den soll deine Freundin auswendig lernen. Sie und der Kleine steigen vom Strand aus in das Haus nebenan ein, das neben dem von dem Russen. Du gehst mit und wartest, bis die anderen beiden drinnen sind … dann verschwindest du.«

»Was heißt, ich verschwinde?«

»Du verschwindest und gehst in Haus eins rein.«

»Aber in Haus eins waren wir schon.«

»Weiß ich. Du gehst noch mal rein.«

»Da gibt es nichts mehr zu holen für uns.«

»Ich will, dass du noch mal reingehst.«

»Ich verstehe nicht …«

»Was ist daran nicht zu verstehen? Du gehst noch mal rein!«

»Aber ich verstehe nicht …«, wiederholte Ismael nervös.

»Hat dir jemand ins Gehirn geschissen, oder was, Junge? Bist du schwer von Begriff?«

»Nein.«

»Scheint aber so.«

Ismael biss sich auf die Lippe. Er war kurz davor, in Tränen auszubrechen.

»Also hör zu: Ich will, dass du in Haus eins reingehst, und zwar so, dass die Leute es mitkriegen. Der Zwerg und deine Freundin lernen den Code auswendig. Wir sorgen dafür, dass sie ungehindert durch ein Wohnzimmerfenster einsteigen können. Wenn sie drinnen sind, wird der Alarm angehen. Guida meinte, ihr seid auf solche Situationen vorbereitet, oder hat er uns angelogen?«

»Nein.«

»Okay. Du sagst den beiden, sie sollen sich verstecken und abwarten. Egal, wie lange es dauert ... Sie warten ab. Wenn sich alles beruhigt hat, gehen sie nach oben zum Schlafzimmer der Erwachsenen. Das ist das mit dem Kamin. Da ist so ein begehbarer Kleiderschrank. Hinter den Damenschuhen ist ein Tresor. Den öffnen sie mit dem Code.«

»Sollen sie da irgendwas Bestimmtes mitnehmen?«

»Alles, was sie finden.«

»Ich meine, sollen sie nach irgendwas Bestimmtem suchen?«

»Es geht nicht darum, was sie mitnehmen ... es geht darum, dass sie deine Hand auf ihrem Arsch spüren.«

Mehr sagte er nicht.

Und Ismael fragte nicht nach, was das heißen sollte.

»So was haben wir noch nie gemacht«, sagte er.

»Es gibt immer ein erstes Mal. Wenn sie euch erwischen, seid ihr minderjährig. Natürlich ist ihnen klar, dass ihr Anweisungen hattet, aber es gibt keine Namen. Ihr müsst sagen, dass das ganze Gelände voll ist mit Kindern wie euch. Dass, selbst wenn sie euch jetzt erwischt haben, immer neue nachkommen, kapiert?«

»Ja.«

Erst gegen Mittag des nächsten Tages schlug Ajo zum ersten Mal die Augen wieder auf.

Es hatte sich bereits angedeutet, dass er auf dem Weg der Besserung war: Nach der dritten Behandlung war das Fieber verschwunden, nach der fünften hatte sich sein Puls vollständig normalisiert, nach der siebten hatten sie ihm die Lippen mit einem Wattebausch befeuchtet, wie die Sportlerin es ihnen gesagt hatte. Doch erst nach der neunten gewann sein Körper wirklich das Duell mit dem Gift.

Um die Fortschritte zu feiern, liefen die Sportlerin und Enana hinunter in die Küche und kehrten kurz darauf mit einem weiteren Teller kaltem Braten für Ajo und einer Flasche Milch zurück, die sie mit dem Wodka mischten. Ismael hörte, wie sie, aufgedreht von der Mischung aus Fleisch, Wodka, Mariahuana und Tischtennismatches, die Treppe heraufstolperten. Er stand reglos da, als Enana ihm ein fischig riechendes kleines Glasdöschen unter die Nase hielt. Sie steckte den Finger hinein, und als sie ihn wieder herauszog, klebte er voller kleiner orangefarbener Kügelchen.

»Das sind Fischeier«, erklärte sie. »Probier mal.«

Ismael verzog angeekelt das Gesicht, er spürte, wie der bittere Geschmack in seinem Mund explodierte, und spuckte den Kaviar auf den Teppich des Russen. Seine Gedanken kreisten fieberhaft darum, dass man sie offenbar verheizen wollte. Im Grunde waren sie ja von klein auf nie etwas anderes gewesen als Kanonenfutter. Aber dass man sie nun trennen wollte und die beiden Schwächsten die schwierigste Arbeit erledigen sollten, das machte ihm mehr Angst als alles andere.

Die Sportlerin hatte entschieden, die Behandlung fortzusetzen. Als die Maschine meldete, dass es Zeit für die nächste Behandlungseinheit war, nahm er Ajo auf den Arm und trug ihn zu der Kapsel. Der Kleine machte große

Augen und schaute sich verwundert um. Es war die erste Behandlung, die der in wachem Zustand erlebte. Enana kam dazu und griff nach den Gurten.

»Kannst du dich erinnern, was passiert ist?«

»Irgendwas hat mich gebissen … in dem Tank, wo wir waren …«

»Und dann?«

»Weiß ich nicht mehr.«

»Du wärst uns fast draufgegangen. Ohne die Maschine hier …«

»Was hat die mit mir gemacht?«

»Sie macht dich stark. Damit sich dein Körper wieder selbst wehren kann.«

Ajo lächelte schläfrig und ließ sich bereitwillig anschnallen. Die Sportlerin schloss die Tür der Kapsel. Durch das kleine Fenster war Ajos verblüfftes, dabei aber noch immer lächelndes Gesicht zu sehen, staunend beobachtete er, wie die Strahlen auf ihm hin und her sausten, während sein ganzer Körper zu vibrieren schien. Die Sportlerin brauchte ein paar Sekunden, bis sie begriff, dass ihr Mobiltelefon ebenfalls vibrierte. Es war der Klingelton, der für den Russen reserviert war. Mit einem Blick zu Enana und Ismael hin legte sie den Finger an die Lippen, dann wischte sie über das Display und sagte munter:

»Priwet.«

Das war das einzige russische Wort, das sie kannte. Während sie auf die Terrasse mit Meerblick hinaustrat, sprach sie in gebrochenem Englisch weiter.

Sobald sie allein waren, erzählte Ismael Enana von den neuen Instruktionen, die er bekommen hatte. Sie hörte ihm schweigend zu, trank kleine Schlucke von der Wodkamilch und lutschte an einem Eiswürfel herum. Sie verhielt sich merkwürdig, als hätte sie eine Entscheidung getroffen, und sagte nichts, als Ismael ihr erklärte, dass sie an diesem Abend die Sportlerin betäuben und vom Strand aus bei den Mitres einsteigen sollten, um dort in einem Haus voller Menschen einen Tresor zu öffnen.

Statt zu antworten, ging sie langsam um den Jacuzzi herum, drehte die Wasserhähne auf, drückte eine ganze Tube Badegel in das sprudelnde Wasser und zog sich aus.

»Mein Bruder ist wegen diesen Wichsern fast gestorben.«

Sie streifte den BH ab und stieg, ohne die Temperatur zu prüfen, ins Wasser.

»Sobald er wieder aufrecht stehen kann, hauen wir hier ab.«

Sie tauchte mit dem Kopf unter. Ismael starrte einen Moment verdutzt auf den Schaum. Dann tauchte er die Hand hinein und zog Enana an den Haaren an die Oberfläche.

»Wo willst du denn hin?«

»Egal. Irgendwohin.«

»Die wissen, dass wir aus Once sind.«

»Na und?«

»Sie werden uns suchen.«

»Dann gehen wir eben nicht zurück nach Once.«

»Wohin willst du denn?«

»In den Norden. Im Chaco wohnen ein paar Onkel von mir.«

Sie packte ihn an der Kapuzenjacke und zog ihn mit einem Ruck zu sich ran. Der verdutzte Ismael platschte kopfüber ins Wasser, vollständig bekleidet und mit Schuhen, das Telefon in der Hosentasche. Als er prustend und wutschnaubend wieder auftauchte, packte Enana sein Gesicht mit beiden Händen, zog ihn zu sich heran und küsste ihn. Eng umklammert rangen sie miteinander, tauchten unter Kreischen und Lachen unter und wieder auf, und Enana tastete unter Wasser drängend nach dem Reißverschluss seiner Jeans, was sie im Sinn hatte, war das Einzige, was ihn jetzt besänftigen konnte.

Sie setzte sich rittlings auf ihn, warf den Kopf in den Nacken und begann sich lachend auf ihm zu bewegen, und er ließ sie machen.

»Du bist verrückt«, murmelte er, ihre Zunge in seinem Mund.

»Und du bist ein alter Schisser.«

Ismael vergrub das Gesicht zwischen ihren Brüsten und vergaß alles um sich herum.

Als er wie berauscht den Kopf hob, sah er, dass die Sportlerin mit dem Telefon in der Hand in der Terrassentür stand und sie beobachtete. Auch Ajo starrte von seiner Liege aus zu ihnen herüber.

Die Behandlung war seit mehreren Minuten zu Ende. Die Tür der Maschine hatte sich geöffnet, die Liege war automatisch ausgefahren und hatte ihm den Blick auf einen ebenso leidenschaftlichen wie schaumigen Zweikampf frei gegeben. Nicht dass er ähnliche Szenen nicht schon mit angesehen hatte, neu war allerdings die Schaumkulisse. Seine Schwester stieg aus dem Becken – Ismael blieb in sich zusammengesunken im Wasser hocken – und warf sich einen schwarzen Frotteebademantel über, der dem Russen gehörte und an ihr herunterhing. Mit wenigen Schritten war sie bei der Liege und schnallte Ajo ab. Er schlang die Ärmchen um ihren Hals und schmiegte sich an sie. Als der Sportlerin klar wurde, dass Enana ihren Bruder mit in den Jacuzzi nehmen wollte, und Ajo bereits das Glas mit der Wodkamilch in der Hand hielt, griff sie ein.

»Kein warmes Wasser und kein Alkohol«, erklärte sie entschieden und nahm ihm das Glas aus der Hand.

Dann tat sie plötzlich einen Schritt zurück auf die Terrasse und rief aufgeregt:

»Hey, seht euch das an, kommt mal her! … Schnell!«

Sie trat vor bis an die Brüstung.

Auf die aufgeregten Rufe von Enana und Ajo, der plötzlich wieder quicklebendig schien, beeilte sich auch Ismael aus dem Becken zu klettern, wickelte sich rasch ein Handtuch um und folgte den anderen auf die Terrasse. Was los sei, wollte er sich gerade erkundigen, da sah er schon die mächtige Schwanzflosse eines Wals aus dem Wasser auftauchen, sie beschrieb einen schwungvollen Bogen und krachte wieder ins Wasser. Kurz darauf tauchten zwei schwarz glänzende Rücken an der Oberfläche auf. Es war ein Walweibchen mit ihrem Jungen. Die beiden waren einige Hundert Meter entfernt, aber der Himmel war wolkenlos und erstrahlte im gleichen leuchtenden Türkisblau wie das Meer, sodass der Horizont kaum auszumachen war. Die Konturen waren gestochen scharf. Ajo schaute dem Spektakel an Enanas Arm gelehnt zu. Seit sie im Tigre-Delta auf das Boot geklettert waren, war die Welt zu einem unwirklichen Ort geworden. Die Wale waren für ihn etwa ebenso fern wie eine Reise zum Mond.

Sie hätten ein Riesenglück, dass sie sie zu sehen bekämen, hörte er die Sportlerin sagen, sie selbst habe sie in den fünf Jahren, die sie hierherkomme, erst zweimal zu Gesicht bekommen. Zu dieser Jahreszeit wanderten die Wale und hielten sich mehrere Wochen vor der uruguayischen Küste auf, erzählte sie.

Außerdem, sagte sie, habe der Russe angerufen, um sie zu warnen. Sie solle ja niemanden ins Haus lassen: Die Eigentümer von *La Carolina* hätten beschlossen, eine private Sicherheitsfirma zu beauftragen, er werde sich aber der Gruppenentscheidung verweigern. Wenn es bewaffnetes Wachpersonal auf dem Gelände geben sollte, würde er seine eigenen Leute aus Moskau mitbringen.

Ganz ohne Hintergedanken war die Bemerkung der Sportlerin nicht gewesen. Sie hatte von Anfang an geahnt, dass die drei etwas mit den Geschehnissen auf dem Gelände zu tun hatten. Sie hatte auch von dem Einbruch gehört.

»Es wird besser sein, ihr haut heute Nacht noch ab«, sagte sie. »Ihr könnt unten über den Strand raus.«

Enana nickte und warf ihr einen dankbaren Blick zu, solche Fürsorge war sie nicht gewöhnt.

Während die drei Kühlschrank und Speisekammer plünderten, machte sich die Sportlerin daran, das Chaos zu beseitigen, das sie oben hinterlassen hatten. Ausdrücklich hatte sie ihnen erklärt, dass Ajo nur leichte Kost bekommen dürfe und sich noch schonen müsse, doch als sie in die Küche kam, war er gerade dabei, eine Flasche Schokomilch hinunterzustürzen, als wäre es Wasser. Er hatte einfach nicht widerstehen können. Im Übrigen hatte er sich seinem Schicksal gefügt und akzeptiert, dass er für den Rest des Tages alle drei Stunden in die Maschine steigen sollte … Nur einmal, gegen vier Uhr nachmittags, als der Wind sich vollkommen gelegt hatte und das Meer spiegelglatt dalag, bat er, ob sie nicht noch einmal ans Meer hinuntergehen könnten, er wolle so gerne noch einmal die Hand ins Wasser tauchen.

Enana nahm ihn auf die Schultern, damit er sich nicht anstrengte, und zusammen mit der Sportlerin machten sie sich auf den Weg zum Strand. Ajo hatte versprechen müssen, dass er sich ruhig verhielte, also saß er unter einem Sonnenschirm und trank einen von den Proteindrinks, die sie ihm zwischen den Behandlungen mixten, die beiden anderen hingegen rauchten einen weiteren Joint. Das war das Bild seiner Schwester, das ihm später ins Gedächtnis gebrannt bleiben sollte: wie sie zum letzten Mal aus dem Wasser auf ihn zugerannt kam, tropfnass, berauscht und glücklich.

Die Sportlerin stellte ihr ein Bein, Enana machte einen kreischenden Hechtsprung und packte die andere am Knöchel, die landete neben ihr im heißen Sand, sie balgten sich lachend und krabbelten dann prustend und sandverklebt in den Schatten. Sie wirkten wie alte Freundinnen, niemand hätte vermutet, dass die eine der anderen noch einen Tag vorher eine Flinte unter die Nase gehalten hatte.

»Wie schön wäre es«, hörten sie Ajo versonnen sagen, während sie neben ihm nach Luft keuchten, »wenn das Leben immer so wäre.«

Die beiden sahen einander an und brachen in lautes Lachen aus, doch dann wandte Enana sich zu Ajo und legte nichts als Zärtlichkeit in ihre Stimme, als sie leise sagte:

»Du wärst fast gestorben, kleiner Idiot.«

Es begann bereits zu dämmern, als sie ins Haus zurückkamen. Ismael erwartete die drei in der Küche und hatte drei Gläser Bananenshake für sie vorbereitet. Schweigend sah er ihnen beim Trinken zu. Die Sportlerin stellte ihr leeres Glas auf den Tresen. Ismael wartete.

»Danke für alles«, sagte er dann, als wäre er in Eile.

»Also du bist echt komisch, was verabschiedest du dich denn? Ihr geht doch noch gar nicht …«

Sie hatte die drei inzwischen richtig ins Herz geschlossen.

»Wir nicht ... Aber du.«

Der Sportlerin gefror das Lächeln im Gesicht.

»Was hast du getan?«, brachte sie gerade noch heraus.

»Du wirst jetzt gleich für eine ganze Weile schön schlafen. Wir müssen nämlich arbeiten.«

Als Enana begriff, was Ismael getan hatte, knickten der Sportlerin bereits die Beine weg. Sie klammerte sich an der Tresenplatte fest und kämpfte noch eine Minute dagegen an, ihr Körper war stark: Sie rappelte sich wieder auf, stützte sich an der Wand ab, taumelte, schleppte sich zu einem Stuhl, rutschte schließlich auf den Boden, kam, schon beinahe ohnmächtig, noch einmal auf alle viere, kippte zur Seite und sank endlich in den Schlaf.

Ismael und Enana schleppten ihren Körper auf einen Sessel im Playroom. Sie schwitzte. Ajo brachte eine Decke und deckte sie zu. Ismael begann ihre Taschen zu durchforsten und wollte ihr Handy an sich nehmen. Enana hielt ihn am Arm fest und schüttelte den Kopf.

»Das werden wir brauchen können. Das andere ist ja kaputt, und du bist schuld«, knurrte er.

»Von ihr können wir nichts nehmen. Sie hat uns geholfen!«

»Sie hat ein Foto von uns.«

Enana nahm ihm das Handy aus der Hand, suchte nach dem Foto, auf dem sie alle drei vor der Maschine posierten und in die Kamera lachten, und löschte es. Das Foto hatte die Sportlerin auf Ajos besonderen Wunsch hin gemacht. Damit man ihm glauben würde. Es war das einzige Foto von ihnen dreien. Es war das einzige Foto, das es überhaupt von ihnen gab.

»Meinst du, du kannst wieder arbeiten?«, fragte Enana ihren Bruder.

Ajo nickte.

»Dann lasst uns gehen. Bringen wir die Sache zu Ende.«

Am Strand erwartete sie bereits der Junge mit dem Pferd.

Er teilte ihnen den Code mit und wiederholte ihn so oft, bis sie ihn auswendig konnten, dann ritt er davon.

Danach gingen sie den Strand entlang zum Haus der Mitres.

Sieben Personen konnten sie in den erleuchteten Räumen ausmachen: Ein älteres und ein jüngeres Paar saßen beim Essen an einem langen Tisch, sie wurden bedient von zwei Hausangestellten in Uniform. Ein Mädchen saß allein in einem der oberen Zimmer und spielte.

Ismael und Enana waren die Instruktionen noch einmal genau durchgegangen: Hier sollten sie sich trennen.

9

Der Mann im Anzug stand mit dem Rücken zu ihr in der Eingangshalle und richtete sich vor dem Spiegel die Krawatte. Cocó glitt auf ihren Inlineskates einmal quer durch den Raum und vollführte eine komplette Drehung, als sie den Mann bemerkte. Sie wusste, dass man ihn drinnen erwartete. Sie hatte die Diskussion der Hauseigentümer im Esszimmer von der Tür aus belauscht, bis ihr Vater sie ertappte und spielen schickte. Cocó hatte sich ihre Inliner angezogen und auf der geräumigen Terrasse ein paar Runden ums Haus gedreht. Das frisch gewachste Teakholz war die ideale Piste. Sie übte gerade eine Pirouette, als sie einen schwarzen Wagen vorfahren sah, ein Mann im Anzug war ausgestiegen. Auch er hatte das kleine Mädchen in dem türkisfarbenen Badeanzug auf der Terrasse bemerkt, ihr aber keine weitere Beachtung geschenkt. Doch als sie jetzt hinter ihm im Spiegel auftauchte, blickte er auf und lächelte. Cocó riss die Augen auf, sodass sie aussahen wie zwei Spiegeleier: Denn erst jetzt hatte sie die auffällige Narbe am Hals entdeckt, eine eindrucksvolle rote Linie, die direkt über dem Adamsapfel des Mannes quer von einer Seite zur anderen verlief.

»Was hast du da gemacht?«, fragte sie leise.

»Das ist schon lange her.«

»Als du noch klein warst?«

»Ziemlich klein.«

»So wie ich?«

»Wie alt bist du denn?«

»Sechs. In zwölf Tagen werde ich sieben.«

»Als ich so alt war wie du«, sagte der Mann mit der Narbe.

Er drehte sich zu ihr um, kam ihr aber nicht näher.

»Ich will zu deinem Großvater.«

»Der ist da drin mit den Eigentümern.«

»Ich weiß. Sie erwarten mich.«

Cocó entzog sich seinem Blick, indem sie eine weitere Drehung vollführte und sich dabei ein wenig von ihm entfernte.

»Bist du der Señor, der uns bewachen soll?«, fragte sie.

»Ich und noch ein paar andere.«

»Habt ihr Waffen?«

Der Mann lächelte. Cocó lächelte zurück. Ihr fehlte ein Schneidezahn.

»Du weißt ja gut Bescheid«, bemerkte der Mann.

»Ich weiß alles, was hier passiert. Ich bin hier geboren.«

»In diesem Haus hier?«

»In diesem Land.«

Wie magnetisch angezogen von der kleinen Nymphe, hatte er sich immer weiter vorgeneigt, bis er sich, die Hände auf die Knie gestützt, auf Augenhöhe mit ihr befand. Als eilige Schritte näher kamen, wich er rasch ein wenig zurück. Cocós Vater war mit fragendem Blick in der verglasten Tür stehen geblieben.

Mit seinem hellblauen Pullover, den khakifarbenen Stoffhosen und den Marken-Espadrilles hatte er zwar das Aussehen und die Attitüde eines Familienoberhaupts, er war jedoch lediglich der Schwiegersohn des Mannes, dem die einflussreichste Tageszeitung Argentiniens gehörte.

»Wartest du schon lange?«, fragte er.

Immer noch lächelnd, wandte der Mann den Blick zur Tür.

»Deine Tochter hat mich bestens unterhalten«, erwiderte er, und sein Ton verriet die Vertrautheit alter Bekannter.

»Der Papa von diesem Señor hier war der Leibwächter deines Großvaters, Cocó.«

Cocó blickte hingerissen von einem zum anderen.

»Boah, echt?«

»Dein Papa und ich kennen uns schon eine halbe Ewigkeit.«

»Was heißt das, eine halbe Ewigkeit?«

»Seit er sich damals in deine Mutter verliebt hat.«

»Und jetzt geh raus spielen, Cocó.«

»Tschüs Cocó.«

Eine schwer verliebte Cocó widmete ihm eine letzte schwungvolle Drehung, die von ihm mit einem bewundernden Pfiff gewürdigt wurde. Sie nutzte den Schwung und flitzte gleich weiter Richtung Küche. Mit erhobenen Armen und lautlos über den Marmorboden gleitend, sauste sie, ohne sie zu berühren, durch die halb offene Tür. Dort blieb sie stehen.

»Hast du mitgebracht, worum ich dich gebeten hatte?«, hörte sie die Stimme ihres Vaters.

»Ja, sicher.«

Cocó reckte den Hals über den Küchentresen und beobachtete, wie der Mann ihrem Vater eine Pistole überreichte.

»Die ist geladen. Kennst du dich damit aus?«

»So einigermaßen.«

»Wenn ich bei euch anfange, bring ich's dir richtig bei.«

Cocós Papa nickte zustimmend und legte ihm eine Hand auf die Schulter, während er mit der anderen ungeschickt versuchte, sich die Pistole in den Hosenbund zu stecken.

Der Mann nahm sie ihm aus der Hand.

»Lass sie lieber erst mal hier«, meinte er. »Du kannst sie ja später wegpacken.«

Er sah sich suchend um, erspähte im Wohnzimmer, das von der Halle abging, ein Bücherregal und legte die Waffe kurz entschlossen in eines der oberen Fächer, auf drei Bände der Borges-Gesamtausgabe, die niemand in diesem Haus gelesen hatte. Das war das Letzte, was Cocó hörte. Allerdings konnte sie noch etwas beobachten, und zwar etwas, was ihrem Vater entging, denn der war bereits zu den versammelten Eigentümern hinübergangen, um seinen Bekannten anzukündigen. Als der Besucher allein im Wohnzimmer war, trat er an eins der großen Fenster und öffnete es einen Spalt weit. Kurz darauf kam ihr Großvater in die Halle und begrüßte ihn. Er gab dem Mann einen freundschaftlichen Klaps in den Nacken und bat ihn herein.

Cocó flutschte hinaus auf die Terrasse und drehte eine Runde ums Haus.

Sie stellte sich auf die Zehenspitzen und spähte durch die Ritzen der nicht ganz geschlossenen Rollläden. Durch die gekippten Fenster drangen nur einzelne Gesprächsfetzen nach draußen. Von Wachhäuschen war die Rede, von elektrischen Zäunen, davon, dass die Tore und der Strand bewacht werden sollten. Der Mann mit der Narbe stand vor der versammelten Runde der Eigentümer, hörte sie an und beantwortete ihre Fragen, er sah ihnen in die Augen, wirkte ruhig und sicher. Viele waren entschlossen, einige wenige zögerten noch. Die Diskussion wurde heftiger, und Cocós Großvater geriet mit einem weißhaarigen Alten aneinander: Während er weiterhin stur jegliche Sicherheitsvorkehrungen ablehne, würden die Einbrecher in seinem Haus ein und aus gehen und zwischen seinen schlafenden Enkeln herumschleichen.

»Siehst du nicht, dass du deine Familie in Gefahr bringst?«, schrie er ihn an.

Einen Augenblick lang herrschte eisige Stille.

Dann ging der Weißhaarige auf ihren Großvater los, rasend vor Wut, und es brauchte mehrere Männer, um die beiden immerhin über Siebzigjährigen voneinander zu trennen. Cocó hatte so viel verstanden, dass dort draußen eine Gefahr lauerte, vor der der Mann mit der Narbe sie beschützen konnte. Dann ergriff ihre Mutter das Wort, sie mahnte zu Ruhe und Besonnenheit. Auch sie sei nicht davon überzeugt, auf dem ganzen Gelände bewaffnete Männer zu postieren, erklärte sie. Sie müssten noch einmal darüber nachdenken.

Der Mann mit der Narbe zuckte mit keiner Wimper. Er bat nur, sich zurückziehen zu dürfen.

Die Hausangestellte führte ihn jedoch nicht zur Haustür, sondern wies ihm den Weg zum Büro. Er solle dort warten. Als die Eigentümer gegangen waren, trat der alte Mitre ein, strebte schnurstracks zur Hausbar und schenkte zwei Gläser Whisky ein. Ohne zu fragen, ob er etwas trinken wolle, reichte er ihm eins. Er erklärte, dass er kollektive Entscheidungen hasse und dass der Preis keine Rolle spiele.

»Wann kannst du bei mir anfangen?«

»Heute noch, wenn Sie wollen. Ich schicke Ihnen ein paar meiner Mitarbeiter.«

»Nein, nein, ich will, dass du das machst.«

Er trat ans Fenster und deutete auf ein kleineres Gebäude.

»Du kannst dich im Gästehaus einquartieren.«

Der Mann mit der Narbe sah aus dem Fenster und überlegte blitzschnell hin und her: Dass das alles so schnell gehen würde, hatte er nicht erwartet. Er würde ein paar Anrufe tätigen müssen, um die Pläne zu ändern …

»Also, was ist, kannst du heute noch einziehen?«, drängte Mitre.

»Ich müsste noch ein paar Sachen holen.«

»Mach das und dann komm wieder. Wir sind heute Abend auf einer Party und kommen erst spät zurück. Aber eins der Mädchen wird dich in Empfang nehmen.«

Mit den Mädchen konnten die fünf Hausangestellten, vielleicht auch die Frau des Verwalters oder eine seiner drei Töchter gemeint sein, die ebenfalls für Mitre arbeiteten.

»Soll ich dann nicht besser morgen kommen? Ich meine, wenn Sie gar nicht da …«

»Nein, nein, unbedingt noch heute«, fiel Mitre ihm ins Wort. »Ich will heute Nacht ruhig schlafen.«

Der Narbenmann verließ eilig das Haus. Er hatte keine Zeit zu verlieren, er musste den reitenden Boten aufhalten. Doch als er nach einer Fahrt mit durchgedrücktem Gaspedal die verfallene Hütte erreichte, in der der Junge hauste, war der mit seiner Nachricht schon auf dem Weg zum Strand von *La Carolina*.

Das Abendessen bei den Mitres verlief in angespannter Atmosphäre. Cocó blickte stumm von einem zum anderen. Sie verstand nicht, weshalb niemand sprach. Ihr Großvater sah ihrer Mutter nicht mehr in die Augen: Dass seine eigene Tochter sich gegen seinen Vorschlag ausgesprochen hatte, war der schlimmste Verrat. Nicht genug damit, dass er jeden Sommer mit diesem Versager von Schwiegersohn verbringen musste, der sich seine politische Karriere durch eine lange Liste von unglückseligen Äußerungen ruiniert hatte, die ein ums andere Mal seine faschistische Einstellung offenbarten. Cocó war nach dem Debakel, in den Jahren des uruguayischen Exils, geboren, sofern man die exklusive Blase, in der sie lebten und ausschließlich mit ihresgleichen verkehrten, als Exil bezeichnen wollte. Hin und wieder allerdings wurden sie auch hier mit der Vergangenheit konfrontiert: Es kam vor, dass jemand ihn erkannte – aus einem vorbeifahrenden Auto, beim Spaziergang am Strand, an der Supermarktkasse oder im Kino –, und dann hagelte es Beschimpfungen und Beleidigungen.

Darum hatte sich Cocós Mutter zuerst auch geweigert, an diesem Abend an der Party teilzunehmen, die die Bank alljährlich ausrichtete: Noch an den unerwartetsten Orten wurde ihr Mann mit Transparenten empfangen. Doch angeblich bestand an diesem Abend keinerlei Risiko, hatten sie behauptet, und am Ende gab sie nach.

Natürlich war dies eine Fehleinschätzung gewesen.

Gegen zwei Uhr nachts, als auch das Wachpersonal heimlich das eine oder andere Glas geleert hatte, tauchten nahe am Ufer des Fünfsternehotels, in dem an die hundert ganz in Weiß gekleidete Menschen das neue Jahr feierten, drei Boote mit Lautsprechern, Scheinwerfern und Transparenten auf.

Cocó tanzte allein in einer Ecke der Tanzfläche, als sie den Namen ihres Vaters hörte und die Boote und die Transparente bemerkte, die schreienden jungen Leute mit Masken, die dem Gesicht ihres Vaters täuschend ähnlich sahen, dazu hatten alle ein und dieselbe Zahl auf die Stirn ihrer Masken gemalt.

Sie registrierte auch, wie die übrigen Gäste ihn ansahen und wie er mit seinen Freunden an einem der VIP-Tische weiter lachte und Champagner trank und die Angriffe herunterspielte wie immer, bis Mitre persönlich ihm dringend riet, die Party zu verlassen, um seinen eigenen Freunden nicht vollends die Stimmung zu verderben.

Die Aktion war ziemlich genial: Die Leute von der Küste zu entfernen war kein leichtes Unterfangen, und obgleich sofort die Küstenwache alarmiert worden war, dauerte es eine ganze Weile, bis sie kam und die Störenfriede vertrieben hatte.

Auf der Heimfahrt wurde kein Wort gesprochen.

Cocó wusste, dass es keinen Sinn hatte zu fragen: Sie würde keine Antwort bekommen.

Der Verwalter erwartete sie bereits am Eingangstor. Die Alarmanlage sei angesprungen, die Sicherheitsfirma habe über eine halbe Stunde gebraucht, sei aber schließlich eingetroffen, gemeinsam hätten sie das Haus überprüft, aber nichts gefunden, ein angelehntes bodentiefes Fenster im Wohnzimmer, das sei alles. Jedenfalls hätten sie dem Mann Bescheid gegeben, den der *patrón* am Abend eingestellt habe, berichtete der Verwalter, der sei unterwegs.

Cocós Mutter, die am Steuer saß, warf im Rückspiegel einen prüfenden Blick auf ihre Tochter und sah, dass sie dem Bericht des Verwalters bedrückt gelauscht hatte. Dann starrte Cocó wieder auf den kleinen Bildschirm mit den Spielen, die sie extra in den USA hatten besorgen lassen, die aber nur selten gespielt wurden. Sie hielt an, griff nach ihren High Heels, die sie zum Fahren ausgezogen hatte, und stieg aus.

»Spielt was oder macht, was ihr wollt«, sagte sie. »Ich gehe schlafen.«

Bevor ihr Mann dazu kam, irgendeine Entschuldigung vorzubringen, verließ sie grußlos das Auto, das noch immer am Tor, nahe der Rutsche und den Hängematten im Garten, stand, und stapfte barfuß über den frisch gemähten Rasen davon. Sie gab den Code ein und trat ins Haus.

Sie durchquerte das Wohnzimmer, ohne das Licht einzuschalten.

Auf halber Treppe ließ ein koboldhaftes Kichern sie innehalten. Sie sah auf. In dem geräumigen Flur der ersten Etage, von dem die fünf Schlafzimmer abgingen, zog ein kleiner Junge auf Inlineskates seine Kreise. Auf dem Rücken trug er einen vollgestopften rosafarbenen Rucksack mit Flügeln, aus dem ein glänzender Silberpokal herausragte. Als er die Frau sah, verlor er vor Schreck die Kontrolle und taumelte. Die Frau machte einen Satz nach vorn und fing ihn auf, damit er nicht die Treppe hinunterstürzte. Sein Geschrei hatte zwei größere Kinder alarmiert, die aus einem der anderen Schlafzimmer in den Flur gerannt kamen. Das Mädchen trug über einem Ramones-T-Shirt einen der teuren Spitzen-BHs der Hausherrin. Sie half dem Kleinen auf und stellte sich vor ihn.

»Wir haben gesehen, dass keiner zu Hause war, da sind wir reingekommen«, erklärte der ältere Junge.

»Wir sind keine Diebe«, ergänzte das Mädchen.

Die Frau sah die beiden verstört an: Der Große musste etwa fünfzehn sein, das Mädchen zwölf oder dreizehn, der Kleine war etwa so alt wie ihre Tochter.

»Sind noch mehr von euch da?«

»Niemand. Nur wir drei.«

»Kommt mal mit.«

»Rufst du jetzt die Polizei?«

Das waren die ersten Worte, die sie den Kleinen sagen hörte.

Sein zartes Stimmchen versetzte ihr einen Stich. Sie drehte sich um und sagte bestimmt:

»Ihr kommt jetzt erst mal mit runter.«

Vor der Küchentür hielt sie einen Moment inne und war kurz davor, an die Fensterfront im Wohnzimmer zu rennen. Ein Schrei hätte ihren Mann oder den Verwalter sofort alarmiert. Aber sie tat es nicht: Sie schaltete ein paar Lichter an, ging in die Küche, öffnete den Kühlschrank und stellte die Reste vom Abendessen und eine Flasche eisgekühlte Limonade auf den Tisch. Sie hörte, wie die Kinder auf der Treppe tuschelten: Der Große wollte verschwinden, die anderen beiden hatten Hunger.

Der Kleine nahm als Erster am Tisch Platz.

Das Mädchen setzte sich neben ihn.

»Jetzt esst ihr schnell was, und dann verschwindet ihr«, sagte die Frau.

Die beiden Großen trugen ebenfalls gut gefüllte Rucksäcke.

In dem einen, der etwas offen stand, erkannte sie mehrere ihr vertraute Gegenstände.

»Macht ihr das häufiger?«

»Was denn?«

»In Häuser reingehen.«

»Kommt vor.«

Als draußen der Wagen vorfuhr, lief sie hinaus, um ihre Tochter abzufangen, doch es war zu spät: Cocó kam ihr bereits über die Terrasse entgegengerannt, stürmte an ihr vorbei ins Haus und hatte von der Eingangshalle aus sofort die drei Kinder erspäht, die in der Küche beim Essen saßen.

Der Kleinste hatte ihre Inlineskates an. Und ihren Rucksack mit ihren Trophäen auf den Rücken geschnallt.

»Ma … Wer sind die?«, fragte sie mit leiser Stimme.

Bevor sie antworten konnte, hatte sich ihr Mann schon Cocó geschnappt und riss auch sie selbst an der Schulter herum. Cocó auf dem Arm, versuchte er sie aus der Küche zu ziehen.

»Kannst du mir mal erklären, was hier los ist?«

»Bring Cocó hoch in ihr Zimmer. Wenn du wieder unten bist, erklär ich's dir.«

»Nein, erklär es mir jetzt.«

»Die Kinder haben sich hier reingeschlichen … aber es ist alles okay.«

»Was heißt reingeschlichen?«

»Schrei nicht so!«

»Du meinst eingebrochen?«

»Ach komm! Blödsinn! Irgendwelchen wertlosen Kleinkram haben die hier eingepackt.«

»Bist du besoffen?«, brüllte er und scherte sich nicht mehr darum, leise zu sprechen.

»Das sind drei arme Teufel, die nichts im Magen haben … Was soll ich denn machen, sag's mir!«

»Und wenn sie bewaffnet sind?«

»Sie sind nicht bewaffnet.«

»Und wenn da noch jemand draußen ist?«

»Sie sind allein.«

»Ma, die Inliner gehören mir«, mischte Cocó sich zaghaft ein.

»Ich weiß, mein Schatz … Der Junge wird dir alles wieder zurückgeben.«

»Meine Pokale auch.«

»Alles gibt dir der Junge zurück, ja.«

Ajo war nicht entgangen, dass dieser letzte Satz an ihn gerichtet war. Er bemerkte auch, dass sie ihn von der Tür her ansahen, doch er starrte stur auf seinen Teller und schaufelte weiter Nudeln in sich hinein. Dann fühlte er den Blick seiner Schwester auf sich.

»Zieh sie aus«, befahl sie kauend.

»Und die Pokale … bitte«, ließ sich Cocó mit schwacher Stimme vernehmen.

Ajo sah Enana mitleidheischend an.

»Die Pokale auch, Ajo.«

Ajo wollte sich von der kleinen Bank auf die Füße gleiten lassen, rutschte nach hinten weg und landete auf den Knien. Mit Mühe wuchtete er die Füße nach vorne und zog die Inlineskates aus. Er stand auf, trug sie barfuß zu Cocó und überreichte sie ihr mitsamt dem Flügelrucksack.

»Und jetzt ab auf dein Zimmer, Cocó«, brummte der Mann nervös.

Doch seine Tochter rührte sich nicht vom Fleck: Sie stand stumm vor der Türschwelle und musterte Ajo, als wäre er eine vom Aussterben bedrohte Art. Ajo, auf der anderen Seite der Schwelle, schaute ebenfalls stumm zurück. Sie waren beinahe gleich groß.

»Die sind gut«, sagte Ajo.

»Was?«

»Deine Inliner.«

»Auf dein Zimmer, Cocó, aber schnell!«, brüllte ihr Vater.

Cocó fuhr erschrocken zusammen, schnappte sich ihre Sachen und rannte die Treppe hinauf.

»Und du auch«, blaffte er seine Frau an. »Du gehst mit ihr.«

Er kochte vor Wut: auf die Kinder, auf seine Frau, auf die ganze Welt. Seine Frau war ebenfalls wütend, und als sie eine Weile später Cocó ihre Hand auf die Stirn legte, war sie immer noch feucht vom Schweiß. Das Schlaflied, das aus der Spieldose erklang, die Ballerina, die sich drehte und drehte, die Pastellfarben an den Wänden, die kuschelweiche Bettwäsche, all das nützte ihr nichts. Etwas war nicht in Ordnung, hier im Haus nicht und da draußen auch nicht. Das wusste Cocó, aber sie verstand nicht, was es war. Als ihre Mutter sich zu ihr herunterbeugte, um ihr einen Kuss zu geben, fasste sie sie mit den Händen im Nacken und zog sie zu sich heran.

»Wollen die uns umbringen?«, flüsterte sie ihr ins Ohr.

»Nein, mein Schatz. Und jetzt schlaf.«

Sie ließ die Nachttischlampe brennen und verließ das Zimmer.

Unten in der Küche hatte Cocós Vater derweil den Inhalt der Rucksäcke auf dem Marmortresen aufgebaut: eine beachtliche Beute, die verschiedene Schmuck- und Kleidungsstücke, mehrere Paar Schuhe, diverse elektronische Geräte und ein paar Handvoll Silberbesteck umfasste. Stirnrunzelnd sah er die drei Kinder an, die seinen Blick, immer noch kauend, erwiderten.

»Woher wusstet ihr, dass niemand zu Hause ist?«, fragte er.

Keine Antwort.

»Von wem hattet ihr die Information?«, versuchte er es noch einmal.

»Bist du Polizist, oder was fragst du so viel?«, konterte Ismael.

»Wisst ihr, warum ich euch das frage? Weil ihr eines Tages wahrscheinlich das falsche Haus erwischt, und dann habt ihr plötzlich eine Kugel im Kopf. Ihr beiden seid ja schon groß, aber der da …«

Er unterbrach sich, denn er lauschte plötzlich auf das Motorengeräusch eines sich nähernden Autos. Ismael hörte es ebenfalls und reagierte blitzschnell: Er sah, wie der Mann sich der Tür zuwandte, mit einem Satz sprang er an ihm vorbei, und mit einem kräftigen Fußtritt schlug er ihm die Küchentür vor der Nase zu. Plötzlich lag etwas Wildes in dem Blick der drei Kinder.

»Du hast die Bullen gerufen, du Arschloch.«

»Ich hab niemanden gerufen.«

»Dann war's deine Frau. Darum habt ihr uns hier unten so lange festgehalten.«

»Wenn ich's dir doch sage, das sind nicht die Bullen.«

Cocós Vater war selbst überrascht. Als er den Mann aus dem Wagen steigen sah, wurde ihm klar, dass sein Schwiegervater ihn ohne Absprache mit den anderen engagiert hatte. Der Lichtschein einer Taschenlampe kündigte den Verwalter und eine Hausangestellte an, die den Mann in Empfang nehmen wollten. Ismael sah die gleiche Bewegung, und ohne darüber nachzudenken, dass der andere zwei Köpfe größer war, ging er auf den Mann los. Der packte ihn am Hals und stieß ihn mit dem Rücken gegen die Wand.

»Der soll sich beruhigen, oder ich werde gleich richtig wild«, schnaubte er zu Enana gewandt und stapfte aus der Küche, um den Mann hereinzubitten, der draußen vor dem Haus wartete.

»Ein paar kleine Diebe haben wir hier«, erklärte er zur Begrüßung und deutete zur Küche hin. »Drei Kinder.«

Der Mann erstarrte. Sein Blick verharrte auf dem Fenster im oberen Stock, wo die Tochter des alten Mitre stand und zu ihm heruntersah. Nichts war so gelaufen wie geplant: Er hatte gehofft, den Eigentümern sein Sicherheitskonzept schmackhaft zu machen und den Zögerlichen unter ihnen im Laufe des Abends mit den beiden Einbrüchen einen letzten Schubser zu versetzen, damit sie ihn engagiert hätten. Dann hätte er die drei Kinder aus *La Carolina* abgezogen und endlich seine Leute eingeschleust, was die Dinge in Zukunft deutlich vereinfacht hätte.

Er hatte allerdings auch nicht damit gerechnet, dass Mitre ihn noch am selben Tag einstellen würde. Als er sich einverstanden erklärte, noch am Abend wiederzukommen, hatte er sich erneut verkalkuliert: Er hatte es nicht mehr geschafft, den Jungen mit dem Pferd abzufangen, um die Aktion noch abzublasen, und trotz allem – es war nach Mitternacht, nach der Silvesterfeier im Haus der Tante – hatte er sich sorgfältig rasiert, sich wieder den frisch gebügelten Anzug angezogen und war nach *La Carolina* zurückgefahren, überzeugt, die drei hätten ihre Arbeit inzwischen bereits zu Ende gebracht.

Aber manchmal lief eben nicht alles nach Drehbuch.

»Ich kümmere mich darum«, erklärte er.

»Sicher?«

»Selbstverständlich.«

Er trat hinter Cocós Vater in die Küche. Ismael mühte sich gerade mit dem klemmenden Küchenfenster ab, Ajo saß auf dem Boden und zog sich die Schuhe an. Enana war daher die Erste, die ihn erkannte, wenngleich nicht sofort: Im Anzug und frisch rasiert sah er doch ziemlich anders aus. Aber dann dämmerte es ihr, dass dieser Mann, der jetzt so tat, als würde er sie nicht kennen, derselbe war, der sie zusammen mit dem anderen unangenehmen Typen am Hafen eingesammelt hatte, derselbe, für den sie hier die

Drecksarbeit machten und der jede einzelne ihrer Bewegungen auf dem Gelände überwachen ließ.

»Da kommt ihr nicht raus«, rief er Ismael zu.

Der hingegen erkannte ihn sofort an der Stimme.

»Ihr kommt mit mir«, verkündete der Mann mit der Narbe.

Ismael brauchte keine Sekunde, um eins und eins zusammenzuzählen. Ihm war klar, dass sie diese Sache nicht überleben würden.

»Wir gehen hier nicht weg«, erklärte er zu Cocós Vater gewandt. »Mit dem da gehen wir nicht mit.«

»Ihr werdet mit ihm gehen, oder ich rufe die Polizei.«

»Dann rufen Sie sie.«

Cocós Vater sah die Angst in den Augen der Kinder. Sie tauschten bange Blicke, wie ein paar kleine Mäuse, die einer Katze in die Falle gegangen sind.

»Rufen Sie die Polizei«, forderte Enana erneut.

Cocós Vater war auf dem Weg zum Telefon, als ein schriller Schrei seiner Frau ihn innehalten ließ. Er fuhr herum und blickte zur Treppe. Sie stand auf der obersten Stufe und hatte Tränen in den Augen.

»Komm bitte, schnell«, sagte sie leise.

»Ich bin gleich da.«

»Sofort, bitte, das musst du dir anschauen.«

Der Mann warf einen letzten Blick auf die drei Kinder.

Dann tat er das, was ihm am liebsten war: sich nicht die Hände schmutzig machen, sofern es nicht unbedingt nötig war. Er löschte die Lichter im Wohnzimmer und ging nach oben. Der Mann mit der Narbe drehte sich wieder zu Ismael.

»Was zum Henker hab ich dir gesagt?«

»Dass wir reingehen sollen.«

»*Die beiden* sollen reingehen, hab ich gesagt.«

»Wir arbeiten nicht getrennt. Das nächste Mal …«

»Es wird kein nächstes Mal geben.«

»Aber wir haben es noch nicht zu Ende gebracht.«

Der Mann sah Ismael beinahe zärtlich an.

»Mensch, Junge, das hier war euer Job, verstehst du das immer noch nicht?«

»Nein, ich verstehe nicht«, sagte Enana.

»Ihr solltet es vermasseln.«

Unvermittelt griff er Ajo unter die Achseln und nahm ihn hoch.

»Komm, mein Kleiner, Abmarsch.«

Er sammelte die Schuhe vom Boden auf wie ein Vater, der seine Kinder unter Zeitdruck zur Schule bringen will.

»Das war genau das, was ihr tun solltet: Fehler machen. Und zwar möglichst viele, damit sie uns am Ende hier reinlassen. So gesehen, habt ihr euren Job erledigt. Und zwar ziemlich gut.«

Ajo auf dem Arm, wandte er sich zur Tür, da sprang Enana mit einem Satz dazwischen.

Sie baute sich vor ihm auf und hatte schon das Messer aus der Tasche gezogen. Drohend erhob sie es gegen den Mann mit der Narbe, dem sie kaum bis zur Brust reichte.

»Lass ihn runter.«

Der Mann sah sie an und lächelte.

»Guida hatte recht, ihr seid welche von den Guten … Ein Jammer.«

Er versetzte Enana einen Schlag, sie fiel auf die Knie.

»Das war das Einzige, was nicht passieren durfte: dass wir uns hier begegnen.«

Er bückte sich, packte Enana am Arm und wollte sie mit zum Auto zerren, da hörte man Schritte auf der Treppe.

Die Frau bekam das Gerangel gerade noch mit. Der Kleine weinend auf dem Arm des Mannes. Das Mädchen wild um sich schlagend, als würde sie zur Schlachtbank geführt. Aber da war noch etwas, und als sie die Panik in den Augen des großen Jungen sah, wurde es ihr schlagartig klar: Sie kannten den Mann.

Das gab den Ausschlag.

Kurz entschlossen riss sie das Wohnzimmerfenster zum Strand auf.

»Macht, dass ihr wegkommt. Sofort«, rief sie und sah dabei den Mann an, nicht die Kinder.

»Ich hab deinem Mann gesagt, dass ich mich um die Sache kümmere …«

»Du hast hier gar nichts zu entscheiden«, schnitt sie ihm schroff das Wort ab.

Der Wind hatte aufgefrischt, der Vorhang peitschte gegen die Scheibe. Ismael und Enana blickten hinaus auf den Strand, innerhalb von Sekunden wären sie in der Dunkelheit untergetaucht. Doch Ajo wand sich noch immer verzweifelt in den Armen des Narbenmannes.

»Ohne ihn gehe ich nicht«, sagte Enana.

Jetzt erschien auch Cocós Vater wieder im Wohnzimmer, er wirkte verstört.

»Jetzt krieg dich mal wieder ein … Der Mann weiß, was er tut.«

»Das ist mein Haus. Ich bestimme, was hier getan wird und was nicht.«

»Du willst sie einfach so gehen lassen? Nach allem, was sie uns angetan haben?«

»Was haben sie uns denn angetan?«

»Sie dringen in dein Haus ein! Vögeln in deinem Bett! Und du verteidigst sie noch?«

»Das haben sie doch nicht *uns* angetan!«

»Wem denn sonst?!«

Dem Narbenmann huschte ein kurzes Lächeln über das Gesicht, der Streit, der hier vor seinen Augen zwischen den Eheleuten entbrannte, war ein Geschenk des Himmels. Er nutzte die Gelegenheit, um sich mit Ajo unauffällig Richtung Tür zu bewegen. Die anderen würden nicht ohne ihn gehen, das wusste er. Enana sah es und stürzte sich auf ihn, umklammerte ihn auf Höhe der Taille und brüllte, er solle ihren Bruder runterlassen. Ismael versperrte ihm den Weg, doch der Narbenmann packte ihn am Hals, dass Ismael kaum noch Luft bekam, und schleifte auch ihn Richtung Terrassendeck.

Plötzlich krachte ein Schuss. Alles erstarrte.

Ismael sah an seinem T-Shirt hinunter: Da war Blut, aber es war nicht seines.

Enana sackte tonlos in sich zusammen.

Im ersten Moment der Verwirrung bemerkte niemand Cocó, die auf halber Treppe stand, in der linken Hand hielt sie schlaff die Pistole, deren Übergabe sie am Abend beobachtet hatte.

Ihre Mutter ging zu ihr hin und nahm ihr behutsam die Waffe aus der Hand.

Dann nahm sie ihre Tochter auf den Arm und drückte sie an sich, sie sollte nicht sehen, was sie angerichtet hatte. Der Narbenmann ließ Ajo herunter, griff sich die Waffe und steckte sie in den Hosenbund. Mehrere Sekunden standen alle da und schauten hilflos auf das stark blutende Mädchen. Ajo ging als Erster zu ihr hin. Er kniete sich vor sie, legte eine Hand auf die Wunde und streichelte ihr die Wange.

»Lass mich mal deine Freundin ansehen.«

»Das ist nicht meine Freundin, das ist meine Schwester.«

Der Mann schob Ajos kleine Hand beiseite und besah sich die Wunde.

Ihm brannte der Boden unter Füßen: Wenn die Polizei kam, würden die Kinder reden. Er musste sie schleunigst von hier wegschaffen, egal wie. Cocós Mutter, ihre Tochter im Arm, hatte bereits das Telefon in der Hand.

»Wenn du jetzt die Polizei rufst, hat die Kleine keine Ruhe mehr«, sagte er schnell.

Die Mutter hielt inne und sah ihn an.

»Glaub mir, das muss man anders regeln.«

»Und wie?«

»Ihr bleibt hier bei eurer Tochter. Ich kümmere mich um alles.«

Die Frau zögerte kaum einen Augenblick. Sie blickte auf das Mädchen in ihrer Blutlache, ihr Bruder daneben auf den Knien. Sie legte den Hörer wieder auf und ging zur Treppe, Cocós Gesicht weiter fest an ihren Hals gedrückt, damit sie nichts sah oder hörte.

»Schaff mir diese Scheiße vom Hals«, zischte ihm Cocós Vater zu.

»Nimm du das Mädchen, ich kümmer mich um die beiden anderen.«

Der Narbenmann zog die Pistole aus dem Bund und wies Ismael damit die Richtung. Der Kleine brauchte nicht angetrieben zu werden: Als Cocós Vater seine Schwester hochhob, folgte er schweigend und ohne jeden Widerstand. Unaufgefordert kletterte er auf den Rücksitz des Autos und bettete Enanas Kopf auf seinen Schoß. Ihr Atem klang merkwürdig röchelnd, aber sie war bei Bewusstsein.

Ajo tupfte ihr das Blut aus dem Mundwinkel.

»Die Maschine wird dich wieder gesund machen«, flüsterte er ihr ins Ohr.

Sie sah ihn an, aber ihr Blick war leer.

Ismael musste mit Gewalt ins Auto verfrachtet werden, er sträubte sich mit Händen und Füßen. Er konnte Enana nicht ansehen. Er konnte es nicht mit anhören, wie sie langsam erstickte. Er drehte sich von ihr weg, trat und trommelte weiter wie wild gegen die verriegelte Tür.

Draußen neben dem Auto hörte er die beiden Männer reden.

Vielmehr redete der Mann mit der Narbe … Cocós Vater ließ lediglich in Abständen ein knappes Ja hören. Es waren kurze, präzise Anweisungen wie die, die er Ismael gegeben hatte. Es ging darum, dass das Haus gereinigt werden müsse. Boden, Betten und Türen … Und darum, was am nächsten Morgen geschehen würde.

Dann ging Cocós Vater zum Haus.

Der Mann mit der Narbe stieg ins Auto.

Er ließ den Motor an.

Ohne die Scheinwerfer einzuschalten und ohne ein Wort fuhr er langsam bis zum Hauptweg. Auf dem letzten Stück, das auf das Haupttor zuführte, sah er Ismael im Rückspiegel an.

»Wenn du auf mich gehört hättest, wärst du jetzt nicht hier.«

Das Fernlicht eines entgegenkommenden Wagens blendete ihn.

Das Auto war am Tor des Geländes stehen geblieben. Der Wachmann kam aus seinem Häuschen, um ihm zu öffnen. Im Licht von dessen Taschenlampe erkannte der Narbenmann, dass es Mitre war. Seit Monaten schon bastelte er an einem Plan, wie er das Audi Cabrio seines neuen Arbeitgebers außer Landes schaffen könnte. Er fuhr den Wagen mit abgeschalteten Scheinwerfern an den Rand des Wegs und machte den Motor aus. Mehr konnte er jetzt nicht mehr tun: Der Weg war auf beiden Seiten von Gräben und Zäunen gesäumt, es gab keine Möglichkeit, auszuweichen.

»So, jetzt hört mal gut zu, ihr zwei. Ihr haltet den Mund und rührt euch nicht, verstanden?«, knurrte er, ohne sich umzuwenden.

Er hielt den Blick starr auf den Audi gerichtet, der bereits verlangsamte, da er das andere Auto an der Seite stehen sah.

Hastig verließ er den Wagen und lief Mitre entgegen, bevor der näher kommen konnte. Den Anblick, der sich auf dem Rücksitz bot, wollte er seinen neuen Arbeitgebern doch lieber ersparen. Bereits im Losgehen drückte er auf dem Wagenschlüssel die Taste für die Zentralverriegelung und beschleunigte den Schritt. Allerdings überhörte er in der Eile das leise Klicken, das eine nicht richtig geschlossene Tür verursacht. Ismael war das Klicken nicht entgangen – trotz Enanas schwerem Atem, trotz des heftigen Windes, der draußen wehte, und trotz der Motorengeräusche des anderen Wagens. Er hörte das leise Klicken und wusste, das war seine Chance.

Seine einzige Chance.

Die letzte.

Immer wieder hatte Guida ihnen, wenn sie mit ihm auf dem verlassenen Industriegelände saßen und die Beute aufteilten, ein und dieselben Zeilen vorgesagt: *Gib dich nicht geschlagen, selbst wenn du geschlagen bist* ... Er hatte sie die Verse auswendig lernen lassen, in manchen Augenblicken sei es gut, etwas parat zu haben, hatte er gesagt. *Fühl dich nicht als Sklave, selbst wenn du ein Sklave bist.*

Er streckte die Hand nach dem Griff aus und öffnete vorsichtig die Tür.

Neben ihm begann direkt der Graben, und dahinter war der Zaun, der das Wildgelände abtrennte, das Gelände, in dem er sich inzwischen auskannte, dort konnte er sich verstecken, kilometerweit laufen, ohne zurückzuschauen, denn wenn er lief, wenn er stunden- und tagelang einfach lief, würde er zur Straße gelangen, dann zum Hafen und zum Fluss. Ajo war die Hälfte der Wörter unbekannt, aber mit Nachdruck und ohne Stocken hatte er die Zeilen laut wiederholt, wenn sie abends auf den Stufen des verlassenen Eisenbahnwaggon saßen, als redete er in einer fremden Sprache: *Wenn du zitterst vor Angst, fühl dich tapfer, und noch schwer verwundet, greife wild entschlossen an.*

»Was ist tapfer?«, hatte er Enana gefragt.

»Ismael ist tapfer.«

»Und wild entschlossen?«

»Ich.«

»Und ich?«

»Du zitterst.«

Ismael wartete, bis der Mann vor dem anderen Wagen stand.

Der Fahrer ließ die getönte Scheibe herunter.

»Los, Ajo«, raunte Ismael.

»Nein. Ich fahr mit ihr ins Krankenhaus.«

Er strich seiner Schwester, die jetzt die Augen geschlossen hatte, weiter sanft über die Stirn.

»Der bringt sie nicht ins Krankenhaus.«

»Wohin bringt er uns denn?«

»Der bringt uns um, Ajo!«

Der Narbenmann stand jetzt mit dem Rücken zu ihnen und sprach mit dem Fahrer des Audi.

Er konnte sich allerdings jeden Moment zu ihnen umdrehen.

»Sie würde das Gleiche tun«, flüsterte Ismael drängend.

»Würde sie nicht. Sie würde bei mir bleiben.«

Ismael versuchte sich zu erinnern, wie das Gedicht weiterging, aber er hatte alles vergessen.

Irgendetwas mit dem lieben Gott und dem Teufel, die niemals weinen und niemals beten.

»Okay, wie du willst«, sagte er.

Es schnürte ihm die Kehle zu, als er ausstieg.

Ajo sah ihm nicht nach.

Er hörte, wie Ismael die Tür öffnete und über den Zaun kletterte.

Als er schließlich den Kopf zum Fenster drehte, tauchte Ismael bereits in die Dunkelheit ein. Aus dem Augenwinkel sah er etwas vorbeihuschen und wandte den Blick schnell wieder nach vorne: Ein Hase hatte mitten auf dem Weg innegehalten und starrte in seine Richtung, als hätte er erraten, dass auch Ajo dort in der Dunkelheit saß und wartete, so allein wie er.

Lateinamerikanische Erzählerinnen

Lucía Puenzo *Wakolda* *Roman*

Gepeinigt von einem beängstigenden Perfektionswahn und auf der Flucht durch Argentinien bietet sich einem deutschen Arzt die Möglichkeit, seine alptraumhaften Ideen zu verwirklichen.

Aus dem argentinischen Spanisch von Rike Bolte
WAT 715. 208 Seiten. Auch als E-Book erhältlich

Lucía Puenzo *Der Fluch der Jacinta Pichimahuida* *Roman*

Die wahren Begebenheiten, auf denen dieser Roman basiert, haben ganz Argentinien in Atem gehalten: Als Jacinta Pichimahuida, die Kultfigur aus dem Kinderprogramm, unter mysteriösen Umständen ums Leben kommt, brechen Welten zusammen …

Aus dem argentinischen Spanisch von Rike Bolte
WAT 641. 288 Seiten

Rita Indiana *Tentakel* *Roman*

Ein karibischer Roman vom Strand der Zukunft – und die uralte Frage, brennend wie der Kuss einer Seeanemone: Wer ist Ich?

Aus dem dominikanischen Spanisch von Angelica Ammar
Quart*buch*. Klappenbroschur. 160 Seiten. Auch als E-Book erhältlich

Pola Oloixarac *Kryptozän* *Roman*

Sieht so der Roman des 21. Jahrhunderts aus? Ein Porträt des Hackers als junger Mann und eine schwindelerregende *tour de force* in die allernächste Zukunft des Menschen. Rasant und rasend klug erzählt von Pola Oloixarac, einer der umstrittensten Autorinnen der lateinamerikanischen Literatur.

Aus dem argentinischen Spanisch von Timo Berger
Quart*buch*. Klappenbroschur. 192 Seiten. Auch als E-Book erhältlich

Lateinamerikanische Erzähler

Martín Caparrós *Väterland* *Roman*

Der rätselhafte Tod einer Politikertochter, eine mächtige Clique rücksichtsloser Patrioten und eine Stadt unter Hochspannung: Ein atmosphärisch dichter Roman aus dem flirrenden Buenos Aires der dreißiger Jahre – mit einem sympathischen Antihelden, der noch einiges lernen muss.

Quart*buch*. Gebunden mit Schutzumschlag. 288 Seiten
Auch als E-Book erhältlich

Ernesto Sabato *Der Tunnel* *Roman*

»Der Tunnel« ist »der« existentialistische Roman nicht nur der argentinischen, sondern der gesamten lateinamerikanischen Literatur – Vergleiche mit den großen Werken eines Jean-Paul Sartre, Albert Camus oder auch Max Frisch sind durchaus angebracht.

Aus dem argentinischen Spanisch und neu durchgesehen von Helga Castellanos
WAT 772. 160 Seiten. Auch als E-Book erhältlich

Roberto Arlt *Die sieben Irren* *Roman*

Grell und grotesk wie ein Gemälde von George Grosz und wuchtig wie ein Kinnhaken: Roberto Arlts eindrucksvolles Porträt revolutionärer Gewalt und des politischen Wahns der zwanziger Jahre – in einer sorgfältig neu bearbeiteten Übersetzung.

Aus dem argentinischen Spanisch von Bruno Keller, neu bearbeitet von Carsten Regling
Oktav*heft*. Elegante Klappenbroschur. 320 Seiten

José María Arguedas *Die tiefen Flüsse* *Roman*

Wer Peru literarisch kennenlernen will, muss Arguedas lesen: Sein Meisterwerk »Die tiefen Flüsse« ist ein interkultureller Bildungsroman, ebenso indianisch wie westlich geprägt.

Aus dem peruanischen Spanisch von Suzanne Heintz
WAT 670. Broschiert. 288 Seiten

Junge Autorinnen und Autoren bei Wagenbach

Katharina Mevissen *Ich kann dich hören* *Roman*

Osman spielt. Er soll es regnen lassen, doch seine Musik lässt sich nicht erweichen. Und daran ist sein Vater nicht allein schuld. Sehr vieles gerät erst in Bewegung, als er hört, was nicht für seine Ohren bestimmt war.

Quart*buch*. Gebunden mit Schutzumschlag. 168 Seiten
Auch als E-Book erhältlich

Marina Frenk *ewig her und gar nicht wahr* *Roman*

Kann man sich totstellen, um der sicheren Erschießung zu entkommen? Einen Fluch unschädlich machen, indem man die Tür verriegelt? Den Abschied vergessen und Gefühle auf Leinwand bannen? Kira erzählt ihre Familiengeschichte. Eine Geschichte von Aufbrüchen und Verwandlungen, von Krokodilen und Papierdrachen.

Quart*buch*. Gebunden mit Schutzumschlag. 240 Seiten
Auch als E-Book erhältlich

Tristan Garcia *Das Siebte* *Roman*

Faber verschwand eines Tages so, wie er damals aufgetaucht war: plötzlich und geräuschlos. Mehr als zehn Jahre später erreicht seine beiden Jugendfreunde Madeleine und Basile ein Hilferuf – und nicht nur in ihren Köpfen beginnt die ganze Geschichte von vorn …

Aus dem Französischen von Birgit Leib
Quart*buch*. Gebunden mit Schutzumschlag. 304 Seiten
Auch als E-Book erhältlich